VIDA Y LITERATURA EN
«TROTERAS Y DANZADERAS»

LITERATURA  Y SOCIEDAD

DIRECTOR
ANDRÉS AMORÓS

Colaboradores de los primeros volúmenes

*Emilio Alarcos. Jaime Alazraki. Earl Aldrich.
Manuel Alvar. Andrés Amorós. Enrique Anderson-
Imbert. René Andioc. José J. Arrom. Francisco
Ayala. Max Aub. Mariano Baquero Goyanes.
Giuseppe Bellini. Rubén Benítez. Alberto Blecua.
Jean-François Botrel. Carlos Bousoño. Antonio
Buero Vallejo. Eugenio de Bustos. Richard J.
Callan. Xorge del Campo. Jorge Campos. José
Luis Cano. Alfredo Carballo. Helio Carpintero.
José Caso. Elena Catena. Gabriel Celaya. Víctor
de la Concha. Maxime Chevalier. John Deredita.
Mario Di Pinto. Manuel Durán. Julio Durán-
Cerda. Eduardo G. González. Luis S. Granjel.
Alfonso Grosso. Miguel Herrero. Pedro Laín. Rafael
Lapesa. Fernando Lázaro. Luis Leal. C. S. Lewis.
Francisco López Estrada. Vicente Lloréns. José
Carlos Mainer. Eduardo Martínez de Pisón. José
María Martínez Cachero. Marina Mayoral. G.
McMurray. Seymour Menton. Franco Meregalli.
Martha Morello-Frosch. Antonio Muñoz. Julio
Ortega. Roger M. Peel. Rafael Pérez de la Dehesa.
Enrique Pupo-Walker. Richard M. Reeve. Hugo
Rodríguez-Alcalá. Emir Rodríguez Monegal. Antonio
Rodríguez-Moñino. Serge Salaün. Noël Salomon.
Gregorio Salvador. Alberto Sánchez. Manuel Seco.
Jean Sentaurens. Alexander Severino. Gonzalo
Sobejano. Francisco Ynduráin. Alonso Zamora
Vicente.*

ANDRÉS AMORÓS

Vida y literatura
en
«Troteras y danzaderas»

EDITORIAL CASTALIA

Copyright © Editorial Castalia, 1973
Zurbano, 39 - Madrid (10) - Tel. 4195857

—

Impreso en España. Printed in Spain
por Artes Gráficas Soler, S. A. Valencia

Cubierta de Víctor Sanz

I. S. B. N.: 84-7039-145-3

Depósito Legal: V. 1.136 - 1973

PRIMERA PARTE

EL AMBIENTE HISTÓRICO
Y SU TRANSFORMACIÓN LITERARIA

Introducción

> «Todo son libros y yo quiero averiguar cómo se salva la distancia entre la vida y los libros» (Blas de Otero).

¿POR qué escribe un autor una obra de clave? ¿Qué razones o sentires le impulsan a retratar en su creación a personajes históricos, lugares bien conocidos, hechos reales? Vida y literatura: ese es el gran tema que suele estar al fondo de toda crítica literaria y que, más allá de la estricta biografía, muy pocas veces nos atrevemos a afrontar.

El escritor hace literatura con toda su sustancia vital, con el bagaje de experiencias acumulado a lo largo de una vida. Escribir —Cela lo ha subrayado bien— no es exclusivamente «cosa mental». Escribimos con la inteligencia pero también con la sensibilidad, con el sexo, con la nostalgia, con los recuerdos que atesoramos, con la melancolía que la vida va depositando en nosotros; con una música que he escuchado tantas veces, con un lugar que se ha convertido en lo que Unamuno designó como «paisajes del alma», con el recuerdo de un «momento privilegiado», con la experiencia vivida de un día en que fui feliz...

Es muy exacta la metáfora de Proust: el escritor es como una esponja que se ha ido empapando de vida y luego se vaciará en la obra literaria. «Mi vida había ido formando una reserva como el albumen de una planta (...). El escritor ha ido llenando inconscientemente su cuaderno con apuntes de la vida. Todos los personajes, los gestos, los modos, derivan de algo que él vio».[1]

Lo contrario también es cierto. Como ha señalado muy sagazmente Montesinos, «la vida humana es siempre literaria en cuanto es vida ritmada y normada, en cuanto recibe su verdad por modo transcendente".[2] Sobre todo para un escritor. La literatura es su auténtica vida a la vez que su vida está tejida de literatura. ¿Juego de palabras? No es sólo eso, desde luego.

En ocasiones, además, el escritor —un poeta, un novelista, un dramaturgo— deciden escribir una obra de clave. Nada presupone esto acerca de la calidad, único criterio definitivo, en literatura. Podemos encontrarnos, entonces, con una gran novela pastoril o con un drama tan patético como *Luces de bohemia,* pero también con cualquier nimiedad autobiográfica.

Repitamos otra vez: ¿Por qué escribe un autor una obra de clave? No lo sabemos con seguridad. En literatura, podemos describir —histórica o estructuralmente, o de cualquier manera— los resultados, pero es muy difícil averiguar las verdaderas razones. Es evidente, sin embargo, que la relación vida-literatura se hace entonces extremadamente cercana y ambigua.

El escritor imagina una obra de ficción. Pero, a la vez, intenta expresamente, de modo especial, salvar de la muerte definitiva a unos amigos, una época —la juventud, tantas veces—, unos lugares, un ambiente irrepetible. «Y aunque la vida murió / nos dejó harto consuelo / su memoria». Y, a la larga, esta "búsqueda del tiempo perdido», este testimonio personal, acaban adquiriendo un notable valor histórico.

La obra clave responde a una estética del disfraz, a ese «presentar ocultando» que caracteriza a buena parte de la

[1] Cito por mi *Introducción a la novela contemporánea*; Salamanca, ed. Anaya, 2.ª edición, 1971, p. 154.

[2] José F. Montesinos: *Ensayos y estudios de literatura española,* nueva edición, Madrid, ed. Revista de Occidente (Selecta), 1970, p. 31.

novela contemporánea. [3] Algunos elementos aparecerán con su propio nombre. Otros —lugares, personajes— con un ligero antifaz. Al lector, entonces, le tocará el suplementario placer de *descifrar* el significado verdadero, oculto bajo la «fermosa cobertura». Al principio, esto resulta muy fácil: los nombres son famosos, la información «está en el aire». Por eso mismo, muchas veces, resulta innecesario, casi burdo —cuando no enojoso, por múltiples razones— revelar por escrito las claves. Pero pasan los años, mueren las personas, cambian los lugares, se esfuma el aire de una época, y la obra de clave se va convirtiendo en una esfinge cada vez más impenetrable, cada vez más muerta. Es preciso desempolvar periódicos atrasados, releer viejos libros, para que todo vaya coloreándose otra vez, recuperando la sustancia vital de que originariamente se nutría.

¿No será esto de las claves una típica tarea erudita —pesada, inútil—, una especie de crucigrama o novela policíaca para lectores cultos o nostálgicos? Creo que no. Tomemos ya el caso de *Troteras y danzaderas*. El lector que se limite a ver cómo Pérez de Ayala lanza dardos irónicos sobre Raniero Mazorral o Antón Tejero no disfrutará —o se irritará— tanto como el que sepa que, detrás de esos nombres ficticios, se esconden las figuras de Ramiro de Maeztu y José Ortega y Gasset. El primer lector, sobre todo, carecerá de un documento básico, verdaderamente indispensable para apreciar y juzgar rectamente la novela. Tan pueril nos parecería despreciar esa información como creer que a ella se reduce todo el valor del libro.

La novela —*Troteras y danzaderas,* en este caso— es una obra de arte, por supuesto. Pero no caigamos en el esteticismo trasnochado de creerla «venida del cielo». Como obra humana que es, está compuesta por materiales humanos, y el conocimiento de esos materiales servirá para aproximarnos —nada más, pero ya es algo— a su íntimo, inefable secreto. El escritor somete a una «transfiguración» [4] la

---

[3] Vid. Mariano Baquero Goyanes: *Proceso de la novela actual,* Madrid, ed. Rialp (Biblioteca del Pensamiento Actual), 1963.

[4] Es la tesis de José Luis Varela: *La transfiguración literaria,* Madrid, ed. Prensa Española (El Soto), 1970.

experiencia realmente vivida, efectivamente percibida por sus sentidos; pero esa experiencia sigue existiendo como base o trampolín para el vuelo del artista.

A la vez (Baroja sabía mucho de esto) la novela es un género esencialmente «permeable»: abierto a toda clase de contenidos, de variada carga humana. [5] En este caso concreto, *Troteras y danzaderas* es una creación autónoma, con un valor estético propio, independiente; pero es también un documento de gran valor para revivir el ambiente de los intelectuales y artistas madrileños en los años que preceden a la primera guerra mundial. Limitarse a uno solo de los aspectos supondría dejar «coja» la novela. *Troteras y danzaderas* nos ofrece un ambiente histórico sometido a una transformación literaria. Por eso, quizás sería mejor hablar de tres términos en vez de dos: el ambiente histórico; su transformación literaria; la creación artística.

Otra vez —una más— vida y literatura: sobre la historia (vida) se edifica una construcción artística (literatura). Pero la realidad es más compleja porque, pronto, la historia deja de ser vida (vida vivida, vida auténtica) para convertirse en recuerdo, erudición; y, entonces, sólo vuelve a ser vida en tanto en cuanto es literatura, vivencia literaria. Para Pérez de Ayala, la vida («confusión, derroche de valores» decía Henry James) de aquellos años se hizo verdadera vida al ser asimilada y asumida en su novela *Troteras y danzaderas*.

Han pasado los años, en fin, y quedan ya pocas personas que vivieran aquellos ambientes madrileños. Para todos los que tenemos menos de ochenta años —no hablo ya de jóvenes de mi edad— la verdadera experiencia vital está (puede estar) en la lectura de esta novela. *Troteras y danzaderas* nos puede servir de ventana para asomarnos a aquel Madrid que Valle-Inclán vio como «absurdo, brillante y hambriento»; [6] un Madrid que no conviene olvidar pues sigue estando en la raíz misma de nuestra vida actual.

---

[5] Vid. Mariano Baquero Goyanes: «Discusión en 1925 acerca de la novela: Ortega y Baroja», en *obra citada*, pp. 25-63.

[6] Valle-Inclán: *Luces de bohemia*, en *Obras Completas*, tomo II, Madrid, ed. Rúa Nova, 1944, p. 1492.

A la vez, la verdadera obra de arte (y creo que esta novela lo es) se lanza hacia el futuro. Junto al libro que escribió Pérez de Ayala está el que sucesivos lectores han revivido y completado, reescrito; el que yo descubrí, hace ya años, y el que he releído varias veces, mientras mi vida cambiaba. La novela es una «obra abierta» y todos la completamos, reviviéndola: la novela de la lectura de una novela... Aunque la erudición lo enmascare, el crítico sigue siendo un lector que sólo se diferencia de los demás, quizá, en haber dedicado a un libro más tiempo del que es habitual, en haberlo unido a sus preocupaciones durante una temporada, en verlo (todo o alguno de sus aspectos) ligado a su experiencia. Al final de su trabajo comprueba —con mucho miedo a caer en exhibicionismos vanidosos— que la novela ha estado unida a su vida, algunos años, y que él ya no es el mismo que la descubrió por primera vez. ¿Le podrá ocurrir lo mismo a algún otro lector?

Como toda gran novela, *Troteras y danzaderas* nos puede servir, también, de ventana para asomarnos a nosotros mismos. Literatura, vida: el juego que jugamos y que no termina nunca.

I. LA PRIMERA ÉPOCA NARRATIVA DE PÉREZ DE AYALA

Toda la crítica, siguiendo al propio novelista asturiano, ha distinguido dentro de su producción narrativa dos etapas bastante claramente diferenciadas. [7]

La primera comprende hasta la guerra europea que, como es sabido, actuó de catalizador para la conciencia política de muchos intelectuales españoles. [8] Se caracteriza por el

---

[7] Una exposición más amplia de todos estos problemas (pero no del ambiente histórico de *Troteras y danzaderas*) puede verse en mi libro *La novela intelectual de Ramón Pérez de Ayala*, Madrid, ed. Gredos, 1972. Un corto resumen, en la introducción a mi edición crítica de *La pata de la raposa*, Barcelona, ed. Labor (Textos Hispánicos Modernos), 1970.

[8] Pérez de Ayala defendió ardientemente el bando aliado. Véase mi artículo «Pérez de Ayala, germanófobo. (Un prólogo ignorado)», en *Cuadernos Hispanoamericanos*, Madrid, febrero 1969, n.º 230, pp. 444-451.

tono autobiográfico, el desengaño vital de un adolescente y la crítica de España, de raíz noventayochista. Viene después un momento de transición, representado por tres admirables «novelas poemáticas de la vida española» que equilibran la creación estética de más alta categoría con la denuncia implacable de algunos vicios de la sociedad española. La etapa de madurez, en fin, corresponde a la década de 1920 y está dedicada al planteamiento de grandes temas filosóficos, universales: el lenguaje y la comunicación humana; la actitud propia del filósofo y la del dramaturgo; la educación (especialmente la erótica) de acuerdo con o en contra de los impulsos naturales; el donjuanismo; la concepción calderoniana del honor matrimonial; la paternidad; el irracionalismo profundo de lo vital; etcétera.

En un esquema podremos ver claramente la evolución de esta carrera narrativa:

1.ª época: autobiográfica
{
Tinieblas en las cumbres (1907)
A. M. D. G. (la vida en un colegio de jesuitas) (1910)
La pata de la raposa (1912)
Troteras y danzaderas (1913)
}

Transición: *Prometeo. Luz de domingo. La caída de los limones. (Tres novelas poemáticas de la vida española)* (1916).

2.ª época: grandes temas
{
el lenguaje: *Belarmino y Apolonio*
la educación erótica: *Luna de miel, luna de hiel* y *Los trabajos de Urbano y Simona* (1923). Publicadas recientemente con el título conjunto *Las novelas de Urbano y Simona.*
amor y honor: *Tigre Juan* y *El curandero de su honra* (1926).
}

Vemos que Pérez de Ayala concluyó su carrera como narrador en 1926, a los cuarenta y seis años, precisamente cuando había logrado alcanzar una considerable fama internacional. Todavía vivirá hasta 1962, [9] pero ya no escribirá más novelas. La cosa resulta más sorprendente si recordamos que, a lo largo de su vida, él había declarado múltiples veces que la novela es el género de la madurez y que sólo en ella se alcanza la gran novela (lo que algunos críticos llaman una «summa» narrativa), que resume y condensa toda la experiencia vital acumulada durante muchos años. Sin embargo, su propio caso personal vino a contradecir esta teoría. Desgracias de tipo familiar y desengaños políticos, junto a otros problemas personales (¿pereza, agotamiento literario?) debieron de ser las causas de este enigma, que, probablemente, nunca podrá desvelarse del todo. [10]

En el cuadro adjunto hemos visto que *Troteras y danzaderas* es la última de las cuatro novelas que integran la primera etapa de Ramón Pérez de Ayala. Convendrá, pues, lanzar una breve mirada de conjunto para enfocar la obra concreta en su perspectiva justa.

Las cuatro novelas tienen un protagonista común: Alberto Díaz de Guzmán, anagrama bastante claro de Ramón Pérez de Ayala. En la primera, el drama de conciencia del protagonista contrasta con el ambiente lupanario. Un grupo de señoritos y mujeres «non sanctas» sube al puerto de Pinares (Pajares) a contemplar un eclipse de sol. Alberto, que ha alcanzado un nivel de escepticismo muy grande, pierde ahora sus últimas ilusiones. En un coloquio que el autor denomina «superfluo» (precisamente por no serlo en modo alguno), nos revela que la conciencia de la muerte le hizo artista; pero ahora también reniega del arte y parece aferrarse a un epicureísmo desesperado. De modo semejante a lo que ocurre en el mundo externo, también en su interior las tinieblas se extendieron sobre las cumbres de su alma, dejando sólo oscuridad y caos.

¿Cuál es la raíz de su mal? Pérez de Ayala nos lo va a indicar en la segunda novela: la educación jesuítica que le

---

[9] Para los pormenores biográficos me remito a la introducción a mi edición crítica de *Tinieblas en las cumbres,* Madrid, ed. Castalia (Clásicos Castalia), 1971.

[10] Me ocupa más ampliamente de él en las páginas finales de mi estudio citado: *La novela intelectual de Ramón Pérez de Ayala.*

dieron, con su obsesión por la muerte y el pecado, le hizo pesimista e hipócrita, incapaz de lograr la armonía natural con la realidad. El novelista aprovecha la ocasión para fulminar invectivas contra este tipo de educación, al que están sometidos gran parte de los jóvenes privilegiados (¡bonita paradoja!) del país.

La tercera novela nos presenta, a mi modo de ver, la «educación sentimental» o «los años de aprendizaje» de Alberto. Se inicia en el mismo momento en que concluye *Tinieblas en las cumbres*. Sobre el eje de dos historias sentimentales, la vida de Alberto es una sucesión de esfuerzos discontinuos, movimientos nerviosos, impulsos sin perseverancia. Es, aplicando palabras del propio Ayala, «un abúlico por deseo de totalidad». La novela termina —no podía ser de otra manera— trágicamente.

Todavía queda, para completar esta historia, el «flashback» de *Troteras y danzaderas*, cuya acción se sitúa entre la segunda y la tercera parte de *La pata de la raposa*: Alberto cree estar enamorado de Fina, decide dedicarse a escribir y viene a Madrid para abrirse camino en el mundo de las letras. Pero en su interior está profundamente herido. Éste es el marco necesario para comprender la novela.

Unas declaraciones de Pérez de Ayala cuando ya había concluido su carrera novelística [11] parecen guía auténtica para entender el sentido de esta tetralogía narrativa. Dice que estas obras formaban parte de un vasto plan en el que aspiraba a «reflejar y analizar la crisis de la conciencia hispánica desde principios de este siglo».

Según esto, el acento de la serie se desplaza desde lo individual y autobiográfico hasta la crítica social y política, y el autor lo hacía con plena conciencia porque —afirma— «¿qué valor tiene o qué aliciente ideal puede tener la vida para el hombre individual, considerado como fin en sí mismo, si la nación a que pertenece ha fracasado en ser, a su vez, un fin en sí misma?». No me parece ocioso recordar

---

[11] Prólogo a *Troteras y danzaderas,* Buenos Aires, ed. Losada, 1942.

que Pérez de Ayala escribe estas frases después de la guerra civil española y en el exilio americano.

La coherencia ideológica del escritor le impulsa a formulaciones muy rotundas:

lo universal no puede manifestarse sino a través y por medio de lo nacional; y de aquí que lo nacional es lo que universaliza al individuo. Para que el hombre sienta la vida como digna de ser vivida y se sienta él a sí propio como un fin en sí mismo y un valor universal... es menester que busque su razón de ser en la razón de ser de su nación.

Dice el novelista que quería presentar el problema español «a través de las reacciones vitales y actitudes fundamentales del mayor número de conciencias representativas». Para ello, planeaba una serie de novelas que se ocuparan, cada una, de un medio social distinto para obtener, al final, una visión de conjunto.

Si aceptamos plenamente —como ha hecho la mayor parte de la crítica— esta explicación, habría que colocar a Ayala en conexión directa con la crisis espiritual derivada del noventayocho e incluso, como ha hecho Norma Urrutia, [12] como un profeta, en cierto modo, de la que acompañó a la guerra del 14.

Sin embargo, ya en otro lugar [13] he expresado las reservas que me merece esta bonita explicación. Ante todo, es evidente —sin necesidad de entrar ahora en detalles concretos— la extraordinaria abundancia de detalles autobiográficos muy significativos que se dan en estas novelas: la novia juvenil, la estancia en Inglaterra, la vieja educación jesuítica, etcétera, etcétera.

Recordemos, en general, que las autocríticas suelen poseer indudable interés pero eso no quiere decir que sean muy de fiar. Pocas novelas de André Maurois serán tan amenas y «literarias» como sus *Memorias*. El problema se multiplica cuando un autor, desde su madurez, contempla

---

[12] Norma Urrutia: *De Troteras a Tigre Juan. Dos grandes temas de Ramón Pérez de Ayala*, Madrid, ed. Insula, 1960.
[13] En la introducción a mi edición crítica de *La pata de la raposa*, ya citada.

(con indulgencia pero también con indudable despego) las obras juveniles. En el interregno han pasado demasiadas cosas para que su visión sea absolutamente desapasionada.

Mi interpretación —discutible, por supuesto— es bastante diferente de la que propone el propio Ayala. Creo ver, en la tetralogía narrativa juvenil, un fundamental fondo autobiográfico. Y no me refiero básicamente a las anécdotas o episodios concretos sino, sobre todo, a la visión del mundo propia del protagonista y del narrador. Pérez de Ayala —me parece— alcanza muy pronto una sorprendente madurez intelectual. Sus cuatro primeras novelas constituyen un testimonio de valor indudable para comprender la actitud vital a que ha llegado en su juventud y que, en bastantes aspectos, mantendrá toda su vida: el pesimismo profundo, el culto a la inteligencia, el vitalismo, el liberalismo, la ironía tragicómica... todo eso está aquí y, en lo fundamental, no variará con el paso de los años.

Claro está que no niego la presencia de un elemento de meditación nacional, que existe también en estas novelas. Lo individual se da en ellas junto a lo social... y a muchas otras cosas. Lo que hago es subrayar la importancia del elemento autobiográfico que, de puro evidente, corre el peligro de ser minusvalorado. Entre otras cosas, por la tendencia actual —tan natural, por otra parte— a centrarse en los elementos de crítica social y política que poseen las obras literarias. Quizás algunos hispanistas extranjeros tienden inevitablemente a ver las obras literarias españolas sobre todo como un documento para comprender las peculiaridades desdichadas de nuestra tradición contemporánea. [14]

¿Con qué objeto trataría el Pérez de Ayala maduro de ocultar o limitar el tono autobiográfico de sus primeras obras? No creo pecar de novelero al responder tajantemente: por pudor. Desde la altura de los sesenta años, muchas inquietudes y sufrimientos de los veinte o treinta deben de parecer algo lejano y, a la vez, precioso, que conviene reca-

---

[14] No le parece necesario —por evidente— insistir en el aspecto autobiográfico a un buen conocedor de Pérez de Ayala, Elías García Domínguez, en *Boletín del Instituto de Estudios Asturianos*, Oviedo, XXV (1971), n.º 72, pp. 181-187.

tar un poco de la curiosidad pública. Habían pasado tantas cosas, en medio: matrimonio, hijos, actuación política, guerra civil... La nueva interpretación, además, eliminaba el posible carácter limitado de las novelas al otorgarles una importancia histórica e ideológica que incluso (¿no pensaría en ello Pérez de Ayala, en aquellos momentos?) atraería sobre ellas el interés del público americano. La maniobra se veía facilitada, además, por tratarse de *Troteras y danzaderas,* la novela en que aparecen más abiertamente las causas sociales que favorecen (no originan exclusivamente, desde luego) el pesimismo del joven Alberto.

En resumen, la explicación del novelista en su prólogo a la edición argentina de la obra me parece una típica construcción mental «a posteriori», muy interesante y atractiva (por eso tantos críticos han caído en la trampa) pero no totalmente exacta. El Pérez de Ayala maduro y desengañado de después de la guerra española intenta lanzar una ambigua e inteligente cortina de humo sobre el carácter auténticamente autobiográfico de aquellas novelas de juventud, concediéndoles un sentido transcendental y filosófico que sólo en segundo término tenían.

II. La Fecha

La novela apareció en Madrid en 1913. En agosto de ese año dice Rivas Cherif que se ha publicado «pocos meses hace». [15] He podido localizar la fecha exacta: el 17 de febrero de 1913, *Los Lunes de El Imparcial* anuncia que en ese día se pone a la venta el libro y publica el fragmento

---

[15] C. Rivas Cherif: «Apuntes de una lección de estética», en *Revista de Libros,* n.º III, Madrid, agosto 1913, pp. 7-16. La referencia a la fecha en la página 8. Es curioso recordar que esta amplia reseña apareció con la siguiente nota a pie de página: «Como habrá podido observar el lector atento damos libertad a nuestros colaboradores para la exposición de sus ideas, aunque no coincidan totalmente con el sentido general en que trata de orientarse la *Revista de Libros*».
Quizás el pesimismo nacional de Pérez de Ayala ocasionó esta prudente fórmula para curarse en salud.

titulado «Verónica y Desdémona", que concluye el día 24. El detalle es curioso pues el novelista no debió de ser ajeno a la elección de este fragmento, en el que analiza las reacciones de una sensibilidad ingenua ante el *Otelo* de Shakespeare. Eso nos hace pensar que era, quizás, el episodio del que estaba más orgulloso y, en efecto, ha sido siempre uno de los más comentados por toda la crítica, desde Rivas Cherif o Francisco Agustín a María de Maeztu.

La novela anterior, *La pata de la raposa,* apareció en 1912 pero su final está fechado en Florencia, noviembre de 1911. La que ahora nos ocupa la fecha en Munich, 10 de noviembre de 1912. No me parece, pues, aventurado suponer que la escribe en ese año que va de noviembre de 1911 a noviembre de 1912.

Recordemos que Pérez de Ayala había ido a Italia y Alemania, pensionado por la Junta para Ampliación de Estudios, a estudiar estética. En Italia conoció a una joven norteamericana, Mabel Rick, con la que después se casará. En 1912, en Munich, asiste a los cursos de Wölfflin. De este momento son algunos artículos que envía a *La Tribuna,* recogidos recientemente en el libro *Tabla rasa,* [16] y a *Los Lunes de El Imparcial.*

Pocos meses después de acabar esta novela viaja a los Estados Unidos para casarse. En octubre de 1913 ya ha partido para América y publica en *Los Lunes de El Imparcial* (el día 13) su primera crónica de una serie titulada «Ruta sin lindes. (Pequeñas y fútiles observaciones a través del Océano Atlántico.)» En noviembre sigue publicando en el mismo periódico lo fechado en Pensilvania ya en septiembre.

Muy poco sabemos de su estancia en Alemania. Alguna frase de sus cartas a Unamuno nos informa de su estado de ánimo: «estos días ando muy desalentado» (19 de junio 1912). «Estoy enfermo del estómago y con calentura ya va para un mes. No sé lo que me ocurre... ahora no soy para nada» (11 julio 1912). En diciembre de 1912 está ya

---

[16] Ramón Pérez de Ayala: *Tabla rasa,* Madrid, 1963, ed. Bullón.

en Madrid, esperando la aparición de su novela. [17] Además de esto, puedo decir que en casa del escritor he encontrado un viejo ejemplar de *A.M.D.G.* dedicado, en Munich, *For my darling, dearest Mabel*. (Ella ya no recordaba el envío del libro ni la dedicatoria.)

Hablando de un famoso torero, Bombita, gran amigo y personaje también de esta novela, dirá Pérez de Ayala, muchos años después, algo que me parece muy interesante para saber cuál era su situación anímica al acabar *Troteras y danzaderas*:

acaso una de mis mayores tristezas fue la retirada de Bombita. Estaba yo en Norteamérica, y me quedé muy preocupado y triste. La noticia de la retirada de Bombita fue como una revelación. Ya no volveré a ver más a Bombita, me decía, entristecido. Era mi mocedad y juventud, mi vida sin asidero, quienes se despedían con Bombita. Además, yo iba a cambiar de estado. Se desea llegar; pero el momento de abandonar la nave que navegó sin amarras tanto tiempo es dulcemente triste. [18]

Me parece claro que, para Pérez de Ayala, este momento viene a significar la conclusión de una etapa: se cierra ahora su personal ciclo de vida bohemia y también su primera serie narrativa.

III. LA CLAVE

Toda la crítica proclama hoy que se trata de una novela de clave e identifica, con más o menos amplitud o acierto, a algunos de sus personajes. Me pareció interesante rastrear la opinión de los contemporáneos, en el momento de la aparición de la novela, para ver si confirmaban las hipótesis hoy usuales. Los resultados de esta búsqueda han sido relativamente sorprendentes y no por ello menos significativos.

[17] Andrés Amorós: «Veinte cartas de Pérez de Ayala a Unamuno», en *Revista de la Universidad de Madrid*, vol. XVIII, n.º 70-71, tomo II, pp. 7-33.
[18] Declaraciones a «El Caballero Audaz», en *Galería*, II, Madrid, ed. ECA, 1944, p. 539.

Ante todo, algunos críticos reconocen el carácter de clave que posee la obra pero se guardan muy bien de intentar aclararla. Así, por ejemplo, Ramón María Tenreiro:

la obra, por lo demás, refleja tan de cerca figuras y acaecimientos de la menuda realidad madrileña, que a la mayor parte de los personajes y a no pocos sucesos, fácilmente los restituirá a su ser real y propio quien conozca un tanto nuestro Ateneo, cafés y escenarios. Así se encierran doblados placeres en el libro, aunque no todos literarios ni de índole buena. [19]

Nótese la ausencia de precisiones concretas y la prudente frase final.

Más lejos va Eduardo Gómez de Baquero que, prácticamente, no se atreve a decir nada de la clave (y esta actitud es compartida por varios más):

Al hablar de clave no me refiero, naturalmente, a la identificación de los personajes, suponiendo que algunos de ellos sean retratos más o menos modificados de sujetos reales. Esto, en la novela de Pérez de Ayala, tendría a lo sumo un interés muy secundario. [20]

Subrayo la extraordinaria cautela: «suponiendo que algunos de ellos sean retratos...». Y la frase final que, con el pretexto de defender valores puramente literarios, en realidad intenta cubrir con una cortina de humo lo evidente.

¿Es tan evidente, en realidad? Creo que sí, a pesar de las dudas a que puedan inducirnos testimonios tan próximos y autorizados. He encontrado también un testimonio del propio Pérez de Ayala que —me parece— nadie ha recordado, pues está perdido en el prólogo a un libro de Luis de Tapia (que, por cierto, es uno de los personajes de esta obra). Dice allí el novelista: «mi novela *Troteras y danzaderas* —mundillo de ficción, dentro del cual, con leve, transparente máscara y apenas disimulada, pulula regular acopio de figuras reales, las más señaladas y conspicuas en nuestra

[19] Ramón María Tenreiro: crítica de la novela en *La Lectura*, 1913, I, pp. 409-413.
[20] Eduardo Gómez de Baquero: crítica de la novela en *Los Lunes de El Imparcial*, Madrid, 31 de Marzo de 1913.

literatura actual...». [21] Una declaración auténtica tan rotunda excluye toda posible duda. ¿Por qué, entonces, el silencio o las reticencias de los contemporáneos? Precisamente por eso, me parece: porque las claves eran transparentes y la obra debió de provocar un no pequeño escándalo. Esos escándalos, sin embargo, se saben transmitir por vía oral —podría citar algún ejemplo paralelo, en el Madrid de 1970— y no llegan a reflejarse por escrito más que con cautelas exageradas o por la vía de la negación.

Admitiendo ya que se trata de una obra de clave, se impone al investigador la tarea —a mitad de camino entre el chisme y la erudición histórica— de intentar descifrar todas las posibles claves. Durante años se ha tomado como base un famoso (ya casi mítico) ejemplar de la novela en la Biblioteca del Ateneo de Madrid, con anotaciones manuscritas que descifran las principales claves. Por este camino siguieron, por ejemplo, Norma Urrutia [22] y Joaquín de Entrambasaguas. [23] Otra interpretación, sólo en parte coincidente, es la de José García Mercadal, [24] que trató mucho al escritor, en los últimos años de su vida. Pero, además, muchísimos escritores o intelectuales que, por su edad conocieron aquel Madrid (o el inmediatamente posterior) creen poseer las auténticas claves, por nadie reveladas todavía. A algunos de ellos he recurrido y debo reconocer que los resultados han sido bastante decepcionantes. Ante todo, conviene aclarar que sólo pueden opinar con verdadero conocimiento de causa las personas que, hacia 1910, tomaban ya parte activa en la vida literaria madrileña, cosa difícil de conseguir antes de los veinte años; por lo tanto, hoy tendrían por encima de los ochenta: ¿cuántos de ellos viven todavía y conservan la suficiente memoria y lucidez como para poder opinar con verdadera autoridad en esta

[21] Ramón Pérez de Ayala: Prólogo a Luis de Tapia: *Sus mejores versos,* Madrid, colección Los Poetas, 23 de marzo de 1929.
[22] Norma Urrutia: *De Troteras a Tigre Juan. Dos grandes temas de Ramón Pérez de Ayala,* Madrid, Insula, 1960.
[23] Joaquín de Entrambasaguas: *Las mejores novelas contemporáneas,* tomo VII, Barcelona, ed. Planeta, 1961, p. 319.
[24] José García Mercadal: Prólogo a *Troteras y danzaderas,* Madrid-Buenos Aires, ed. Edaf (Biblioteca Edaf), 1966.

cuestión? Muy pocos, me parece. A estos efectos no creo que sirva de mucho haber visto a Valle en su tertulia o haber paseado con Unamuno un día, poco antes de nuestra guerra. Con esto estoy defendiendo, naturalmente, la posibilidad de que yo (que no viví esos años) pueda opinar sobre el tema igual que las personas mucho mayores que yo... pero que tampoco los vivieron.

Por otra parte, este tipo de asuntos se presta mucho a la charla irresponsable de café. Me voy a limitar, por tanto, a las dos principales series de identificaciones *publicadas,* las que proponen García Mercadal y Joaquín de Entrambasaguas, en los trabajos citados. Para comodidad del lector, las agrupo en un cuadro: a la izquierda van los personajes de la novela y a la derecha, en dos columnas, las identificaciones propuestas por estos dos críticos (p. 23).

La lista es relativamente amplia pero no, desde luego, completa. Desde un primer momento me di cuenta de que Halconete representa a Azorín (Halcon-ete = Azor-ín) y así lo di a conocer. [25] Varios de los personajes principales (Teófilo Pajares, Rosina y Verónica) aparecen muy dudosamente identificados. En todo caso, cuando las dos listas coinciden en la identificación, las posibilidades de acierto son bastante grandes.

Debo ahora dar cuenta del trabajo que he realizado yo, con un poco de historia. En un primer momento, cuando preparaba mi estudio *La novela intelectual de Ramón Pérez de Ayala,* [26] no me preocupé demasiado del problema de las claves: me interesaba entonces, sobre todo, el aspecto específicamente literario de la novela y su relación con las otras tres de la primera época, dentro de la trayectoria narrativa y humana de Pérez de Ayala. Acepté, pues, las identificaciones más seriamente propuestas y dejé el cuidado de completarlas a las personas que, por su edad, pudieron haber conocido aquel ambiente.

---

[25] En mi edición, ya citada, de *La pata de la raposa,* nota 457, p. 158.

[26] Madrid, ed. Gredos (Biblioteca Románica Hispánica), 1972.

PERSONAJES	GARCÍA MERCADAL	ENTRAMBASAGUAS
Antón Tejero	Ortega	Ortega
don Sixto Díaz Torcaz	don Benito Pérez Galdós	don Benito Pérez Galdós
Bobadilla	Benavente	Benavente
Monte-Valdés	Valle-Inclán	Valle-Inclán
Raniero Mazorral	Ramiro de Maeztu	Ramiro de Maeztu
Honduras	Hoyos y Vinent	Hoyos y Vinent
Arsenio Bériz	García Sanchiz	García Sanchiz
Luis Muro	Luis de Tapia	Luis de Tapia
don Sabas	Amós Salvador	Amós Salvador
el crítico don José	tal vez Fernández Villegas, "Zeda"	
Pérez de Toledo	Fernando Díaz de Mendoza	Fernando Díaz de Mendoza
Bernabé Barajas	El Marqués de Premio Real	
Trelles, el guatemalteco		Gómez Carrillo
Teófilo Pajares	quizás Marquina o Villaespesa	Villaespesa
Rosina	La Fornarina	
Verónica	Tórtola Valencia	Antoñita Mercé, "La Argentina"
Toñito		El Bomba
Espartajo		Espartero
González Fitoria		Álvarez Quintero
Muslera		García Morente
Angelón Ríos		Manolo Uría

La iniciativa posterior (me complace recordarlo aquí) tuvo su origen en don Antonio Rodríguez Moñino, que me propuso hacer una edición crítica de esta novela. Repliqué yo que me parecía más urgente sacar del olvido *Tinieblas en las cumbres,* no reeditada hace bastante tiempo y mucho menos conocida, y así surgió esa edición crítica, [27] con la promesa de pasar luego a ocuparme de *Troteras.* Muerto ya don Antonio, el proyecto seguía en pie, como vino a recordarme su eficaz colaboradora, Elena Catena. Mi visión de la novela desde el punto de vista del conjunto de la obra de Pérez de Ayala estaba relativamente claro; dentro, por supuesto, de la relativa claridad que pueden tener —para mí, al menos— estas cuestiones. Me pareció necesario, sin embargo, centrarme un poco en el ambiente histórico y social de la novela.

Empecé a frecuentar de nuevo la Hemeroteca. Leí periódicos y revistas madrileños de aquellos años. Pronto comprendí una cosa: lo esencial de *Troteras y danzaderas,* como obra de clave, no es el puro hecho de las identificaciones (realizadas más o menos mecánicamente) de algunos personajes. Lo importante de la novela, desde este punto de vista, es algo mucho más amplio: en ella están encerrados un ambiente, unas personas y unos años que ya son definitivamente historia, pero que un vehículo de categoría literaria ha sabido mantener vivos, al alcance del lector que los sepa percibir y apreciar.

El interés de la obra, así, se multiplicaba. Además de una obra de arte y un modo de expresión personal del joven Pérez de Ayala, se convertía en el testimonio vivo (vivo por la gracia del arte, no erudito ni arqueológico) de unas horas españolas ya pasadas y de excepcional interés. La literatura, una vez más, luchando por salvar el tiempo perdido... Recordé el caso de *Luces de bohemia,* con el excelente estudio de Zamora Vicente, y pensé que había que intentar algo parecido.

---

[27] Ramón Pérez de Ayala: *Tinieblas en las cumbres,* edición, prólogo y notas de Andrés Amorós, Madrid, ed. Castalia (Clásicos Castalia), 1971.

El trabajo de hemeroteca es arduo (no es preciso recordar anécdotas pintorescas, que a todos los investigadores nos han ocurrido) pero también es agradecido. Empecé a encontrar cosas: hallazgos pequeños, sin interés para nadie, supongo, pero que mantienen la ilusión para seguir desempolvando viejos papeles amarillentos. Unos periódicos o revistas llevan a otros y éstos, a libros de memorias o recuerdos: libros absurdos, muchas veces, casticistas o vanidosos, pero que podían ofrecerme el dato sobre «aquel Madrid» que yo necesitaba.

Es éste un tipo de trabajo que yo nunca había realizado antes: más que de crítico literario, muchas veces, parecía de lector de novelas policíacas o aficionado a los crucigramas. En un año difícil para mí, sin embargo, era un magnífico entretenimiento, una manera tan buena como cualquier otra (y quizás mejor que alguna) de llenar largas horas inútiles. Creo que entonces comprendí mejor a los absurdos, tragicómicos eruditos de algunos cuentos de Borges. («Absurdo» y «tragicómico» son, también, dos nociones básicas en el sistema mental de Pérez de Ayala.)

Para mi trabajo tuve un punto de partida fundamental: determinar la fecha interna clave; es decir, el año en que ocurrieron efectivamente los acontecimientos que Pérez de Ayala retrata y que le sirve de eje central para enfocar todo el ambiente madrileño. El indicio más seguro nos lo proporciona la famosa conferencia de Maeztu en el Ateneo («Los intelectuales y la política») que recoge la novela: tuvo lugar el 7 de diciembre de 1910. A este mismo año pertenecen, según creo, dos estrenos a que alude la obra: el de Pérez Galdós y el del drama modernista. Multitud de detalles concretos —que luego examinaremos con calma— confirman esta hipótesis. Aunque no niego la libertad del artista creador para mezclar elementos tomados de la realidad, sí debo decir que me ha asombrado la coherencia cronológica con que está planeada la obra: prácticamente todos los elementos importantes tienen su base histórica en el Madrid de 1910. No hace falta decir cuánto facilitó mi trabajo este descubrimiento.

Pérez de Ayala había vuelto de Inglaterra hacia 1908 y Luis Calvo lo vio así:

aquel señorito despabilado, que había venido de Londres luciendo unos terribles chalecos de fantasía, unos abrigos de lord, unos sombreros fastuosos que chocaban con la miseria de la poetambre madrileña; que fumaba cigarrillos egipcios y habanos de rentista; que tenía ideas propias y paradójicas sobre las bellas artes; que era un humanista de cuerpo entero; que se burlaba de la gente y *epataba a los burgueses*. [28]

Puedo añadir otro dato físico: en 1910, Pérez de Ayala se ha dejado un bigote muy «literario»: así aparece retratado, al publicar unas poesías, en la revista *Europa* (n.º 9, 17 de abril de 1910).

En 1910, Pérez de Ayala debe de ser ya bien conocido en los ambientes literarios madrileños. Es, entre otras cosas, el año del éxito y el escándalo de *A.M.D.G.* A comienzos del año siguiente, Artemio P. García lo mencionaría como «el discutido autor de *A.M.D.G.*» (*Madrid Cómico*, 18 de marzo de 1911). La novela suscitó reacciones contrarias, pero también favorables: así, por ejemplo, es muy alabada en *Gedeón* (número 787, 25 de febrero de 1910). Reproduce un fragmento de la novela, «que acaba de publicarse», *El Imparcial* del 26 de diciembre del mismo año. Pérez de Ayala colaboraba entonces asiduamente en *Los Lunes de El Imparcial* con cuentos («Don Paciano», [29] el 26 de septiembre), poemas («Figuras elegíacas», el 21 de noviembre) y ensayos («Apostillas de Cánovas», el 18 de diciembre).

La notoriedad literaria suscita también ataques personales. Así, por ejemplo, hace una crítica tremenda de *La grieta* E. de Ocón («Zoco literario» en *Madrid Cómico*, 30 de abril) y le compara a Marquina, dato muy curioso si tenemos en cuenta lo que luego diremos sobre este autor como posible modelo de Teófilo Pajares. Un insulto personal más

---

[28] Cito por: José María Martínez Cachero: «Prosistas y poetas novecentistas. La aventura del ultraísmo. Jarnés y los 'nova novorum'», en *Historia general de las literaturas hispánicas,* vol. VI, Barcelona, ed. Vergara, 1968, p. 436, nota 73.

[29] Luego incluido en el volumen *El raposín.*

directo es el de Enrique de Osin («El encasillado oficial», en *Madrid Cómico*, 16 de abril), que bromea así sobre posibles diputados, en el futuro: «Pérez de Ayala: por Mula». Claro que nuestro autor se ve acompañado, en este trabajo, por otras grandes figuras de la literatura española.

La novela, pues, se refiere a 1910. Dentro de eso, si hubiera que concretar más, habría que fijarse en el mes de diciembre. Pues bien: es seguro que Pérez de Ayala está entonces en Madrid y en el Ateneo —escenario de la novela— pues pertenece a una de las Comisiones elegidas para constituir la Asociación de Publicistas, promovida por Cristóbal de Castro, y de la que formaba parte su íntimo amigo Enrique de Mesa (*La Correspondencia de España,* 21 de diciembre), que también tiene algo que ver con esta novela, como luego veremos.

Así, reuniendo pacientemente datos sueltos, noticias de los periódicos, referencias de los contemporáneos, todo un vacío se iba llenando de sentido. *Troteras y danzaderas* resultaba ser una obra mucho más histórica de lo que podía haber sospechado. Una serie de figuras, de ambientes, de problemas ideológicos, volvían a cobrar vida. El resultado, claro está, no interesaba sólo para la estimación de Pérez de Ayala sino, sobre todo, para el conocimiento de unas horas muy importantes de la historia intelectual de la España contemporánea; uns horas que los jóvenes de mi edad no hemos podido atisbar más que a través de referencias, muchas veces interesadamente denigradoras o mitificadoras; unas horas, en fin, ya casi olvidadas, pero que están ahí, muy cercanas, como fundamento que es preciso conocer para comprender nuestra situación actual. Si el punto de partida de mi interés era, casi exclusivamente, el novelista Pérez de Ayala, debo confesar que, a lo largo de mi trabajo, me llegó a apasionar conocer un poco a los jóvenes Ortega, Maeztu, Valle-Inclán, y revivir de algún modo una época de vida cultural madrileña de la que tan poco y tan mal se nos ha hablado.

Volvemos una y otra vez a la misma cuestión: ¿por qué decide Pérez de Ayala escribir ahora una novela de clave sobre el ambiente cultural madrileño? Como todas las auténticas preguntas, no creo que admita una respuesta clara y concluyente; o, por lo menos, no soy capaz de encontrarla. Pero sí quiero recordar algunas circunstancias. Ante todo, que escribe sobre hechos bastante cercanos: narra, de fines de 1911 a fines de 1912, sobre lo sucedido a lo largo de 1910. Pero la escribe *en Alemania*. Esto me parece muy importante, porque favorece el recuerdo y proporciona, a la vez, la distancia (geográfica pero, sobre todo, mental) necesaria para novelar los hechos vividos. La complacencia en reflejar, con sus mismos nombres o levemente desfigurados, unos lugares madrileños (una calle, un restaurante...) sólo se explica estando en Alemania y en un estado de ánimo que, de acuerdo con las cartas a Unamuno ya citadas, no debía de ser muy feliz.

Por otra parte, quiero recordar otra vez que este momento supone, para Pérez de Ayala, el final de una etapa: va a ir a América a casarse; se acaban ya los años de relativa bohemia y lucha juvenil por darse a conocer. Aunque se emprenda el nuevo camino con ilusión, no es de extrañar que el hombre mire hacia atrás, un poco melancólicamente, y que el escritor se complazca en revivir unos meses vividos con intensidad.

Existe, además, otra razón interna que ahora sólo quiero apuntar: al acabar *La pata de la raposa*, la historia de Alberto Díaz de Guzmán está ya prácticamente concluida. Pérez de Ayala va a dejar ya el peligroso terreno de lo autobiográfico (me refiero a las motivaciones esenciales, a las actitudes básicas ante la vida) para penetrar por el más confortable de la cultura, de la brillante discusión de problemas intelectuales. Estamos, así, en la transición a su segunda etapa narrativa. Desde este punto de vista, *Troteras y danzaderas* representa la renuncia a seguir poniendo su vida entera «al tablero». Gracias a eso, sin embargo, hemos ganado un fresco repleto de interés de la vida cultural madrileña por aquellos años.

Recuerdo, para terminar esta introducción, una hermosa frase que Lawrence Durrell pone en boca de un escritor, en la novela final de su *Cuarteto de Alejandría*: «No es el arte en realidad lo que perseguimos sino nosotros mismos».[30] De una manera o de otra, así sucede a Pérez de Ayala con su *Troteras y danzaderas*; y así les sucede también a sus lectores e incluso —por difícil que parezca— a sus eruditos comentaristas y anotadores.

Quiero agradecer la ayuda de mis amigos R. Arnáez, C. Berges, E. Catena, D. Gamallo, C. de la Gándara, L. García Lorenzo, S. Larregla, F. Martínez Pozuelo, E. Rodríguez Monescillo, L. Rovatti, M. Seco, F. Sopeña y P. Spadafora.

[30] Lawrence Durrell: *Clea*, Barcelona, Edhasa (Ediciones de bolsillo), 1971, p. 132.

1

Los principales escritores

ENTRAMOS ya en el análisis concreto de algunos pormenores de la novela, de su posible base histórica y de la transformación a que Pérez de Ayala la ha sometido para convertirla en obra literaria. Como dice Vargas-Llosa en general y me parece perfectamente aplicable al presente caso, «en la novela hay una dosis de invención casi tan grande como esa otra dosis de saqueo de la realidad". [1]

Quiero decir con esto que me interesan las claves, por supuesto, pero no me basta con ellas. No me parece suficiente limitarse a colocar, junto al nombre ficticio, un apellido real, bien conocido por todos los lectores. Habría que ver, ante todo, qué es lo que Pérez de Ayala toma de la realidad y qué inventa libremente; dicho de otra forma, qué rasgos de estos personajes literarios se dieron efectivamente en sus modelos y pueden ser atestiguados por sus contemporáneos; por último, esbozar —aunque sea mínimamente— el esquema de las relaciones de esa figura histórica con el narrador que lo convirtió en su personaje. En resumen, se trata de ir llenando con paciencia, con stendhalianos «petits faits vrais», el vacío creado por el tiempo y tratar de reconstruir, dentro de lo posible, la vida auténtica de unos personajes, unos ambientes y unos momentos ya defi-

---

[1] Declaraciones a la revista *Triunfo,* Madrid, n.º 459, 20 marzo 1971, p. 22.

nitivamente idos. Haremos, pues, historia. No estructuralismo ni semiótica ni poética ni... Sencillamente, historia de unos hombres que gozaron y sufrieron en Madrid, hacia 1910.

I. ALBERTO DE MONTE-VALDÉS

Toda la crítica ha reconocido en el personaje de don Alberto de Monte-Valdés la figura pintoresca y atractiva de don Ramón del Valle-Inclán. Nótese, ante todo, la cercanía fónica de los nombres, con el «del» aristocratizante y el doble apellido. Recuérdese también que, para enmascarar ligeramente su nombre —el mismo de Valle— recurrió Pérez de Ayala a la misma equivalencia: Alberto (Díaz de Guzmán) = Ramón (Pérez de Ayala).

Recordamos que, en 1910, Valle-Inclán había publicado ya las cuatro *Sonatas* y su trilogía de la guerra carlista. Se había casado hacía tres años, cuando tenía cuarenta y uno. En 1910 va a la Argentina, como otros españoles famosos, porque es el «año del Centenario». Ha hecho una gira artística por América del Sur con la compañía de María Guerrero y Fernando Díaz de Mendoza. [2] Ese mismo año ha triunfado al estrenar *Cuento de abril* en el teatro de la Comedia. Me parece lógico suponer que están germinando en él las ideas estéticas que hallarán expresión completa, tres años más tarde, en *La lámpara maravillosa*.

Pérez de Ayala lo describe así:

un hombre flaco, barbudo y sombrío. A la primer ojeada este hombre ofrecíase como el más cabal trasunto corpóreo de D. Quijote de la Mancha. Luego se echaba de ver que era, con mucho, más bárbaro que el antiguo caballero, porque las del actual caballero eran barbas de capuchino; de otra parte, la aguileña nariz de don Quijote había olvidado su joroba al pasar al nuevo rostro y, aunque salediza, era ahora más bien nariz de lezna. [3]

---

[2] Melchor Fernández Almagro: *Vida y literatura de Valle-Inclán*, nueva edición, Madrid, ed. Taurus, 1966, p. 143.

[3] De ahora en adelante, todas las citas las haré por mi edición crítica de la novela en la colección Clásicos Castalia, Madrid, 1973.

Compárese con la descripción que nos hace Ruiz Contreras:

Era una figura estática, rígida, caballeresca. Edad indefinible, luenga barba y melenas del negro más negro que puede producir la naturaleza y la industria de los colores: ojillos brillantes, de bestia cruel, y labios gruesos de ingenua bondad. Traje negro; capa sobre los hombros; chistera de ala plana sobre la frente. Algo narigudo, tez pálida. [4]

Todo coincide con la caricatura de Fresno que publica *Gedeón* en 1910, el año en que tienen lugar los hechos relatados por la novela, salvo que en el dibujo aparece con una boina, alusión irónica a su carlismo que subraya el texto colocado al pie: «Es manco, como *el otro,* para que sea más perfecta la semejanza. Admirable escritor, que trabaja, además, como una fiera y le queda tiempo... ¡hasta para hacerse carlista...! Por cierto que no le sienta bien la boina». [5] La caricatura subraya la delgadez, la barba y las grandes gafas. Exactamente igual que la novela: «hombre flaco, barbudo (...) nariz de lezna (...) las grandes gafas redondas» (p. 55), «los quevedos» (p. 57).

Señala Pérez de Ayala varios rasgos biográficos de Valle-Inclán que son bien conocidos. Así, sus estudios de Derecho en la Universidad de San Telmo (p. 230): es decir, Santiago de Compostela. Su carácter «jaimista» (p. 230) o carlista, famoso desde la publicación de su trilogía narrativa. Sus juveniles «aventuras por tierras de Nueva España» (p. 55), tan ampliamente explotadas en su creación literaria por Valle-Inclán.

El rasgo físico más claro de Valle ha sufrido, en la novela, una muy pequeña, transparente modificación: Monte-Valdés no es manco, como su modelo, sino cojo (p. 60) y eso le hace compararse con Byron —con Cervantes—.

Monte Valdés escribe en la cama: «Estaba el caballero sentado en la cama, con una pierna encogida y la rodilla

[4] L. Ruiz Contreras: *Memorias de un desmemoriado,* Madrid, ed. Aguilar, 1961, p. 197.
[5] *Gedeón,* n.º 747, Madrid, 20 marzo 1910.

muy empinada, haciendo de pupitre sobre el cual sustentaba un cartón con una cuartilla sujeta por cuatro chinches» (p. 55). Así solía hacerlo Valle: «Adquirió la costumbre de garrapatear sus cuartillas acostado». [6] El personaje de la novela «no era raro que durante aquella época de conquista Monte-Valdés permaneciera algunos días sin salir del lecho» (p. 59). El escritor, en realidad, «permanecía en la cama todo el día». [7] Conforme a su tradicionalismo aristocratizante, les gustan a los dos los muebles clásicos españoles.

Pérez de Ayala narra la anécdota de la caridad de Monte-Valdés con el albañil herido, que el biógrafo de Valle da como hecho cierto. [8] A partir de ese momento, le atienden como criados los porteros de su casa. Algo muy cercano a lo que ocurrió en la realidad, según nos informa Ruiz Contreras: «Vivía en un piso de la calle de Calvo Asensio, cerca de la Cárcel Modelo, y la portera le cuidaba». [9] Y Francisco Camba lo confirma, con pequeña variación: «vivía efectivamente en una buena casa de la calle de Argentosa, allá arriba, bajo los techos de la lavandera, su servidumbre, que le alquilaba la única habitación no abohardillada del cuartucho». [10]

Pero, más allá de estas coincidencias anecdóticas, por curiosas que sean, está el acierto de Ayala para captar los rasgos profundos de Valle-Inclán. El aspecto extravagante: «llamativo indumento». La revolución estética: «anunciando la buena nueva de un arte extraño». La teatralidad esencial —hasta en la caridad— del que ha «compuesto» un personaje (recordemos las certeras frases de Juan Ramón Jiménez y Ramón Gómez de la Serna) y permanece siempre fiel a esa imagen de sí mismo que proyecta al exterior. La bohemia y hasta la miseria (Ramón J. Sender nos ha dado detalles patéticos) compatible con el orgullo. La ausencia

---

[6] Ruiz Contreras: *obra citada*, p. 210.
[7] Ramón Gómez de la Serna: *Don Ramón María del Valle-Inclán*, 3.ª edición, Madrid, ed. Espasa Calpe (col. Austral), 1959, p. 33.
[8] Melchor Fernández Almagro: *obra citada*, pp. 41-42.
[9] Ruiz Contreras: *obra citada*, p. 203.
[10] Francisco Camba: *Cuando la boda del rey*, 2.ª edición, Madrid, eds. Episodios Contemporáneos, 1942, p. 141.

de naturalidad, el énfasis permanente. El tono quijotesco. Hasta el uso de adjetivos literarios («desordenada vocinglería», p. 55) y fórmulas que buscan «epatar» al oyente: «lo que me duele es sentirme incapacitado para aplicar puntapiés a los galopines de las letras y no poder desbravar potros cerriles» (p. 60).

Muy interesante me parece la actitud de Monte-Valdés ante la música. Por una parte, el narrador señala que su gran innovación artística son «maravillosas sonoridades en el párrafo y la estrofa» (p. 239). Es evidente que lo mismo sucedió al Valle-Inclán de la primera época, como ha estudiado Amado Alonso. [11]

En cambio, a Monte-Valdés le falta sentido musical. Por paradoja muy típica del escritor español, [12] el gran artista de la prosa musical confiesa: «me falta oído». Exactamente lo mismo nos confirma Baroja: «Valle-Inclán, que siempre hablaba de la musicalidad de la prosa, era cerrado para la música» (*Memorias*, II, Barcelona, ed. Planeta, 1970, p. 68). Esto llega a obtener la formulación chocante de Monte-Valdés: «la música de ese teutón llamado Wagner me parece una broma pesada» (p. 239). La frase me parece indudablemente calcada de la de Valle-Inclán: «Sólo dos cosas han permanecido siempre arcanas para mí: el amor de los efebos y la música de ese teutón que llaman Wagner». [13] El fondo sociológico de todo esto es la polémica madrileña sobre Wagner, a comienzos de siglo, a la que alude Ortega en *Musicalia*.

Para Monte-Valdés, poesía y música están profundamente unidas: «No conozco sentencia más aguda y veraz que aquella de Simónides, el Voltaire griego, en la cual se declara: 'la pintura es poesía muda; la poesía es pintura elocuente'. Y decir poesía y armonía es una misma cosa» (p. 239). Exac-

---

[11] Amado Alonso: «La musicalidad en la prosa de Valle-Inclán», en *Materia y forma en poesía*, 3.ª edición, Madrid, ed. Gredos (Biblioteca Románica Hispánica), 1965, pp. 268-315.

[12] Véase Federico Sopeña: «La música en la Generación del Noventa y Ocho», en *Arbor*, Madrid, XI, 36, 1948, pp. 459-464.

[13] Valle-Inclán: *Sonata de Estío*, 1.ª edición, Madrid, 1903. Imprenta de Antonio Marzo, p. 146.

tamente igual opinaba Valle-Inclán: «lo musical y lo plástico, claves de la preceptiva valleinclaniana...». [14] Y eso se reflejaba en su vida; Ramón Gómez de la Serna nos informa sobre su camaradería con pintores: «Valle-Inclán prohijaba y bautizaba artistas plásticos y pictóricos, y su palabra les guió y les dió ánimos en la lucha tenaz de aquellos días». [15]

Muchos de los conceptos estéticos que expresa Monte-Valdés se corresponden perfectamente con los que, sólo tres años después, expondrá Valle-Inclán en *La lámpara maravillosa*. Por ejemplo, su afirmación de que «no hay belleza sino en el recuerdo, y aquilatamos si una obra de arte es buena o no lo es según se nos presenta inmediatamente como un vago recuerdo personal, y en este caso es obra de arte (...). En puridad, no existe belleza sino en lo efímero, porque lo efímero se transforma al instante en recuerdo y de esta suerte se hace permanente» (p. 241). Díaz-Plaja ha subrayado la importancia que en Valle-Inclán tiene el recuerdo hecho literatura: el género memorial. [16]

Indéntico valor posee el recuerdo dentro del sistema estético de Valle-Inclán. Recordemos dos lemas de *La lámpara maravillosa*: «Cuando mires tu imagen en el espejo mágico, evoca tu sombra de niño. Quien sabe del pasado, sabe del porvenir». [17] «En las creaciones del arte, las imágenes del mundo son adecuaciones al recuerdo donde se nos representa fuera del tiempo, en una visión inmutable». [18]

En ese libro, el tema del recuerdo aparece especialmente tratado en el apartado II de la sección «El quietismo estético». Allí dice:

En nuestras creaciones bellas y mortales, las imágenes del mundo nunca están como los ojos las aprenden, sino como adecuaciones al recuerdo. En el recuerdo todas las cosas aparecen quietas y fuera del momento [lo que constituye el ideal, para Valle], centros

[14] Guillermo Díaz-Plaja: *Las estéticas de Valle-Inclán*, Madrid, ed. Gredos (Biblioteca Románica Hispánica), 1965, p. 158.

[15] Ramón Gómez de la Serna: *obra citada*, p. 88.

[16] Díaz-Plaja: *obra citada*, pp. 160 y sigs.

[17] Valle-Inclán: *La lámpara maravillosa*, 2.ª edición, Madrid, ed. Espasa-Calpe (col. Austral), 1960, p. 38.

[18] *Ibidem*, p. 102.

en círculos de sombra. El recuerdo da a las imágenes la intensidad y la definición de unidades, al modo de una visión cíclica. El recuerdo es la alquimia que depura todas las imágenes y hace de nuestra emoción el centro de un círculo, igual al ojo del pájaro en la visión de altura. [19]

Nótese cuán estrechamente unidas van la emoción y el recuerdo. Exactamente igual a lo que dice Monte-Valdés en la novela: «Creo (...) que el arte no es sino emoción (...) me parece que no hay belleza sino en el recuerdo» (p. 241).

Puede dar la impresión de que esta valoración que hace Monte-Valdés de lo efímero no encaja bien con la importancia que Valle concede al tiempo. Sin embargo, me parece que la contradicción es más supuesta que real pues, existe, en el fondo, una indudable armonía y complementariedad. Recordemos unos versos de Valle: «El Tiempo es la carcoma que trabaja / por Satanás». [20] Pero también dice: «Cuando se rompen las normas del Tiempo, el instante más pequeño se rasga como un vientre preñado de eternidad». [21] En suma, la existencia del tiempo hace posible —por supuesto— el recuerdo; pero como he subrayado antes, mediante el recuerdo se puede vencer al tiempo, conseguir la inmovilidad del éxtasis. Así pues, las ideas de Monte-Valdés y las de Valle-Inclán siguen coincidiendo.

Frente al arte como consciencia, actitud representada por Alberto Díaz de Guzmán (por Pérez de Ayala), defiende Monte-Valdés «que el arte no es sino emoción, y por lo tanto, que su expresión tiene mucho de instintiva y espontánea; de manera, que la mucha luz consciente, en ocasiones, estorba a la forma artística y anula su plasticidad y relieve» (p. 241). Encaja esto perfectamente, me parece, con «el pensamiento estético de Valle-Inclán, que en una de sus etapas fundamentales —*La lámpara maravillosa, Claves líricas*— se sitúa claramente dentro de la tradición neo-

---

[19] *Ibidem*, p. 102.
[20] Valle-Inclán: *El pasajero*, en *Obras completas*, II, Madrid, 1944.
[21] Valle-Inclán: *La lámpara maravillosa*, ed. citada, p. 32.

platónica y gnóstica, en la zona de esta 'estética del misterio'». [22]

Monte-Valdés, en la novela, se muestra gran aficionado al baile y explica así su fervor: «la danza es pintura, poesía y música, mezcladas estrechamente, personificadas y dotadas, no de existencia ideal, como ocurre en las manifestaciones singulares de cada una de ellas, sino de vida orgánica. La danza es el arte primario y maternal por excelencia» (p. 240). «Por eso la danza, que es el arte más efímero, quizás sea el arte más bello» (p. 241).

Palabras muy semejantes escribió Valle-Inclán:

Solamente en el baile se juntan los caminos sutiles de la belleza, sonido y luz, en una suprema comprensión. La armonía del cuerpo perdura en la sucesión de los movimientos por la unidad del ritmo. El baile es la más alta expresión estética, porque es la única que transporta a los ojos los números y las cesuras musicales. Los ojos y los oídos se juntan en el mismo goce, y el camino de los números musicales se utiliza en el éter de la luz. [23]

Y, en una entrevista con «El Caballero Audaz», dice que sus grandes aficiones son

la pintura, el baile y los toros, ...la Pastora Imperio, la 'Tórtola' y la 'Argentinita' me producen una gran emoción estética... Un gran placer artístico. ¡Aunque en el buen baile se juntan todas las más bellas cosas! La música, el color, la belleza, el movimiento, el arte, la línea. Yo no voy a ningún teatro sino a ver bailar. [24]

Como se ve, la coincidencia con las frases del personaje literario es casi absoluta. Resulta también curioso que mencione aquí Valle-Inclán, como sus bailarinas favoritas, a algunas que son posible modelo de los personajes de la novela.

Otro rasgo característico de Monte Valdés es su carácter iracundo, que se manifiesta en los escándalos a que da lugar en los estrenos teatrales. Es de sobra conocido que se trata

---

[22] Díaz-Plaja: *obra citada*, p. 98.
[23] Valle-Inclán: *Obras Completas*, ed. citada, I, p. 799.
[24] «El Caballero Audaz»: *Galería*, I, 4.ª edic., Madrid, EBA, 1949, pp. 105-106.

también de algo muy característico de Valle-Inclán, que le hizo popular. Recojamos sólo tres testimonios, entre los muchos posibles. Ramón Gómez de la Serna nos informa de los escándalos que causó, con sus frases en alta voz, en los estrenos de Joaquín Montaner y Benavente. [25]

Melchor de Almagro San Martín cuenta que el estreno de *La gata de angora,* de Benavente, provocó un gran pateo: «Valle-Inclán, que estaba en las butacas, se empeñó en aplaudir contra viento y marea cuando las protestas contra la obra y Jacinto eran mayores. ¡Se armó la de San Quintín! Hubo bofetadas y bastonazos. A Valle se lo llevaron detenido». [26] Resulta curioso ver unidos, en la anécdota, a dos escritores que son personajes de esta novela.

Ruiz-Contreras, por último, da detalles más pintorescos. Una noche, en el teatro Alhambra, el escritor está junto al escenario y discute con un guardia: «herido en su dignidad por la represión embozada, Valle-Inclán alargó el cuello como un gallo de pelea y avanzó tres pasos, ¡a la vista del público!, mientras repetía con sequedad amenazadora: —¿Qué?... ¿Qué?... ¿Qué?». [27] Y lo llevaron detenido. Después de esto podemos comprender mejor el episodio de la novela en que Monte-Valdés persigue a una actriz dentro de la escena y le aplica un muy concreto castigo (p. 246). Pérez de Ayala, una vez más, se inspira directamente en la realidad.

Rasgo típico de Valle-Inclán (como hoy lo sería de Borges o Cunqueiro) es la erudición fingida, mezclando datos reales con otros puramente imaginarios, y la referencia a Nostradamus, el famoso astrólogo francés del s. XVI. La alusión a Hermes Trismegisto también encaja perfectamente en una novela en que aparece como personaje Valle-Inclán. A propósito de él recuerda Díaz-Plaja que «el nombre de 'literatura hermética' procede de la boga que tuvo en Francia el nombre del fabuloso Hermes Trismegisto, cuyas obras,

[25] Ramón Gómez de la Serna: *obra citada,* pp. 162-163.
[26] Melchor de Almagro San Martín: *Biografía del 1900,* Madrid, Revista de Occidente, 1943, p. 157.
[27] Ruiz Contreras: *obra citada,* p. 212.

especialmente la *Tabla de Esmeralda,* fueron traducidas al
francés por Ménard en 1863». [28]

En la novela de Pérez de Ayala, Teófilo admira mucho
a Monte-Valdés. En la realidad, Villaespesa (posible modelo de Teófilo, como luego veremos) dedicó estos versos
muy elogiosos a Valle:

> Valle-Inclán, manco, cual Cervantes,
> rostro barbudo y tez de cera
> como un asceta de Ribera,
> brinda con frases ceceantes
> las paradojas más extrañas
> a un grupo imberbe de pintores
> que le oyen religiosamente,
> o les relata hazañas
> y sus románticos amores
> vividos en Tierra Caliente.
>
> ...Y no existe paleta,
> ni existirá tan rica y soberana,
> como su ardiente fantasía
> de alucinado y de poeta,
> ebria de sol y marihuana.
>
> ...Y unos burgueses
> contemplan con un gesto admirativo
> los cinematográficos y altivos ademanes
> de este gran Ramón de las barbas de chivo. [29]

Junto a los tópicos y la «literatura» a que era tan dado
Villaespesa, percibimos aquí cierto tono de indudable autenticidad, de experiencia vivida. El verso último, por supuesto, reproduce la expresión, ya famosa, de Rubén Darío en
los versos que dedicó como prólogo a *Aromas de leyenda.*

Para completar un poco esta visión de Monte-Valdés debo
referirme, aunque sea mínimamente, a las relaciones del personaje (de su modelo, más bien) con el narrador. Valle-
Inclán y Pérez de Ayala fueron grandes amigos. Son

---

[28] Díaz-Plaja: *obra citada,* p. 100.
[29] Ramón Gómez de la Serna: *obra citada,* p. 85.

interesantes, por ejemplo, dos cartas del primero: [30] una en que habla de *La guerra carlista* y las *Comedias bárbaras,* y otra en que hace un gran elogio de *La pata de la raposa.* [31]

Años después, en 1916, en una de las cartas a Unamuno que he publicado, Pérez de Ayala da cuenta de su distanciamiento respecto a Valle, y lo hace con su habitual inteligencia y capacidad crítica:

No sé si sabe Ud. que [Valle] está enojadísimo conmigo, sin duda porque yo era el mejor amigo que tenía y él no está avezado a tan finas amistades. El pretexto de que se sirvió para romper conmigo fue injusto y tonto. [32]

El enfado, sin embargo, no debió de ser demasiado profundo pues al año siguiente, en 1917, en el libro I de *Las máscaras,* Ayala publica un estudio muy elogioso del «Valle-Inclán dramaturgo». [33]

Me parece importante subrayar que, en 1910 (la fecha de la novela), Valle-Inclán ha triunfado en el teatro con *Cuento de abril,* estrenada en la Comedia. Creo que no se ha recordado que, con motivo de este éxito, varios autores dijeron que Valle-Inclán y Marquina crean el teatro poético español. Así lo dicen, por ejemplo, J. del Busto Solís en *El Globo* (22 diciembre 1910) y Emilio Carrere en *Madrid Cómico* (10 de febrero de 1912). El dato —me parece— es especialmente importante si tenemos en cuenta que:

—uno de los fragmentos más brillantes de esta novela es la parodia del drama poético.

—dos posibles modelos del dramaturgo poético Teófilo Pajares son, como luego veremos, Eduardo Marquina y Emilio Carrere.

[30] Las reproduce José García Mercadal en su prólogo a: Ramón Pérez de Ayala: *Ante Azorín,* Madrid, Biblioteca Nueva, 1964, pp. 34-36.

[31] La he incluido como apéndice en mi edición crítica de dicha novela, ya citada.

[32] Andrés Amorós: «Veinte cartas de Pérez de Ayala a Unamuno», en *Revista de la Universidad de Madrid,* vol. XVIII, n.º 70 y 71, tomo II, pp. 24.

[33] R. Pérez de Ayala: *Las máscaras,* vol. I, Madrid, ed. Renacimiento, 1924, pp. 211-223.

Vemos que, ante un mismo tema, reaparecen una y otra vez nombres idénticos (aunque la función que desempeñan en la novela sea ligeramente distinta) y comprendemos que la obra de Pérez de Ayala se sustenta en una complicada red de relaciones literarias y humanas: Valle-Inclán, Carrere, Marquina, el propio Ayala... parecen piezas de ajedrez que hacen y deshacen sus jugadas, que reiteran —con variaciones— en la novela sus conflictos literarios y vitales.

En este caso concreto, me parece indudable que una de las intenciones de Pérez de Ayala, al escribir la novela, es que no se debe incluir bajo el mismo rótulo a Marquina y Valle-Inclán. Piensa el novelista asturiano —y no me parece necesario encarecer su acierto— que por una parte está el llamado teatro poético, que le parece absolutamente ridículo (lo definirá alguna vez como «bombas fecales»), y, a otro nivel muy distinto, el teatro de Valle-Inclán. Recordemos también que Pérez de Ayala fue uno de los primeros críticos que defendió el valor específicamente teatral de las obras de Valle: «Insisto en que su obra está concebida *sub specie theatri*». [34]

En la revista *Europa* (n.º 6, 27 marzo 1910) hizo Ayala la crítica de *Cuento de abril*. En ella podemos ver la diferencia clara que separa —según nuestro novelista— a esta obra de las de Marquina:

Cuento de abril es una comedia escrita en verso. En ella cada personaje obedece al ritmo interno en que necesariamente ha de borbotar su sentimiento. Esto es, los versos no son extravagantes [Valle subtituló su obra como «escenas rimadas en una manera extravagante»]; los propios personajes no son extravagantes sino intravagantes, que vale tanto como decir líricos, y de su lirismo destila la fragancia con que apresaron al público.

Esto es, se trata de la diferencia entre lo poético como verdad profunda, necesaria, o como adorno superfluo. Y más adelante añade: «Es tal la fuerza de captación que posee este hombre singular, que me maravillaría saber de alguno

---

[34] *Las máscaras*, ed. citada, p. 219.

que, habiéndole leído una vez, no se diera a averiguar pormenores de su vida y hechos». De esta estimación por la
obra y fascinación por la persona nace, probablemente, el
convertir a Valle-Inclán en personaje de su novela.

Pérez de Ayala y Valle-Inclán eran, entonces, contertulios en Fornos y los dos organizaron un banquete homenaje
a Juan Belmonte, junto con Sebastián Miranda, Romero de
Torres (otro personaje de la novela) y Julio Antonio. [35]

Valle-Inclán nos dio también una caricatura de Pérez de
Ayala que no me parece desafortunada: «Y se ríe Pérez
de Ayala / con su risa entre buena y mala». [36] Muchas veces, leyendo a Pérez de Ayala, me he acordado de estos
versos que el lector de *Troteras y danzaderas,* en concreto,
hará bien en no olvidar.

En suma, el distanciamiento posterior de Ayala y Valle
no se manifiesta todavía aquí, sino que tenemos una honda
apreciación de su obra literaria, por contraste al entonces
triunfante drama poético, con el que algunos querían em-
parejarle. Y, sobre todo, vemos, en la novela, una recreación
muy vivaz de la singular personalidad de Valle. Quiero recordar una frase de la novela:

Monte-Valdés despojóse con la izquierda de las grandes gafas redondas, con armazón de carey, y miró severamente al matrimonio.
Sin embargo, sus ojos, fuera por sinceridad, fuera por condición
de la miopía, delataban una especie de ternura (p. 55).

La doble posibilidad es típica del estilo irónico perspecti-
vista de Ayala. Pero lo más importatne es que logra ver la
ternura en el fondo de los ojos de Monte-Valdés, por debajo de la apariencia extravagante, porque él los ha sabido
ver con ternura. Creo, en suma, que Monte-Valdés no es
indigno de la fabulosa personalidad de su modelo real.

---

[35] Melchor Fernández-Almagro: *obra citada,* p. 154.
[36] Valle-Inclán: *La pipa de kif,* Madrid, Sociedad General Española de Librería, 1919, p. 16.

II. RANIERO MAZORRAL

No es difícil reconocer, bajo este nombre, a Ramiro de Maeztu. Su intervención en la novela se centra, sobre todo, en una conferencia pronunciada en el Ateneo madrileño, de signo claramente regeneracionista. Esta conferencia, «Los intelectuales y la política», tuvo lugar el día 7 de diciembre de 1910 y despertó muy amplio eco. Es éste uno de los puntos de la novela más directamente inspirados en la realidad histórica y, además, nos proporciona un dato muy concreto (que, al coincidir con otros, resulta prácticamente seguro) para determinar el momento en que tuvieron lugar los hechos reales en que se ha inspirado la obra.

Según ésta, Mazorral, al dar la conferencia, «pasa de los cuarenta y cinco años» (p. 305). En realidad, nació en 1874, así que en 1910 tenía solamente treinta y seis. Pérez de Ayala exagera un poco; probablemente, por malevolencia, para censurarle irónicamente que se considere portavoz de los jóvenes españoles.

Maeztu estuvo en Londres de 1915 a 1916. En el año 1910, concretamente, dio en París una conferencia —germen de su libro futuro— sobre don Quijote. [37] Mandaba por entonces crónicas desde Londres al *Nuevo Mundo*; el día 17 de noviembre de ese año ya la manda desde Madrid y lo anuncia en nota: «En Madrid se halla, y aquí se propone pasar corta temporada... Ramiro de Maeztu».

¿Cómo era entonces Ramiro de Maeztu? Recordemos el retrato que de él nos ofrece Ricardo Rojas: [38]

un garrido vasco vestido a la inglesa. El amplio cráneo de cabellera negra bien peinado, la nariz aguileña y el mentón fuerte dibujaban su perfil con una línea enérgica, pero, visto de faz, alumbrábanle el rostro los dulces ojos claros, de mirada franca, y la boca afeitada, de sonrisa benévola. El cuerpo macizo era de buena estampa; marchaba con aplomo y vestía habitualmente de chaqué y galera. Al verlo pasar, se le habrá tomado por un funcionario

[37] Da un resumen la Revista *Europa*, n.º 9, 17 de abril de 1910.
[38] Ricardo Rojas: «Maeztu, el español atormentado», en *El retablo español*, Buenos Aires, 1938.

de la City o por un hombre de mundo, sin sospechar la tormentosa actividad de su alma...

Rojas ha visto a Maeztu en Londres y escribe asombrado por la asimilación del escritor vasco al ambiente inglés, pero lo mismo debieron de sentir los madrileños, como nos dice la novela:

quedó, pues, en el proscenio Raniero Mazorral. Fue saludado con grandes aplausos, a los cuales respondió él inclinándose con mucha dignidad. Era corpulento, bien construido, guapo. Vestía con sobria elegancia británica y estaba un poco pálido (p. 296).

Continúa Ricardo Rojas con la etopeya:

Reverenciaba los cánones sociales de Eton y acomodaba sus modales a ese canon. Disfrutaba de sus mocedades, pero su vida interior era personalísima y profunda. Sentía apetencia de realidades y especulaba sobre los hechos presentes: pero más le prestaba entregarse a un vértigo de puras ideas. Su mente parecía arder en el fuego del corazón y el corazón en fuegos mentales. Casi no empleaba imágenes en la conversación ni en sus escritos, acaso porque contemplaba los conceptos como presencias vivas. Aunque era admirable expositor faltábale serenidad e ironía para ser platónico. Europeo por la amplitud de su curiosidad intelectual, era, sin embargo, un ibero auténtico por su pasión. Iba su conciencia en pos de la verdad como un halcón de alta cetrería o como un lebrel vibrante a la hermosura. Esta emoción cinegética dramatizaba su fuego filosófico, y en esto era un español. No separaba el pensamiento y la vida. Ponía todo su ser en la función de pensar. Su potente cerebro no cesaba en esa continua molienda de ideas, seguidas a veces de combustión. Se tomaba cuerpo a cuerpo con Kant, Hegel, Schopenhauer, Nietzsche o examinaba el hecho más insignificante, rompiéndolo como a una nuez o exprimiéndolo como a una naranja, para sacarle todo lo que había adentro; asceta en el estudio, llegaba al sacrificio por sus ideales. España era su pasión. Si examinaba tantos sucesos mundiales, si leía tantos libros en diversos idiomas, si meditaba tanto en su soledad de expatriado voluntario, todo convergía al problema de España. Hacia la mitad de su existencia, era el mismo patriota de su juventud precoz y de sus últimos años. [39]

[39] Cito por Vicente Marrero: *Maeztu*, Madrid, ed. Rialp (Biblioteca del Pensamiento Actual), 1955, pp. 199-200.

Si descontamos algunos párrafos excesivamente cargados de «literatura», la caracterización me parece muy interesante. Sobre todo porque nos ayuda a evitar un fácil riesgo: el de considerar al Maeztu de 1910 desde la perspectiva de la *Defensa de la Hispanidad* y el final de su vida.

Algunos detalles me parecen especialmente significativos:

1. El apasionamiento: «era, sin embargo, un ibero auténtico por su pasión». El personalismo típicamente hispano: «No separaba el pensamiento de la vida». Desde este punto de vista se comprende bien el diagnóstico irónico de Pérez de Ayala sobre su discurso: «Todo ello era una canción vieja, sin embargo, dijérase que se oía por primera vez: y es porque por vez primera se había infiltrado a la canción vieja lo patético de ciertas modulaciones, que le daban emoción estética" (p. 296). El juicio me trae a la memoria la aguda frase de Ortega: «en España, para persuadir es menester antes seducir». [40]

2. En la presentación que hace Ayala de Maeztu, me parece evidente una cierta actitud de ironía y despego. (Que, por supuesto, se acentuaría con el paso de los años: no representan lo mismo, ciertamente, *Defensa de la Hispanidad* y la Agrupación al Servicio de la República). El apellido Mazorral es un adjetivo no demasiado raro que significa «grosero, rudo, basto», [41] y no me cabe duda de la malevolencia de Ayala al elegirlo.

Recordemos cómo aparece por primera vez, en la novela, el personaje: «Fue una aparición un tanto milagrosa y un tanto cómica, como de esos muñecos de sorpresa que saltan fuera de una caja al abrirse la tapa. Quedó, pues, en el proscenio Raniero Mazorral» (p. 296). La primera edición era un poco más cruel, pues, en vez de esta última frase, el párrafo remataba así: «Aquel muñeco humano era Raniero

<hr />

[40] Disco grabado por Ortega para el Archivo de la Palabra del Centro de Estudios Históricos en junio de 1933. Lo comenta brillantemente Rafael Lapesa: «Sobre el estilo de Feijoo», en *De la Edad Media a nuestros días. Estudios de historia literaria*, Madrid, ed. Gredos (Biblioteca Románica Hispánica), 1967, p. 299.

[41] Real Academia: *Diccionario de la lengua española*, XIXª edición, Madrid, 1970, p. 858.

Mazorral». Parece evidente que la amistad o el compañerismo han mitigado un poco la fundamental actitud satírica de Ayala ante Maeztu.

¿Cuál es el origen de esta actitud? No me parece necesario investigar concretas divergencias ideológicas de los dos escritores, en este momento. Lo que me parece decisivo, en cambio, es el diferente temperamento o actitud general ante la vida. El apasionamiento belicoso del vasco tenía que avenirse mal con el escepticismo del asturiano. Cuando leemos, en el retrato citado de Ricardo Rojas, que a Maeztu «faltábale serenidad e ironía» comprendemos que éstas, para Ayala, eran graves omisiones.

Para intentar ser justo, hay que señalar que no fue Ayala el único que adoptó esa actitud reticente ante Maeztu. Me parece claro que la figura de éste ofrecía un buen blanco para la ironía y que los escritores satíricos del día no desperdiciaron esta ocasión. Recordemos algunos ejemplos.

E. de Ocón se burla de su esquema «semimatemático» para comparar Europa y España. [42] Cejador, el maestro de Pérez de Ayala, exclama irónicamente: «Gracias a Dios, ya tenemos filósofos en España, proclamados como tales nada menos que por el entendidísimo en asuntos político-económicos y celebrado escritor Ramiro de Maeztu». [43] Quizás alude al gran elogio de Ortega que luego comentaremos, por tener tanto que ver con esta novela. Recuérdese el carácter áspero de Cejador y su actitud marginal (por razón de edad y de diferente formación) frente a los miembros de la generación del 98.

Se encarniza especialmente con la vanidad de Maeztu el agudo Luis Bonafoux:

En la Embajada, donde le respetan una barbaridad, le tienen por un pozo de ciencia, y en viéndole venir exclaman:
—¡Que viene Maeztu!... —y todo el mundo boca abajo.
Dábase a veces el capricho, cuando escribía en *La Correspondencia*, de redactar su artículo allí mismo, en la Embajada, y entonces era de ver cómo se precipitaban los de Cancillería; cuál, a

---

[42] En *Madrid Cómico*, 2 julio 1910.
[43] En *Los Lunes de El Imparcial*, 8 de septiembre 1913.

ofrecerle una silla; cuál, con los zorros para limpiarle la mesa y con la caja de plumas para cambiarle la usada; cuál otro, en fin, con una almohadilla para que don Ramiro colocase sus posaderas, y luego mientras escribía, todo el mundo estaba como en misa y ni Dios chistaba.

Cuéntase que en cierta ocasión le interrumpió un ruido que parecía estornudo —aunque tal vez fuera otra cosa, según el olor—, mientras escribía don Ramiro, y que éste, airado preguntó:

—¿Quién se ha permitido interrumpirme, a mí, el genio de *La Correspondencia*?

—Señor —balbuceó un ordenanza—, yo no he sido... Fue el señor marqués de Villalobar, que está constipado.

—Pues dígale usted que aquí nadie tose cuando yo escribo.

Y todos, andando en las puntas de los pies, como en cámara mortuoria, se iban diciendo:

—El, escribe su artículo...

—Chitón... ¡Que está escribiendo su gran artículo!...

—Chist... Chist.

¡Simpaticón don Ramiro!... Luego vuelve a su casa, se enfunda en su frac y da audiencia. Con aire altivo y continente gallardo, entornando los ojos y encañonando con la mano izquierda al pabellón de la oreja correspondiente, don Ramiro de Maeztu se digna oír a sus amigos y admiradores. [44]

Lo que pretendo reproduciendo estos textos —aparte de divertirme un poco, claro está— es mostrar, una vez más, cómo *Troteras y danzaderas* está inmersa dentro de un ambiente histórico que es preciso conocer para valorarla debidamente y cómo lo que hace Ayala es dar superior calidad artística y mayor complejidad mental al género satírico entonces tan en boga.

Años antes, en 1903, Maeztu había caracterizado humorísticamente a varios escritores, entre los que se encontraba nuestro novelista (que todavía no lo era):

Ramón Pérez de Ayala, también poeta modernista [como Juan Ramón] aunque más pintoresco que sensitivo. Tiene el padre alcalde (de Oviedo) y ha llevado a Asturias el uso de las melenas, el

[44] Luis Bonafoux: «Del circo liliputiense», en *Madrid Cómico*, n.º I, 19 febrero 1910.

monóculo y los chalecos confeccionados con tela de mantones de Manila. [45]

Las ironías, así pues, fueron recíprocas y Maeztu se fijó en el Pérez de Ayala esnob y «dandy», el mismo que retrató Antonio Machado:

> Lo recuerdo... Un pintor me lo retrata,
> no en el lino, en el tiempo. Rostro enjuto,
> sobre el rojo manchón de la corbata,
> bajo el amplio sombrero; resoluto
> el ademán, y el gesto petulante
> —un si es no es— de mayorazgo en corte,
> de bachelor en Oxford, o estudiante
> en Salamanca, señoril el porte. [46]

Recordemos también, para comprender mejor lo que viene después que, en 1910, Maeztu es europeizador y sostiene una polémica con el antieuropeo Unamuno. [47] Igualmente ha sostenido una polémica con Ortega (también personaje de *Troteras y danzaderas*: Antón Tejero) en 1908. [48] Sin embargo, ya en 1910 —la fecha interna de la novela— publica Maeztu un artículo alborozándose públicamente porque Ortega haya ganado la cátedra de Metafísica de Madrid: «en lo sucesivo no podrá ser doctor en Filosofía ningún español que no haya estudiado a Kant». Y concluye: «No un Pepe Ortega, quinientos Ortegas necesitaríamos para no morirnos sin ver hecho el camino». [49] Así se entenderán —me parece— las alusiones a Ortega en el discurso y en el brindis del banquete que vamos ahora a

[45] En *El Pueblo Vasco*, San Sebastián, 9 de agosto de 1903. Cito por Alberto Sánchez: «Introducción» a *Don Quijote o el amor* de Ramiro de Maeztu, Salamanca, ed. Anaya, 1969, p. 18.

[46] Antonio Machado: «Ramón Pérez de Ayala», en *Nuevas Canciones*, edición (junto con: *De un cancionero apócrifo*) de José María Valverde, Madrid, ed. Castalia (Clásicos Castalia), 1971, p. 163.

[47] V. Marrero: *obra citada*, pp. 257 y ss.

[48] La comenta V. Marrero: *obra citada*, pp. 261-279.

[49] Ramiro de Maeztu: «Impresiones de España. La cátedra de Metafísica», en *El Heraldo de Madrid*, 19 de febrero de 1910.

comentar. Nótese, de pasada, que, incluso por escrito, utiliza Maeztu el nombre familiar: *Pepe* Ortega; por eso Pérez de Ayala llamará a su personaje *Antón* Tejero.

La conferencia en el Ateneo

Uno de los episodios más interesantes de la novela, desde el punto de vista de la historia intelectual de la España contemporánea, es el de la conferencia de Raniero Mazorral en el Ateneo madrileño. (A esto se reduce la actuación de dicho personaje en la novela). Resume y comenta Pérez de Ayala la conferencia de Ramiro de Maeztu sobre «La revolución y los intelectuales» el día 7 de diciembre de 1910, que tuvo una considerable repercusión. He de advertir que este episodio es uno de los más fácilmente identificables de la novela y, por lo tanto, uno de los que más me han ayudado para localizar la fecha de los acontecimientos reales en que se inspira la obra.

Conviene, antes de nada, recoger la información que publicaron los periódicos madrileños sobre dicho acto.

ABC no dijo nada sobre la conferencia pero sí anunció, el día 10, otra que debe considerarse como réplica: «el ilustrado ateneísta don Alfonso de Aratave hablará acerca del siguiente tema: 'Sobre unas palabras de Ramiro Maeztu: en defensa de la intelectualidad española'». No dijo nada tampoco *El Globo*.

La Época (8 de diciembre de 1910) resume la conferencia y dice, entre otras cosas:

Afirmó que desde julio del año pasado la revolución ha empezado a operarse con independencia de nuestras clases intelectuales o seudo-intelectuales (...) Terminó alimentando la esperanza de que con el estudio y el trabajo se modifiquen, en el curso de treinta o cuarenta años las condiciones de la sociedad actual.

Justamente de esta última idea es de la que se ríe un personaje de la novela, el mordaz y desengañado don Sabas Sicilia:

Bondad y trabajo; aconsejar bondad y trabajo... Vamos, que no se le ocurre al que asó la manteca (p. 300). Trabajad... Es como decir 'respirad'. Decir vida y decir trabajo es una cosa misma. De una manera u otra el hombre trabaja siempre. ¿Conoce usted algo más trabajoso que seducir a una mujer que no gusta ni poco ni mucho de su cortejador? Pues son infinitos los que se toman ese trabajo. ¿Por qué? Porque ven un fin como remate del esfuerzo, una satisfacción como premio de muchos sinsabores. Aconsejar a las colectividades trabajo es cosa necia, lo que se debe hacer es sugerirles un ideal asequible y halagüeño, y con esto se coloca naturalmente a los hombres en potencia próxima de ser bondadosos. El ideal es el mejor estimulante de la alta cultura (p. 301).

Pérez de Ayala, desde luego, está bastante cerca del ideal de regeneración noventayochista; [50] sin embargo, su escepticismo vital le permite defender bien las tesis del desengañado don Sabas Sicilia y ver las ingenuidades de algunas formulaciones entusiastas. Me parece interesante la defensa del ideal, relacionable con la bien conocida concepción de la patria como un proyecto de vida colectivo.

Más amplia es la reseña de *La Correspondencia de España*. En su primera página, el día 8 de diciembre de 1910, bajo el título «Conferencia notable: Maeztu en el Ateneo» publica el siguiente artículo, sin firma:

Ramiro de Maeztu había anunciado una conferencia en el Ateneo de Madrid: 'La revolución y los intelectuales' era el tema. Dada la personalidad del ilustre escritor y lo importante del asunto, se comprenderá bien pronto que el salón de actos fuera pequeño para dar cabida al público, ansioso de oir la palabra del brillante cronista.

En la imposibilidad de publicar íntegra su disertación, transcribiremos algunos de sus párrafos, dando del resto una breve reseña. Comenzó diciendo:

'He aceptado con apresuramiento la invitación a hablar en esta casa, porque los liberales españoles tenemos contraída una gran deuda con el Ateneo de Madrid. Hace poco más de un año España se veía sometida a un régimen de *cloroformo y camisa de fuerza*; son los términos que emplea Salvador Canals en su libro

---

[50] Algunos le incluyen plenamente en el noventa y ocho. Analizo este tema en la «Introducción» a mi edición, ya citada, de *La pata de la raposa*.

Los sucesos de España en 1909, escrito en defensa de los procedimientos gubernamentales de Maura y La Cierva.'

El disertante hace mención de las conferencias dadas por Simarro, Medinaveitia y Ortega y Gasset.

Estas conferencias —dice— y dos discursos pronunciados por el Sr. Moret en el Congreso de los diputados obraron el milagro de apartar de España esa pesadilla de manicomio, cloroformo y camisa de fuerza de que habla el Sr. Canals. Aquellos momentos fueron críticos. Hoy no es legítimo para ningún pensador español enfocar el problema de España como lo hubiera podido hacer en la primera quincena de julio de 1909.

Desde entonces sabemos dos cosas: una, que resulta hacedero para un Gobierno coger escritores, periodistas, políticos, artistas, etcétera, y meterlos en un puño, haciéndoles callar por medio de violencias; la otra, que desde julio del año pasado, la revolución española ha empezado a operarse, con independencia de nuestras clases intelectuales o seudo-intelectuales. [Esta es la frase que impresionó también a los redactores de *La Época* y de *El Imparcial,* que la reproducen textualmente].

Alude el Sr. Maeztu al trabajo de Costa *Oligarquía y caciquismo como la forma actual de Gobierno en España,* y cita algunos de sus párrafos.

Cuando se apaguen cuantas voces hablaron en nuestra Patria a raíz del desastre —continúa diciendo el conferenciante—, se alzará todavía pujante el rugido de Costa, con el cual pretendía despertar a un pueblo aletargado.

Lee un fragmento del discurso pronunciado por Lloyd en la Cámara de los Lores, y sigue diciendo:

'No debemos a Costa solamente una lección inmortal de patriotismo y una lección de estilo político; le debemos el habernos enseñado a enfocar el problema de España en términos de Europa'.

'Mientras discutíamos la Monarquía o la República, la centralización o la descentralización, la evolución o la revolución... D. Joaquín Costa nos sacó de la Puerta del Sol y de las Ramblas para plantarnos en Europa. Ya no discutíamos en castellano o en catalán; discutíamos en el idioma de Platón y Aristóteles.'

A este propósito glosó maravillosamente algunas de las ideas de Costa.

'Frecuentemente reparamos en que los escritores extranjeros no comprenden las cosas de España. Pero, ¿cómo es posible que nadie comprenda discusiones que carecen de sentido?'

'Lo específico del régimen del pueblo español no es la oligarquía sino su carácter teocrático —plutocrático— burocrático. Este mal de la oligarquía lo comparte España con casi todos los pueblos del mundo. El mal específico de España consiste en la baja calidad de las oligarquías.'

'No son la oligarquía y el caciquismo, juntamente, la forma actual de Gobierno en España; el caciquismo es un estado temporal; el cacique es cacique como paso; se coloca en el escalón del cacicato, no sólo para dar pucherazos y violentar las leyes electorales, sino para llegar en un día, más o menos lejano, a ser oligarca.'

'En España los intelectuales tienen un defecto capital. ¿Sabéis cuál? Que no son intelectuales. Ellos serán la causa de la revolución; pero no por lo que han hecho, sino por lo que han dejado de hacer, porque las clases obreras se van enterando de que fuera de aquí se vive mejor, y ese mejoramiento de vida, que se debe a los intelectuales, en España se desconoce por completo, enteramente.'

El público testimonió su admiración al señor Maeztu interrumpiéndolo varias veces, para aplaudirle, durante el curso de la conferencia, y al final le tributó una ovación calurosa, que se prolongó hasta la salida del conferenciante por los pasillos. [51]

Aún más espacio dedicó a la conferencia de Maeztu *El Imparcial*. Ante todo, la pluma anónima evoca el ambiente del acto:

De verdadero acontecimiento merece calificarse la conferencia leída ayer tarde en el Ateneo por Ramiro de Maeztu. El interés general que había por escuchar la palabra del elocuente periodista lo testimonia el numerosísimo público que llenaba el salón de la casa y que formaban casi en su totalidad escritores, periodistas y políticos. La palabra sincera de Maeztu llegó a la inteligencia y al corazón de cada uno de sus oyentes. Habló de nuestros males antiguos y nuevos, buscando sus raíces al través de las páginas de la historia. Su residencia en el pueblo europeo que mejores gobiernos tiene ha sido para el publicista una gran enseñanza. Para conocer el país donde se nace es necesario transponer fronteras. A los ojos de Maeztu, las desdichas patrias aparecen con entera clarividencia, porque las meditó desde fuera, desde un país en que la sana tradición política se mantiene fuerte y vigorosa hace tres siglos.

[51] *La Correspondencia de España*, Madrid, jueves 8 de diciembre de 1910, p. 3.

Notemos el habitual —y tan justificado— deslumbramiento español por la estabilidad política inglesa y cómo la estancia en ese país le daba al escritor un halo de notable autoridad en materia política, a los ojos del público madrileño.

El artículo nos describe claramente el tono de la conferencia: «Tuvo tonos virulentos para los tibios, para los indiferentes, sobre todo, para los que aman la patria por la nómina». Y el efecto que produjo todo esto en el auditorio:

los oyentes se mantuvieron al unísono con el orador desde la primera palabra hasta la última. Los aplausos fervientísimos surgieron empujados por algo más que por la hermosura de la forma. La idea capital de la conferencia, el presto remedio sin tregua ni reposo a cuanto nos aparta de la cultura europea, penetró como un relámpago en la mente del auditorio (...) los aplausos continuaron después en los pasillos del Ateneo.

Viene después un resumen del trabajo de Maeztu que, como es lógico, coincide bastante con el de *La Correspondencia de España*. Lo que distingue al artículo de *El Imparcial* es reproducir íntegramente bastantes párrafos de Maeztu. Cita a Macías Picavea, a Giner, a Ramón y Cajal, a Galdós, a Unamuno (disintiendo del famoso «¡que inventen ellos!»), a Grandmontagne... Lo más interesante, sin embargo, es percibir el impacto retórico de Maeztu; por ejemplo, en este último párrafo:

Así se apunta una generación más recia, más disciplinada, más austera. Recia ha de ser para afrontar los tiempos que la esperan. Para defenderse contra la fuerza nueva que llama las gentes al trabajo, el adormecimiento simulará letargo; la inercia, crítica; el pesimismo, sátira; la ignorancia, agudeza; y la clásica candidez española, del pillo que a fuer de pillo muere de hambre, guiñará entrambos ojos. En cada Universidad, en cada cuarto de banderas, en cada redacción, en cada teatro, en cada tertulia, en cada escuela, en cada casino, rechinará la resistencia contra la gente realmente nueva, que se propone sustituir en todos los aspectos de la vida española, no sólo en el Ejército, el antiguo sistema de la obediencia pasiva, blasfemia y bofetadas, por el de la obediencia activa, que obliga a gobernar con la enseñanza y el ejemplo.

No importa. La resistencia se irá venciendo, no sólo por la actividad, sino por el conocimiento del camino. Mientras creíamos, con Costa, hace diez años, que las clases intelectuales existían, pero que eran retraídas, es decir, inmorales, era lógico que diéramos gritos de esperanza de despertarlas al deber, y que enronqueciéramos gritando, y que al sentirnos enronquecidos desalentáramos y echásemos al surco. Pero desde que nos hemos convencido de que nuestras clases intelectuales no existen, de que son retraídas o inmorales porque no son intelectuales, ya no hay para nosotros más camino que el de estudiar, primero, y el de enseñar después; el de enseñar hasta que una vida de trabajo es más entretenida que una vida de ocio y de murmuración. Y como el camino es infinito, no tenemos derecho ni a dejar que nos canse la resistencia ajena, ni a cansarnos nosotros. Por delante se alza para nosotros la perspectiva de treinta o cuarenta años de trabajo, en que a ratos nos sonreirá la esperanza de que al llegar a viejos no se escuchen los bramidos de los jóvenes que anhelan nuestra muerte, como tienen que escucharlos los ancianos de las vidas estériles. [52]

No es de extrañar que, con estos párrafos, la masa de oyentes se sintiera enfervorizada; ni que el escéptico e irónico Pérez de Ayala advirtiera las ingenuidades y, al incorporar el episodio a su novela, las hiciera resaltar.

Según nos informa Vicente Marrero, [53] la conferencia fue publicada en folleto a raíz de ser pronunciada y no se ha reeditado después. No hemos logrado encontrar este folleto, pero el propio Marrero nos proporciona un amplio resumen, mediante el cual podemos hacernos una idea de lo que fue la conferencia.

En realidad, las líneas básicas de ella ya las conocemos gracias a los artículos de periódico que hemos resumido. Es necesario, sin embargo, añadir alguna cosa más. Ante todo, que Maeztu reacciona contra el individualismo propio de los hombres del 98 en su primer momento:

No es extraño que, durante algún tiempo, Azorín, Baroja y yo pensáramos seriamente en publicar una revista que llevase por título «los tres»... ¡Oh, candidez de la soberbia! Y cuando cesa-

---

[52] *El Imparcial*, Madrid, 8 jueves de diciembre de 1910, p. 3.
[53] V. Marrero: *obra citada*, nota a la p. 322.

mos de dar gritos para volver las miradas a nuestro alrededor, nos encontramos dolorosamente con que las cosas seguían como antes.

A la vez, Maeztu ataca a los pesimistas que creen inútil acercarse a Europa. Polemiza así con el Unamuno partidario de la «africanización» de España y proclama rotundamente que el remedio para nuestros males no es otro que el mayor contacto e intercambio de ideas con los países más civilizados de Europa. [54]

Al margen un poco de lo puramente ideológico pero muy significativo de la actitud mental de Maeztu, en esta conferencia, es el modelo ejemplar de vida que propone:

Pensad en Bernard Shaw: un drama o dos al año, un libro de ensayos, colaboración constante e intensa en una docena de revistas; cuarenta o cincuenta cartas polémicas al *Times*; sesenta o setenta discursos de propaganda socialista; fijación de postura en cada una de las cuestiones que se agitan; trabajo administrativo en algún teatro, en la Sociedad Fabiana y en una docena de otras asociaciones; y como base, estudio constante y apretado de ciencia, de economía, de filosofía, de historia, de cultura política. ¿Cómo puede realizar esta obra? No bebe, no juega, no fuma, no come carne, no ingiere estimulantes, no se permite caprichos amorosos, no asiste a reuniones de recreo ni a tertulias, su vida es todo estudio, producción y acción pública; no se le ve personalmente sino ante miles de personas, cuando va a defender en algún mitin alguna causa colectiva. Yo no tenía ni la idea más vaga de la cantidad de esfuerzo mental de que es capaz un hombre hasta que me puse en íntimo contacto con los intelectuales de otros países. [55]

¿Que pensaría Ramón Pérez de Ayala de este noble ideal, de este elevado puritanismo patriótico? La respuesta está en la novela. Conociendo un poco su manera de ser, pienso cómo se divertiría al escuchar esta frase, de una ingenuidad realmente chocante: «No bebe, no fuma, no come carne, no ingiere estimulantes, no se permite caprichos amorosos...». Quizás pensara que bajo uno u otro disfraz, el puritanismo

[54] V. Marrero: *obra citada*, pp. 254-257.
[55] V. Marrero: *obra citada*, pp. 319-320.

ascético español resurge siempre. No hace falta demostrar pormenorizadamente que es muy otra la actitud defendida por Pérez de Ayala en sus novelas: desarrollo pleno de la personalidad humana, disfrute —con moderación clásica— de todas las cosas buenas que nos ofrecen la naturaleza y la vida. (En este sentido, me parece cercano a Gabriel Miró.) Pérez de Ayala bebía y fumaba, y sus novelas no son ciertamente puritanas.

¿Qué aparece, de todo esto, en la novela? Bastante poco de las ideas, desde luego, pero mucho del ambiente: expectación, fervor popular, críticas posteriores... En cuanto a las primeras, Ayala se fija sobre todo en dos:

1. Civilización es igual a cultura, igual a europeísmo.

2. Defensa de la bondad y del trabajo. (Contrarrestada por las ironías de don Sabas Sicilia sobre este mismo punto).

A cambio, el novelista realiza una sátira bastante cruel del apasionamiento del orador vasco. Le califica de vidente: «Sus ojos tenían la facultad de extraviarse a capricho, de suerte que la pupila, gris azulada, parecía diluirse por la córnea, como los ojos de un vidente en el trance» (p. 296). De histrión: «Mazorral, hombre apto para las exhibiciones histriónicas, porque sabía entrar en situación, esto es, apasionarse por las ideas y darles virtualidad ardiente» (p. 297).

Insisto una vez más: la diferencia entre los dos hombres no es tanto de ideas como de temperamento. Ayala era frío e irónico, sabía ver siempre el pro y el contra de todas las cuestiones; debía de serle difícil «entrar en situación»; en suma, no era un orador político. Sus discursos me parecen las reflexiones en voz alta de un intelectual; es decir, lo menos apropiado para enfervorizar a una masa. Pero todos, por autodefensa, tendemos a rebajar las cualidades que no poseemos. Leyendo estas ironías contra la oratoria de Maeztu me acuerdo de los apuros que pasará Ayala, años después, al tener que dirigirse a un público amplio y popular, en el primer acto de la Agrupación al Servicio de la República. [56]

---

[56] Véase Ramón Pérez de Ayala: «Al servicio de la República: nuestro primer acto público», en *Escritos políticos,* Madrid, Alianza Editorial (El Libro de Bolsillo), 1967, pp. 220 y ss.

Los ataques al orador continuarán. Ayala nos indica claramente la razón del apellido que ha elegido como clave: «¿Ha visto usted cosa más mazorral, yerma y antiestética que el cerebro de este señor Mazorral?». Le acusa de falta de imaginación (p. 302) y se ríe malévolamente de su pretensión de aparecer como portavoz de los jóvenes españoles. Para subrayar este efecto, aumenta su edad real —treinta y seis— a cuarenta y cinco.

En resumen, para Pérez de Ayala se trata de ideas muy viejas pero que ahora logran mayor virtualidad gracias al nuevo estilo en que se exponen. Y el creador de este estilo es Ortega (Antón Tejero, en la novela) a quien Maeztu, en este momento, dice seguir.

Después de la conferencia vinieron las polémicas. Ayala refleja algunas reacciones típicas, expresadas por varios personajes en el ambiente pintoresco de los pasillos del Ateneo. La más interesante es la de «un individuo flaco, alto y mal trajeado, encarnación austera de la ecuanimidad» (p. 303). Se trata, como luego veremos, de Hermoso, es decir, de Luis Bello. Para él, «se pueden poner en tela de juicio las ideas de la conferencia, que a mí me han parecido bien, entre paréntesis; pero lo que no se puede dudar es que ha sido una conferencia bellísima, literariamente, que nos ha forzado a aplaudir, sugestionados muchas veces» (p. 304). Declarando que este personaje es el símbolo de la ecuanimidad, el novelista viene a adherirse implícitamente a sus tesis: así, con típico estilo tornasolado, rebaja la importancia del discurso pero lo alaba en otro sentido, y quita un poco de hierro a sus anteriores ironías.

Sin embargo, la actitud intelectual de Pérez de Ayala se suele traducir en un perspectivismo que intenta expresar la complejidad y ambigüedad básicas de lo real. Por eso imagina a otro interlocutor (éste innominado, por supuesto) que, haciendo tabla rasa del discurso de Maeztu, expresa otra actitud no sólo posible sino que existió realmente: «ha sido una conferencia llena de latiguillos y recursos de mala fe. Le deslumbran a uno, le hacen aplaudir sin que sepa lo que hace, muchas veces por que no digan; pero viene luego la reflexión, y entonces se echa de ver que todo aquello era bambolla» (p. 304).

Dos perspectivas tan contrapuestas exigen lógicamente una cierta síntesis, que nos vuelve a proporcionar con su ecuanimidad Hermoso (Luis Bello):

Se trata de un mal crónico y, sin embargo, nunca se ha sentido tan en lo íntimo y con tanta perentoriedad la conciencia de este mal. ¿Por qué? ¿Acaso porque estamos ahora peor que nunca? Nadie se atreverá a decirlo. Sin duda, es porque ahora se ha planteado el mismo problema con mayor acierto que otras veces (p. 306).

En el capítulo siguiente, Ayala nos dará su personal opinión: el problema de España es, fundamentalmente, un problema de sensibilidad colectiva. Por debajo de su apariencia puramente esteticista, esta afirmación supone dar más importancia a la situación real de la sociedad española que al problema concreto de las formas de gobierno; supone, en definitiva, pensar —de acuerdo con la línea de la Institución Libre de Enseñanza— que el problema de España es, sobre todo, un problema de educación.

La inclusión de este episodio en la novela y la mención de diferentes opiniones no es sino una más de las reacciones que suscitó la conferencia de Maeztu. Para tener una información un poco más completa, conviene recordar algunas de estas reacciones; ante todo, las de figuras literarias que acompañan a Mazorral como personajes de *Troteras y danzaderas*.

Emilio Carrere, uno de los modelos evidentes del poeta modernista, Teófilo Pajares, escribió esta nota en *Madrid Cómico*:

Ramiro de Maeztu ha pronunciado en el Ateneo una conferencia muy interesante. Este señor ha vuelto de Londres decidido a hacer un apostolado en pro de la fecundidad intelectual, de la regeneración política y de la cultura, y de paso a amargarnos la existencia.

A mí me parece muy bien su propósito. Creo, como el señor Maeztu, que nosotros gastamos una energía excesiva en banales controversias de tertulia, de café, de redacción y de capilla literaria. Que se nos va la fuerza por la boca, en fin, sin realizar nada fundamental.

De acuerdo. España no prosperará gran cosa mientras haya corridas de toros y se juegue al mus ilustrado. La energía mental que se emplea en un solo a bastos en el tresillo, sería más útil gastada en estudiar *finansas*, como dice Emilio Riu, y la atención seria a las investigaciones filosóficas.

Los conductores de pueblos, los forjadores de almas —qué frasecitas de artículo de fondo, ¿eh?— deben ser sacerdotes de su ideal y sacrificarse por el mejoramiento de la humanidad. Dijo el conferenciante que el dramaturgo Bernard Shaw ha renunciado al vino, al juego, a todas las pequeñas vanidades y, sobre todo, a los caprichos amorosos. Y todo por hacer buenos dramas; me parece demasiado caro.

Es cuestión de punto de vista filosófico. Yo creo que unos bellos ojos de mujer valen más que la mejor obra literaria, y que un beso loco de pasión en una boca ebria de juventud es preferible a un sesudo tratado de economía política, que tal vez haga la felicidad de una nación.

Nuestro egoísmo nos impulsa a buscar la felicidad y yo creo poder encontrarla más fácilmente junto a una mujer linda y discreta que poniendo apostillas en un libro de metafísica. ¿Cuál será el verdadero camino? ¿El solitario y abnegado de la ciencia o el de la vida plenamente gozada? Surge enigmática la sombra de Fausto. [57]

Dejando aparte cierta frivolidad de la crítica, imputable al normal tono en la publicación en que apareció, resulta curioso que Carrere se fije en las mismas frases (sobre Bernard Shaw) que antes destacábamos y que tampoco le debieron de hacer demasiada gracia a Pérez de Ayala. Para un poeta bohemio y decadente, el canto puritano de Maeztu a la austeridad y el trabajo debía de resultar algo realmente difícil de comprender.

Lo más interesante es que esta actitud de Carrere, como es lógico, rima bien con la que Teófilo adopta en la novela: «Teófilo, que también estaba en el grupo, abroquelado, como de ordinario, en melancólico mutismo, al ver que sus dos amigos se marchaban, salió con ellos» (p. 306).

---

[57] Emilio Carrere: «Retablillo literario», en *Madrid Cómico*, n.º 44, 17 de diciembre de 1910.

Añadamos, para comprender la situación, que Teófilo está melancólico porque piensa en las dificultades de su amor por Rosina. No comparte, por tanto, los prejuicios de Maeztu contra «los caprichos amorosos».

Otra réplica a Maeztu fue la de Benavente, que aparece en la novela bajo el nombre Bobadilla. En *El Imparcial* publicó lo siguiente:

La conferencia de Ramiro de Maeztu en el Ateneo ha sido, y será por muchos días, tema preferente de discusiones. Inequívoca señal de su éxito y de su importancia. Vibrante síntesis de nuestra vida nacional fue la conferencia; tal vez con más apasionamiento que serenidad; pero ¡dice tan bien un noble apasionamiento cuando de algo que mucho nos importa se trata! Quede la plena serenidad intelectual para cuando hayamos de ser árbitros o jueces en extraños asuntos; pero ¿cómo no poner calor del corazón en asunto tan propio?

Fueron las palabras de Maeztu el mejor espoleo para los espíritus dormidos, tardos o cobardes; el mejor lazo para unir a los que, despiertos y fuertes, malogran, no obstante, sus alientos en el soberbio individualismo solitario. A los españoles, más que a nadie, conviene tener presente aquel apólogo oriental en que un padre muestra a sus hijos cómo un haz de mimbres apretados no puede romperse y qué fácilmente se quiebra cada mimbre, separado del haz, uno por uno.

Aunque a ratos pudiéramos dolernos y aunque algo en el fondo de nuestra conciencia protestara, bien hizo Ramiro de Maeztu en cargar la mano sobre los intelectuales, ya que a ellos se dirigía desde la tribuna del Ateneo. Hubiera sido flaqueza impropia de su espíritu independiente y concesión que no hubiera admitido su auditorio, incurrir en la fácil complacencia de esos predicadores que truenan contra los vicios del siglo; pero tienen la dulce oportunidad de tronar contra los pobres en iglesias de ricos, y al contrario. Ellos no faltan a la verdad en ningún sitio, pero les falta la verdad del sitio, que es un modo de faltar a la verdad como si se mintiera.

Los intelectuales oyeron sus verdades, y muy duras verdades. Algo puede decirse, y algún día lo diré, en descargo suyo. Ahora, justo es también que los obreros oigan las suyas, y las mujeres, y la aristocracia, y que las palabras de verdad no sean perdidas; porque palabras que nos vienen de todas partes, pero ¿de dónde vendrá el ejemplo? ¿Qué serían los Evangelios sin Pasión y sin Muerte? Oratoria, poesía... bellas palabras. [58]

Bajo las palabras de elogio se esconde un ingenio acerado y disimulado por la «finura y suavidad», un «pesimismo disimulado y profundo» (p. 232). Es decir, los caracteres con que aparece Bobadilla en la novela.

Azorín (retratado en la novela bajo el nombre de Halconete) publicó un artículo en el *ABC* que parece réplica clara a Maeztu, aunque no lo mencione: «De tarde en tarde —cada seis u ocho años— los intelectuales se sienten enardecidos ante los problemas políticos».

Se pregunta quiénes son los intelectuales:

De cuando en cuando' —como afirmábamos al principio— los intelectuales españoles se sienten indignados, escandalizados ante el espectáculo de lo político; reflexionan sobre el origen y progresos de nuestros males. Los intelectuales nos comunican su creencia, su esperanza, de que ellos podrían atajarlos (...). Pero, ¿en qué se fundan esta creencia y esta esperanza? (...) ¿Por qué este absurdo monopolio que se atribuyen los intelectuales respecto a la felicidad de España? ¿No podrán pensar lo mismo los médicos, los comerciantes, los industriales, los obreros?

Y concluye:

No mejor, sino quizá peor, mucho peor marcharían los asuntos públicos de un país gobernando los intelectuales. Son dos cosas totalmente distintas: la realidad, la práctica diaria y compleja del mundo y de la vida, y la especulación intelectual, la obra imaginativa, la observación desinteresada de los fenómenos sociales. Una legión de poetas, de críticos, de filósofos, de pensadores, influyen, sí, en la sociedad, pueden determinar un cambio, una transformación; pero es a la larga, cuando el pensamiento dominante se ha ido infiltrando en la sociedad. Y así es como gobiernan los intelectuales, no de otro modo: siendo veraces, sinceros, imparciales, produciendo belleza o verdad y resignándose con noble abnegación a soportar serenamente todo sacrificio, toda amargura, con tal de no apartarse de su senda de sinceridad y de luz. [59]

[58] Jacinto Benavente: «De sobremesa», en *El Imparcial*, 12 de diciembre de 1910.
[59] *ABC*, 27 de diciembre de 1910.

Para apreciar esto debidamente, recuérdese que Maeztu dedicó en su discurso frases despectivas a la inicial actitud del noventayocho y, en concreto, a su actividad pública en unión de Azorín.

Debe observarse en este artículo lo lejos que está ya Azorín de su anarquismo inicial; hasta —dato significativo— en el periódico en que escribe. A la vez, esta actitud cuadra bien con el escepticismo que demuestra Halconete en la novela. Y recuérdese que era Azorín (y no Maeztu u Ortega) el gran amigo de Pérez de Ayala. Ante el problema, tan permanente, de la actuación política del intelectual, Azorín (y Ayala) se inclinan por una actuación indirecta, a largo plazo, mediante la creación de una conciencia colectiva que facilite los cambios. Maeztu, en cambio, en este momento, parece decidido por una actuación más directamente revolucionaria.

Es preciso recordar también un artículo de José María Salaverría en que ironiza sobre las tesis de Maeztu:

> no pasan cuatro meses sin que surja entre nosotros un profeta como Daniel o Jeremías, que lance apóstrofes terribles o llore las desdichas de la Patria (...) Hoy es Costa; mañana Unamuno; luego, los demás profetas menores.

Propone Salaverría:

> Mejor que acusación en abstracto, nos haría falta la acusación directa y personal. Cuando se acusa a todos, el efecto puede ser muy teatral y bello; pero los resultados son mezquinos. Llegado un pueblo al estado en que se encuentra hoy España, necesítase acusar personalmente a cada uno de los inmorales. Esto es menos teatral, es mucho más peligroso, pero más útil y más gallardo.

Concluye malévolamente:

> Pero, ¿cuántos políticos, cuántos escritores estarían en condiciones de acusar, sin peligro de ser acusados? Con los dedos que un hombre tiene en las manos se podrían contar a esos acusadores puros. [60]

---

[60] José María Salaverría: «El hebraísmo español», en *ABC*, 28 de diciembre de 1910.

Como se ve, Salaverría ironiza sobre el talante apocalíptico de Maeztu y propone medidas más concretas, más útiles. Es curioso recordar que, pocos años después, Pérez de Ayala reprochará lo mismo a Unamuno: «Al tratar estas cuestiones ideales, que con ocasión de la guerra se han corporeizado pesada y agresivamente, advierto en Ud. un gran valor para atacar *in genere*, pero echo de menos el mismo valor para sentenciar *ad hominen*».[61]

Ruiz Contreras, en sus *Memorias de un desmemoriado*, reproduce dos cartas que le escribió Maeztu en diciembre de 1910 (es decir, absolutamente contemporáneas a su conferencia) y en las que expone ideas muy semejantes a las que desarrolló en el Ateneo. Escribe el día 22:

En el caso de su padre veo yo un símbolo del problema español (...) ¿Qué falta a España para que se *explote*, para que se aproveche el esfuerzo de los hombres de buena voluntad? Lo que falta ¿no consistirá en que esos hombres están aislados unos de otros, porque les falta una filosofía, un lenguaje común, en el que adquieran perspectivas históricas sus conocimientos y aptitudes especialistas?[62]

Vemos aquí al Maeztu que no es puro intelectual sino que desea llegar a ser organizador, político práctico.

Y el 28 de diciembre añade:

Sí; hay que ser buenos; pero la bondad, para que no sea caprichosa y efímera, ha de ser científica, objetiva, consecuencia de un fin objetivo.

Fin objetivo: el conocimiento de la vida interna de los españoles. Medio de realización: dedicar la vida a ese propósito, que es la bondad. Medio de poder dedicarla: autoridad, higiene personal, eliminación del sensualismo, pasiones, envidias, etc.[63]

Es decir: exactamente lo mismo que defendió en su conferencia, con tono de evangelista laico, y que suscitó tantas

---

[61] Carta del 15 de septiembre de 1915. En el artículo citado en la nota 32 de este capítulo, p. 21.

[62] L. Ruiz Contreras: *Memorias de un desmemoriado*, edición citada, pp. 91-92.

[63] *Ibidem*, p. 92.

ironías por parte de Pérez de Ayala y de otros escritores contemporáneos.

El banquete de homenaje

La resonancia que despertó en los medios intelectuales madrileños la conferencia de Maeztu se concretó en un banquete homenaje. La conferencia fue el día 7 de diciembre de 1910. Al día siguiente publicó en su página primera *La Correspondencia de España* la convocatoria para el homenaje, que tuvo lugar el domingo 11 de diciembre de 1910, a la una de la tarde, en el restaurante «Parisiana».

«Chispero» nos da información sobre el marco:

Por encima del asilo de Santa Cristina se habilitó un antiguo chalet, una especie de casino veraniego que se tituló «Parisiana», lugar donde se escucharon las primeras quejas de los bandoneones y se bailó el primer charlestón americano; lugar también donde no se cenaba mal, no se aburría uno mucho y no se salía con dinero nunca, por lo de la oreja de Jorge [ya lo citaremos al hablar del juego]; lugar en fin, donde empezó en Madrid el 'alternar' de los aristócratas —ellos y ellas— con las estrellas de honor y vida dudosos. [64]

Nótese cómo esta última frase nos introduce en un ambiente que rima a la perfección con el de *Troteras y danzaderas*.

El *Nuevo Mundo* dio una amplia información, con fotografías, del acto el día 15 de diciembre. El texto es el siguiente:

Han pasado diez años desde que Maeztu escribió uno de sus mejores artículos. Era un auto-retrato moral, vigoroso y sincero, sobre cuyas líneas puso una veladura de triste melancolía. 'En mí —dijo poco más o menos— ha perdido mi raza uno de sus mejores ejemplares. Educado desde niño en el amor al estudio, habíame dado la Naturaleza una inteligencia clara, y descollé con gran fortuna en mis primeros torneos escolares; quebrantos económicos de mi casa me empujarán después a la lucha por el pan. ¿Quién duda que, de haber seguido consagrado largos años

---

[64] Víctor Ruiz Albéniz, «Chispero»: *¡Aquel Madrid...! (1900-1914)*, Madrid, Artes Gráficas Municipales, 1944, p. 30.

al estudio, hubiera sido un hombre de gran cultura, ejemplar selecto entre los intelectuales de mi país?'

Lo que no pudo realizar la perdida posición del hombre rico en bienes materiales, lo ha conseguido su espíritu con la inapreciable opulencia del talento y la voluntad. En diez años aquel muchacho que se lamentaba mirando melancólicamente al pasado, ha resuelto su porvenir labrando, con los pedazos de su roto ensueño, el nombre prestigioso que para sí ambicionaba. Una vez más se obró el milagro de que el hombre venciera las resistencias fatales del medio.

Nada más justo, pues, y digno de alabanza que el acto realizado por varios intelectuales festejando al vencedor. La conferencia que dio Ramiro de Maeztu en el Ateneo ha sido el pretexto inmediato para el homenaje que se le tributó en Parisiana. Fue un banquete más, pero ahora como nunca justificado, porque se agasajaba a quien, obligado a luchar por el pan, tuvo siempre presente que 'no sólo de pan vive el hombre'.

Las fotos nos presentan a Maeztu durante su discurso y a un grupo de asistentes al banquete, entre los que destaca a Maeztu y Ortega. *Nuevo Mundo,* así pues, subraya la significación personal, biográfica, del acto dentro de una retórica seudo-espiritualista que ha sido siempre muy cultivada por nuestros periódicos y con alusiones a un tema (el hombre y el medio) muy de época.

La Correspondencia de España (12 de diciembre de 1910) nos proporciona una información más amplia y objetiva sobre el acto. Bajo el título «Banquete a Maeztu» dice así:

En Parisiana se ha celebrado la anunciada fiesta íntima en honor de Ramiro de Maeztu. Pocos homenajes tan justificados. Los lectores de *La Correspondencia de España* son buenos testigos de la labor seria, lenta, reflexiva y altamente patriótica de este insigne escritor, que desde el extranjero contribuía tan grandemente a hacer patria y a educar al pueblo español. La conferencia reciente de Maeztu en el Ateneo fue un digno resumen de toda aquella larga y admirable campaña, sostenida durante varios años en estas columnas y proseguida últimamente en las del *Heraldo de Madrid.*

El director y todos los redactores de *La Correspondencia,* ligados a Ramiro de Maeztu por fuertes vínculos de sincera amistad y de cordial compañerismo, toman siempre gran parte en todas las satisfacciones del insigne periodista. Huelga, pues, añadir con cuánta alegría consignamos y reseñamos hoy este nuevo triunfo de nuestro amigo.

Por iniciativa de Augusto Barcia y de algunos otros socios del Ateneo de Madrid se organizó el homenaje que se ha celebrado brillantemente en Parisiana. Más de 150 representantes notables de la juventud intelectual española se han reunido a reiterar a Maeztu la fe en su talento y la adhesión a sus orientaciones.

Los brindis, a la terminación del banquete, fueron breves y elocuentísimos.

Ramiro de Maeztu, muy conmovido, pues, como dijo después atinadamente José Ortega y Gasset, es hombre que todo tiene en exceso, exceso de inteligencia y de corazón, dio las gracias con noble y sincera modestia.

Al tener noticia de que se preparaba el agasajo, Maeztu quiso negarse a aceptarlo. A su juicio, para tributar a los hombres tales homenajes, debe esperarse a que hayan realizado su obra, y él está comenzándola. Fue Ortega y Gasset quien le decidió a aceptar el homenaje considerando conveniente este acto de solidaridad.

Al expresarse así, Maeztu recordó su amistad fraternal con Ortega y Gasset, llamándole su maestro y afirmando que sus consejos le fueron de utilidad inolvidable para el descubrimiento de su personalidad y de toda su labor en pro de la cultura.

Después insistió Ramiro de Maeztu en el criterio desarrollado en su reciente conferencia y, en general, en todos sus escritos, es decir, en la necesidad de hacer una España nueva, sobre la base del españolismo más acendrado, pero dentro del espíritu moderno que hoy anima toda la vida europea.

'Es preciso que los hombres jóvenes preparemos la vida del mañana, trabajando en nuestras cosas y defendiendo a la patria con los libros en la mano. No necesitamos derribar obstáculos, porque ni obstáculos hay siquiera en nuestro camino, que no pueden tenerse por tales la inercia, la vacuidad y el achabacanamiento con que desde hace tiempo se dirige a España desde el Gobierno y desde el Parlamento. Es indispensable que creemos los hombres del mañana, el hacendista, el dramaturgo, el filósofo, para que cuando, dentro de diez años, pregunte Europa dónde está España, como preguntaba hace poco, esos hombres nuevos puedan contestar: —Aquí'.

No estas palabras, pero sí este concepto, informó todo el brindis elocuente de Ramiro de Maeztu, que fue aplaudidísimo.

Ortega y Gasset correspondió en términos afectuosos al saludo que Maeztu le había dirigido, y con la mayor sinceridad confesó ante sus amigos cómo había orientado su vida, renunciando al camino fácil de la política oportunista para consagrarse al estudio y a la cátedra, desde la cual espera servir mejor a su país.

Manuel Bueno aludió ingeniosamente a Verdes Montenegro, recordando la amistad que a ambos unía con Maeztu desde la adolescencia e invitándole a trazar la semblanza del ilustre escritor a quien se tributaba el homenaje, lo cual hizo Verdes Montenegro con gran fortuna, poniendo relieve en los excepcionales méritos de Maeztu desde su primer trabajo literario importante, el prólogo a la traducción castellana de *El deseo*, de Sudermann. Aquel prólogo fue el anuncio gallardo de la originalísima personalidad de Maeztu y de su hondo sentido de la vida moderna y del verdadero patriotismo.

Augusto Barcia y Nicolás Salmerón y García, dos oradores muy notables, se adhirieron al homenaje a Maeztu con nobles palabras de entusiasmo.

Terminado el banquete, Ramiro de Maeztu recibió de sus amigos nuevas felicitaciones y nuevas expresiones de simpatía, a las cuales, de todo corazón, unimos las nuestras.

Aparte de lo pintoresco que resulta calificar de «fiesta íntima» una comida de «150 representantes notables de la juventud intelectual española», el artículo nos proporciona bastantes datos de interés. Ante todo, la lista de oradores y el sentido de sus intervenciones. Pero, sobre todo, el importante papel que desempeñó Ortega en todo esto. En primer lugar, como inspirador del homenaje. Además, Maeztu se proclamó públicamente su discípulo y afirmó que a Ortega debió el impulso para su carrera.

Maeztu, en fin, insistió entonces en las ideas que ya había expuesto en su sonada conferencia. A través de las referencias periodísticas nos encontramos, una vez más, con ideas excelentes pero marcadas por una indudable petulancia juvenil (aunque Maeztu ya no fuera tan joven) y expresadas con un tono personal que es característico de los hombres del 98, y causa de su profundo impacto, si no —como quiere Américo Castro— de toda la cultura española. Es decir, nos encontramos con una serie de puntos que suscitarían el irónico despego por parte del novelista asturiano, tal como lo refleja en *Troteras y danzaderas*.

También da la reseña del banquete, al día siguiente de su celebración, *El Imparcial*. En general, como es lógico, los datos coinciden. Pero siempre aparece algún nuevo detalle. Maeztu brindó dedicando el homenaje a Ortega: «Un amigo del alma, que para mí ha sido descubridor de un nuevo continente moral...». Ortega respondió —y esto me parece especialmente interesante— que Maeztu fue quien le infundió su inclinación a los estudios filosóficos.

Luego hizo Maeztu su discurso. En él dijo:

Queremos, en efecto, realizar obra social. Queremos, según la frase del profeta, infundir en el corazón de piedra un corazón de carne. Es necesario hacer la labor de la calle y la labor del despacho, del laboratorio, para llegar a la conquista del ideal, según la frase de Costa, con los libros en la mano.

Hace poco tiempo dijo Sánchez Toca que el problema político de España era tan vergonzoso que parecía imposible encontrar 49 gobernadores. Pues bien: preparémonos todos para que dentro de diez años el porvenir no nos coja descuidados y podamos ofrecer los 49 gobernadores, los ministros, los directores, los inspiradores. Preparémonos para que cada cual conozca su deber: pintores, músicos, literatos, políticos. Ellos pueden dar la savia a la nación: pero antes han de tenerla. Si los acontecimientos hacen que se fije de nuevo en nosotros la mirada del mundo, que nos encuentren preparados.

Cuando ese caso llegue, si el Poder no viene a nosotros, pocos esfuerzos tendremos que hacer para arrebatárselo a un medio social inculto, sin moralidad y sin inteligencia (*El Imparcial*, 12 de diciembre de 1910).

Todavía me parece interesante recordar un artículo que publicó, ese mismo día, Luis Ruiz Contreras en *El Heraldo de Madrid*. Comienza describiendo a Maeztu:

Sus ojos eran más de un vidente que de un dominador, y más dulce que irónica la sonrisa de sus labios. Apretaba los puños sobre su esternón, como si quisiera ocultar sus garras; pero su gesto y su ademán, que pudieran parecer agresivos, eran sólo austeros. Un descompasado andar, azotando sus corvas con los faldones de un largo chaquet, lo caracterizaban de ingenuo y bondadoso.

Comenta luego su brindis:

Acabamos de oír sus frases: más que un discurso, una sonata de ideas [nótese el sabor modernista de la expresión]. Pocas veces había logrado un orador ser tan preciso, tan claro, tan breve, tan intenso, tan ardiente y tan oportuno; pero toda la melodía fascinadora se trueca en su promesa: 'dentro de diez años'. ¿Necesita la intelectualidad española diez años para robustecerse y serenarse, para empuñar el timón con mano firme y espíritu seguro?

El brindis de Ortega:

El nuevo catedrático de Metafísica, esperanza juvenil, ha esbozado la fisonomía de Maeztu: 'inteligencia y corazón'.

Concluye con nuevos elogios para Maeztu, pero urgiéndole a la acción:

ha vuelto como se fue: bueno, generoso, vidente. Acaso entre nosotros nadie sepa que por el hecho de irse renunció a una herencia cuantiosa y al pretender alejarse de nuevo (dijo que quería ir a Alemania para «completar su educación») desdeña una elevada posición política y social. Convencedle para que no se vaya; decidle que *los otros* no esperan; que la ira y el hambre no necesitan diez años para romper su yugo. Al proletariado, inducido al crimen social por los radicales bulliciosos, y a la fingida mansedumbre por los que acaparan fábricas y talleres evangelizando un socialismo oportunista, les urge una solución, y no pueden aguardarla pacientemente durante diez años. [65]

Además de censurarle su aspecto puramente intelectual y teórico, la crítica de Ruiz Contreras me parece interesante por el papel contra-revolucionario que —anticipando el porvenir— atribuye a Maeztu.

A través de unos artículos de periódico hemos reconstruído unos episodios que tuvieron gran resonancia en el Madrid intelectual y su ambiente, que hoy nos resulta muy lejano. Pérez de Ayala vio claramente su interés —político, nacional, pero también humano— y los convirtió en materia

---

[65] Lo recoge en sus *Memorias de un desmemoriado*, edición citada, pp. 91-92.

narrativa. Supo captar, me parece, lo esencial de la figura de Maeztu en estos momentos: sus nobles ideas, su ímpetu fogoso, la ingenuidad de algunas formulaciones... y todo ello visto a través de un prisma irónico que encuentra su natural expresión en una prosa acerada. De las páginas de la novela surge, con su grandeza y su limitación, un Maeztu vivo, polémico, anterior al oficialmente «canonizado».

III.   ANTÓN TEJERO

Ya hemos anticipado que, bajo este nombre, Pérez de Ayala presenta al joven filósofo Ortega y Gasset. Hasta el aumentativo cariñoso del nombre lo confirma: Antonio Tejero es Antón, para los amigos, como Ortega era Pepe. [66] El aspecto físico también lo confirma: «Miró de reojo al joven filósofo, con su grande y apacible cabeza socrática, prematuramente calva, la desnuda doncellez de sus ojos, e imperturbable aplomo de figura con recia peana» (p. 297).

La novela presenta a Tejero en el momento en que acaba de conseguir la cátedra. Así fue, en efecto, como hemos visto ya a propósito de Maeztu. Ortega era profesor de Filosofía en la Escuela Superior del Magisterio y ganó su cátedra de Metafísica en la Universidad Central, sucediendo a Salmerón. Esto fue en noviembre de 1910, el mes anterior a la «fecha interna» de la novela, que lo presenta ya como profesor. Precisamente, en un momento de la novela, aparece viniendo de cobrar su nómina de la Universidad y le han dado doscientas pesetas en moneda (p. 178). ¿No cabe suponer, teniendo en cuenta el tono general de la novela, que este episodio se basa también en algo real y que Ortega visitó a sus amigos en esa circunstancia, tal vez para gastarse juntos, celebrándolo, parte de la primera nómina?

Quizás sea curioso recordar lo que ganaba entonces Ortega que, como recién ingresado, debía formar parte del escalón inferior de los Catedráticos de Universidad. Según

---

[66] Gonzalo Redondo: *Las empresas políticas de Ortega y Gasset*, Madrid, ed. Rialp, 1970, p. 91.

el Real Decreto de 29-XII-1904, prorrogado en 1905 [67] y 1910, [68] la categoría inferior estaba compuesta por 208 catedráticos, con un suelto de 3.500 pesetas. (A esto se podían añadir, según los casos, complementos por residencia, encargos, acumulación de cátedras, etc.). Al año siguiente, en 1911, el sueldo mínimo se elevará ya a 4.000 pesetas.

Tejero aparece caracterizado, en la novela, por esa brillantez al hablar en público que, indudablemente, poseyó Ortega:

De seguro no lo hará tan bien como Tejero. ¿Te acuerdas de aquel mitin? ¡Qué presencia, qué aplomo, qué fuerza! Me parece que le estoy viendo junto a las candilejas, al sesgo y adelantando el hombro izquierdo hacia el público. Parecía un hondero y cada sentencia una pedrada (p. 285).

En la novela Tejero aparece, sobre todo, en relación con Raniero Mazorral y con Alberto Díaz de Guzmán. De sus relaciones con el primero dice cosas interesantes Julián Marías:

Es conocida la fraternidad que unió a Ortega con Ramiro de Maeztu; todavía en 1914 dedica las *Meditaciones del Quijote* 'A Ramiro de Maeztu, con un gesto fraternal', y éste colabora frecuentemente en *España*, mientras la dirige Ortega, en 1915. Pero pronto empiezan a aparecer, junto al afecto, las discrepancias y, sobre todo, un *descontento intelectual,* un descontento respecto a la manera de conducirse como intelectual. [69]

No anota, en cambio, Marías las rotundas declaraciones de reconocimiento del mutuo magisterio que hemos señalado a propósito de la conferencia y el banquete de homenaje a Maeztu. Con ellas rima perfectamente lo que dice la novela: «Tejero era quien había infundido emoción estética y comunicativa a aquella vieja lamentación española, que ahora hacía eco en el cráneo y en la voz de Mazorral. Las

[67] Marcelo Martínez Alcubilla: *Diccionario de la Administración Española*, 6.ª edición, Madrid, 1915, tomo VIII, p. 453.
[68] *Ibidem*, p. 463.
[69] Julián Marías: *Ortega. I. Circunstancia y vocación,* Madrid, ed. Revista de Occidente, 1960, p. 145.

ideas y emociones de esta conferencia eran, en gran parte, obra de Tejero, a las cuales daba virtualidad escénica Mazorral» (p. 297). Pero esto no significa demérito para ninguno de los dos: «Si Tejero ha encontrado la nueva forma de una queja antigua, no es razón para que Mazorral, estando conforme con las ideas de Tejero, las propaga por cuantos medios tiene a mano: la Prensa, la conferencia, el mitin, etc., etc.» (p. 306).

Ortega era más joven que Maeztu: había nacido en 1883; en el momento de la novela, por lo tanto, tenía 27 años, 9 menos que Maeztu. ¿Resulta inverosímil su magisterio? Creo que no. Aparte de la gran brillantez intelectual de Ortega, recordemos que éste había estado estudiando en Alemania y traía a España las novedades de la filosofía alemana pos-kantiana; lo cual, además de poseer una importancia innegable, era también muy a propósito para deslumbrar a la *inteligencia* española.

Maeztu y Ortega ya habían tenido polémicas públicas, en series de artículos del *Nuevo Mundo* (Maeztu) y de *Faro* (Ortega) de 1908. Son especialmente importantes, a este respecto, los artículos de Ortega titulados «¿Hombres o ideas?» y «Algunas notas sobre una paradoja de la inexactitud». [70] Es decir, que en el momento que retrata la novela se ha iniciado ya lo que Marías llama el «descontento intelectual» entre las dos figuras.

Ortega reprochaba a Maeztu, entre otras cosas, la falta de sistema: «Un hábito mental que no he logrado dominar me impele a ver los asuntos sistemáticamente. Creo que entre las tres o cuatro cosas inconmoviblemente ciertas que poseen los hombres está aquella afirmación hegeliana de que la verdad sólo puede existir bajo la figura de un sistema». [71] Muy pintoresco resulta comprobar que un reproche semejante le hace Tejero, en la novela, a Alberto Díaz de Guzmán (el propio Ayala). No pensamos, desde luego, en coincidencias, sino en la aguda inteligencia irónica de

[70] Vid. Ortega: *Obras completas*, I, 2.ª edición, Madrid, Revista de Occidente, 1950, pp. 111-117, 117-124 y 439-443.
[71] Lo cita Julián Marías: *obra citada*, p. 146.

Pérez de Ayala que supo incorporar a su novela un rasgo real y muy característico del Ortega de aquellos años.

En cuanto a la relación entre Ortega y Pérez de Ayala, los puntos de contacto son demasiado numerosos para poder analizarlos con detalle. Su compañerismo literario es evidente. Ayala colabora en *El Imparcial*, tan ligado a la familia de los Gasset. Los dos escribieron a la vez en las revistas *Faro* (1908), *Revista de libros* (1913) y *España* (1915), entre otras. Ayala escribirá en la primera «Hoja de Literatura y Arte» de *El Sol*, del 2 de diciembre de 1917, junto con su amigo Enrique de Mesa y con la Pardo Bazán, Unamuno, Díez-Canedo, Cavia e Icaza. Al cambiar de empresa *El Sol*, los dos dimiten juntos. Ese mismo año, los dos pasan a la revista *Crisol*, que sucede al periódico.

En cuanto a la actuación pública, Ortega fundará la «*Liga de Educación Política Española*» de la que formarán parte, desde el primer momento, Ayala y Maeztu: esto sucede en 1914, según Julián Marías [72] o en octubre de 1913, según Marichal. [73] Las numerosas coincidencias posteriores de Ayala y Ortega pueden verse en el libro de Gonzalo Redondo ya citado. [74] Citemos sólo que la *Agrupación al Servicio de la República* fue fundada y dirigida por Ortega, Marañón y Ayala; el manifiesto inaugural se dio a conocer en *El Sol* el 11 de febrero de 1931. Los tres colaboraron en el famoso mitin organizado por la Agrupación en Segovia y aparecen (al lado de Antonio Machado) en la fotografía hecha con este motivo. [75]

Desde esta perspectiva (¡han pasado tantos años!) resulta tentador atribuir valor profético a las páginas de *Troteras y danzaderas* en que Alberto, a pesar de sus reparos, acepta participar en el mitin organizado por Antón Tejero.

---

[72] Julián Marías: *obra citada*, p. 532.
[73] J. Marichal: «Prólogo» al tomo I de *Obras completas* de Azaña, México, ed. Oasis, 1966.
[74] Ver nota 66.
[75] La fotografía puede verse en la edición de Antonio Machado citada en la nota 46, p. 192. El texto del discurso de Ayala lo he citado en la nota 56.

Después, el paralelismo continúa. Los dos firmaron (con Marañón) el último manifiesto de la Agrupación, al publicar *Luz* el 29 de octubre de 1932. Los dos mostraron su desencanto con respecto a la República que habían colaborado a traer, salieron de España y volvieron al fin a su patria, al margen ya de la política.

En el terreno ideológico, Ortega y Pérez de Ayala coinciden, sobre todo, en el perspectivismo y en el tema de la razón vital. [76] El final de *El curandero de su honra,* despedida de Ayala del género narrativo, respira, a mi parecer, un ambiente ideológico muy orteguiano. No en vano los dos son figuras principales del novecentismo (Entrambasaguas) o de la generación de 1914 (Gonzalo Sobejano).

Todo esto es de sobra conocido. Quizás no lo sea tanto, en cambio, otro aspecto que encuentra su clara expresión en la novela que consideramos: la actitud reticente, irónica, de Pérez de Ayala hacia Ortega. En una de sus cartas a Unamuno nos dice el novelista asturiano: «No voy a Marburgo, naturalmente. ¿Para qué?, pregunto, como al baturro a quien en un buque le preguntaban si no se mareaba». [77] La frase tiene peor intención de lo que a primera vista podría imaginarse: recordemos que Ortega vivió en Marburgo en 1907 y 1911 y que esas estancias fueron fundamentales para su formación intelectual.

Al final, la misma carta añade esto: «Ortega me ha escrito enviándome ponderosos elogios de mi novela: 'sin embargo' dice al final 'no gravita': ¿Qué será eso? ¿Me quiere usted ayudar a presumirlo?». La novela debía de ser *La pata de la raposa* y la burla que hace Ayala de la pedantería orteguiana es evidente. Tengamos en cuenta que esta carta la escribe en Munich en 1912; es decir, cuando se

---

[76] Vid. M. Baquero Goyanes: «La novela como tragicomedia: Pérez de Ayala y Ortega» y «Contraste y perspectivismo en Ramón Pérez de Ayala», los dos en *Perspectivismo y contraste. (De Cadalso a Pérez de Ayala),* Madrid, ed. Gredos, 1963 (Campo Abierto), pp. 161-171 y 171-245. Desde otro punto de vista, puede verse: Frances Wyers Weber: *The Literary Perspectivism of Ramón Pérez de Ayala,* Chapel Hill, University of North Carolina Press, 1966.

[77] La he publicado en mi artículo citado en la nota 32, p. 15.

supone que está escribiendo *Troteras y danzaderas*. ¿No influirá sobre los rasgos con que aparece Antón Tejero este pequeño resquemor?

En todo caso, tengo que recordar también que, según me han asegurado concordemente amigos y personas muy cercanas a Ayala, éste era una de las pocas personas (la única quizás) que se permitió el tratar a Ortega, en público, con irónica confianza.

Esta actitud es claramente perceptible en la novela. Define así la figura intelectual del personaje: «Antón Tejero era un joven profesor de filosofía, con ciertas irradiaciones de carácter político...». Esto ha dulcificado lo que decía la primera edición: «con ciertas manifestaciones tentaculares...».

Sigue la frase: «y había arrastrado, a la zaga de su persona y doctrina incipiente, mesnada de ardorosos secuaces». El adjetivo «incipiente» es añadido no caritativo de la segunda edición. En cambio, la primera cargaba más las tintas al hablar de «una pequeña mesnada».

La primera edición era implacable —y veraz— al señalar que «sus obras completas filosóficas apenas si llegaban a dos docenas mal contadas de artículos». La segunda, en cambio, suaviza las cosas mediante una perífrasis poética: «sus obras completas filosóficas no pasaban todavía de un breve zurrón de simientes de ideas».

Leemos luego: «Filósofo, al fin, en ocasiones...». Pero este malvado «en ocasiones» es añadido en la segunda edición.

Me ha parecido interesante, esta vez, detenerme un poco con las variantes entre la primera y la segunda edición de la novela. Ha quedado claro que el sentido de las correcciones de la segunda edición no es siempre el mismo: unas veces, suavizan; otras, en cambio, agudizan mucho la crítica. Me parece evidente que Pérez de Ayala está moviéndose en la cuerda floja de satirizar irónicamente al personaje pero sin traspasar límites peligrosos, pues detrás de él es muy fácil reconocer a Ortega y Gasset que, además, es su amigo. Algo semejante hacía Pérez de Ayala con Ramiro de Maeztu pero, en el caso de Ortega, la ambigüedad irónica es mayor. Recordamos otra vez la certera caracterización que hizo Valle-Inclán: «Y se ríe Pérez de Ayala / con su risa entre buena y mala».

Ironiza el novelista sobre el estilo del filósofo: «era desmesuradamente inclinado a las frases genéricas y deliciosamente vanas». Le acusa —y alaba a la vez— por la brillantez espectacular de su forma de expresión: «De talentos literarios nada comunes, propendía a formular sus pensamientos en términos donosos, paradójicos y epigramáticos, por lo cual se le acusaba en ocasiones del defecto de oscuridad» (p. 184). Pienso si algunos de los jóvenes antiorteguianos que hoy abundan no dirían lo mismo... pero con menos agudeza.

Alberto Díaz de Guzmán dice a Tejero un largo párrafo sobre la necesidad de dotar a los españoles de sensibilidad y sensualidad (tema predilecto del novelista). Pues bien, al acabar esta importante declaración, Tejero se limita a decir: «No le falta razón en muchas cosas que dice: pero son algo desordenadas, necesitan mayor objetividad». Y el novelista comenta: «A Tejero le enojaba el que su interlocutor discurriese con ímpetu. En tales cosas, el reproche que acostumbraba hacer era la falta de objetividad, de cientifismo, como un aviador que definiera los pájaros: 'Aficionados a la aviación'» (p. 187).

Si no entiendo mal a Pérez de Ayala —y creo que no— lo que está haciendo, además de reflejar irónicamente un «tic» mental de Ortega, es dar a entender muy claramente que éste no escucha a los demás, sólo atiende a sí mismo y le molesta que los otros se conviertan en auténticos dialogantes. No es casualidad, por tanto, que Alberto conozca el verso de Walt Whitman que Tejero ignora (p. 189).

A cambio de todo esto, la reacción de Tejero ante el robo de que es objeto es francamente generosa, propicia a despertar nuestra simpatía: «No me venía mal a mí; pero al que se las ha llevado de seguro le hacían mucha más falta. ¡Que le hagan buen provecho!» (p. 190). Una vez más vemos que Ayala no suele emplear, en la pintura de sus personajes, colores puros sino mezclas, tornasoles, contrastes agridulces.

Tejero expone una idea típica de Ortega: la de que la política debe ser unida a una ética. Y a una pedagogía social. El 12 de marzo de 1910 dio Ortega una conferencia famosa en la Sociedad «El Sitio», de Bilbao, sobre «La pedagogía social como programa político». [78] Seguía en ella a Costa (igual que Maeztu) y discrepaba de Unamuno. Y concluía: «Regeneración es inseparable de europeización (...) Regeneración es el deseo, europeización es el medio de satisfacerlo. Verdaderamente se vio claro desde un principio que España era el problema y Europa la solución». Al tono de esta conferencia más que a episodios históricos concretos se refiere Pérez de Ayala en su novela.

Se habla en ella de un mitin organizado por Tejero y de otro que hizo caer un ministerio. Comparto la opinión de Gonzalo Redondo:

es difícil determinar con exactitud a qué crisis se refiere Pérez de Ayala, en el caso de que quisiera referirse a alguna determinada. Por lo demás, su juicio puede aplicarse a cualquiera de las que habían venido sucediéndose en esos últimos años.

Y añade:

Por la fecha de publicación de la novela —1912— [error de Redondo: es de 1913] no parece posible que aludiera a la conferencia *Vieja y nueva política* que pronunció Ortega en la primavera del año 14. Pero, en cualquier caso, la conferencia fue lo que Tejero deseaba: el planteamiento de una nueva ética política, de todo un programa de acción que agrupase en torno de los organizadores a toda esa juventud que el orador quería 'antidinástica, limpia y peligrosa'. [79]

Recordemos que la conferencia de Ortega, reproducida luego en *Meditación de El Escorial,* tuvo un valor simbólico importante dentro de su obra. Pérez de Ayala supo plasmar, en la novela, ese tono, ese ambiente, esas ideas básicas de

[78] Publicó lo esencial la revista *Europa,* n.º 5, 20 de marzo de 1910. Puede verse ahora en *Obras completas,* I, Madrid, ed. Revista de Occidente, 1950, pp. 503-522.

[79] Gonzalo Redondo: *obra citada,* p. 92.

regeneración nacional. Su versión de Ortega es aguda e inteligente ya que no caritativa. Y parece anticiparse a acontecimientos que sucederán años después. Leyendo la novela, creemos contemplar las raíces de un intento de intervención en la vida pública española que forma ya parte de nuestra historia contemporánea.

IV.   SIXTO DÍAZ TORCAZ

No es difícil reconocer, tras la figura venerable y el apellido compuesto de don Sixto Díaz Torcaz, a don Benito Pérez Galdós. Nótese la cercanía fonética: «i...o» en el nombre, «z» en el primer apellido. Por lo común se le llamaba don Sixto; como a Galdós, don Benito.

Pérez de Ayala hace de esta figura un grande y literario elogio:

> su nombre inspiraba una veneración sin cisma; pero su genio aventajaba aún a su fama, y detrás de ella quedaba oculto, como acontece cuando se está en la raíz de una cordillera, que un oteruelo, por lo cercano, esconde a manera de verde cancel, el enorme y meditativo consejo de los ancianos montes, de sienes canas (p. 331).

Esta actitud de veneración fue la que tuvo siempre el novelista asturiano por Pérez Galdós. Puede verse, ante todo, en algunas cartas publicadas no hace mucho. [80] El maestro amparó con una carta muy elogiosa la primera novela del joven autor, *Tinieblas en las cumbres*; a partir de su segunda edición la carta se reprodujo como prólogo. [81]

Por su parte, Pérez de Ayala dedicó buena parte de sus críticas teatrales (recogidas luego en *Las máscaras*) a una verdadera campaña en defensa del teatro de Galdós, llegando a compararlo con el de Shakespeare y contraponiéndolo a dos géneros entonces triunfantes que no agradaban

---

[80] S. de la Nuez y J. Schraibman: *Cartas del archivo de Galdós*, Madrid, 1967.

[81] Véase mi edición crítica de *Tinieblas en las cumbres*, Madrid, ed. Castalia (Clásicos Castalia), 1971.

nada a Pérez de Ayala: el teatro poético y la comedia burguesa de Benavente. Quizás ningún crítico ha analizado con tal benevolencia (e inteligencia a la vez, por supuesto) el teatro de Galdós como Pérez de Ayala. Poco después de publicar esta novela, en el verano de 1914, dará dos conferencias sobre «El teatro de Pérez Galdós» en el curso de Vacaciones para Extranjeros del Centro de Estudios Históricos. [82] Una pieza clave, en mi opinión, para comprender la profundidad del liberalismo de Pérez de Ayala es otra conferencia sobre Galdós, pronunciada en la Sociedad «El Sitio», de Bilbao, el 2 de mayo de 1916: *El liberalismo y «La loca de la casa»*. [83]

En fin, el aprecio de Galdós por Ayala se muestra en el hecho de haberle dejado un maletín con una colección de cartas, publicadas no hace mucho bajo el título *Cartas a Galdós* por Soledad Ortega. [84] En su libro aparece una foto de don Benito dedicada «A Ramón Pérez de Ayala, su fraternal amigo B. Pérez Galdós».

En la novela no aparece físicamente el escritor canario; simplemente, se elogia su importancia y se da cuenta del estreno tumultuoso de una obra suya, *Hermiona*. La mayoría de los críticos han pensado (y escrito) que alude Pérez de Ayala al clamoroso estreno de *Electra*. Nos encontramos aquí ante el caso claro de un tópico que se repite de unos a otros críticos, sin mayor análisis. En realidad, me parece evidentísimo que Ayala no se refiere al estreno de *Electra* sino al de *Casandra*.

Ante todo, por la fecha. *Electra* se estrenó en 1901, cuando Ayala no estaba en Madrid. *Casandra*, en cambio, se estrenó el 28 de febrero de 1910 en el Teatro Español: así

---

[82] Constantino Suárez, «Españolito»: *Escritores y artistas asturianos*, tomo VI (letras P-R), edición y adiciones de José María Martínez Cachero, Oviedo, Instituto de Estudios Asturianos, 1957, p. 139.

[83] Incluida luego en el Libro I de *Las máscaras*. Puede verse ahora en *Obras completas*, tomo III, Madrid, ed. Aguilar (Biblioteca de Autores Modernos), 1963, pp. 47-69.

[84] *Cartas a Galdós*, presentada por Soledad Ortega, Madrid, Revista de Occidente, 1964.

pues, la cronología coincide perfectamente con la del resto de los acontecimientos reflejados en la novela.

Así se explica, también, el poco éxito. Como es sabido, el estreno de *Electra* concluyó con un éxito popular excepcional dentro de la historia del teatro español: a don Benito le sacaron a hombros, como a los toreros. (Dejo ahora aparte el hecho claro de que este éxito —como tantas veces, en nuestro país— no se debiera a razones estrictamente literarias). En cambio, la novela nos presenta un semi-fracaso: «el público salió defraudado, rezongando compasivamente y con luctuosos enarcamientos de cejas que don Sixto perdía con la edad la batuta» (p. 332). Así sucedió en la realidad: *Electra* fue un «éxito apoteósico» mientras que *Casandra*, solamente, «lo que los franceses llaman un *succés d'estime*». [85]

En cuanto al título que nos ofrece la novela, serviría para cualquiera de las dos obras teatrales: Hermiona, hija de Menelao y Helena, había sido prometida a Orestes antes de la guerra de Troya, pero su padre, al regresar de la misma, la casó con Neoptolemo (Pirro). Muerto éste, Hermiona contrajo segundas nupcias con Orestes, del cual tuvo a Tisameno. Como se ve, coincide con *Electra* y con *Casandra* sólo en formar parte de la leyenda troyana.

Pero hay todavía un argumento decisivo: Pérez de Ayala se ensayó como crítico precisamente al estrenarse *Casandra*: en la revista *Europa*, que dirigía Luis Bello. [86] La crítica la firmaba «Plotino Cuevas»: el mismo seudónimo que empleó Pérez de Ayala para su primera novela, *Tinieblas en las cumbres*, y para algunos artículos de revista, y que ocultaba apenas su identidad. [87] Esta crítica, con algunos cambios, sirvió luego para abrir el libro primero de *Las máscaras*. Pues bien, la crítica de esta obra (sobre todo en la versión primitiva: la publicada en la revista) coincide de modo total con lo que se nos dice en la novela de la obra teatral

[85] Federico Carlos Sáinz de Robles en Pérez Galdós: *Obras completas*, tomo VI, 4.ª edición, ed. Aguilar, Madrid, 1958, p. 503.
[86] *Europa*, n.º 3, 6 de marzo de 1910.
[87] Véase el prólogo a mi edición de *Tinieblas en las cumbres*, Madrid, ed. Castalia (Clásicos Castalia), 1971.

de Galdós. En resumen, pues, me parece indudable que lo que Pérez de Ayala retrata en su novela es el estreno de *Casandra* y no —como se suele repetir— el de *Electra*.

En este momento, Galdós ha alcanzado una consagración absoluta. Pero, a la vez, el estreno de su obra dio lugar a no pequeñas polémicas. (Es decir, exactamente lo mismo que nos cuenta la novela.) La prensa de aquellos días nos lo demuestra de sobra. Por ejemplo, el *Madrid Cómico* dice así, cinco días después del estreno de *Casandra*:

Cuando se estrenó *Electra,* Canalejas arrastraba a la multitud agitando un pañuelo y gritando entusiasmado sobre una butaca:
—¡Viva la libertad!
Ahora, al anunciarse el estreno de *Casandra,* el propio Canalejas, que ya es Presidente del Consejo de Ministros, aconsejaba a la Dirección artística del Español que se dulcificara la obra todo lo posible para que no resultara demasiado liberal. [88]

Como se ve, la ironía va contra el Gobierno más que contra el propio Galdós, pero testimonia sin lugar a dudas la comparación implícita entre las dos obras y el clima de expectación que rodeó al estreno; exactamente lo mismo que nos dice la novela:

Aseguraban antes del estreno que *Hermiona,* bajo su nombre musical y alado, como vestido de viento y armonía, disimulaba otra música más agria y provocativa: un chinchín de charanga callejera, a propósito para turbar el seso de la plebe y empujarla al frenesí. Dicho más claro: murmurábase que *Hermiona* era una insignia de motín o incitación revolucionaria antes que obra de arte. Habíanse anunciado disturbios de orden público. El teatro estaba lleno de coribantes republicanos y de policía secreta (p. 331).

Esta expectación desmesurada —la novela no lo dice— provocó el desencanto popular. La revista antes citada ironiza así:

Galdós, según algunos críticos, sólo encuentra digno competidor como dramaturgo en Shakespeare. [Probable alusión a Pérez de

[88] «Chismes y cuentos», en *Madrid Cómico,* n.º 3, 5 de marzo de 1910.

Ayala, el crítico que más defendió este paralelismo.] Sin embargo, había más gente en la segunda representación de *Mi papá* que en la de *Casandra*. No diremos que Arniches y García Álvarez sean dos Shakespeare precisamente; pero, a juzgar por las señales, no les falta para codearse con el dramaturgo inglés ni un *perro chico*. [89]

Es curioso comprobar que las publicaciones satíricas juzgaban desmesurado el fervor del joven Ayala por la obra teatral de don Benito.

Unos días después, la misma revista le dedica a Galdós la portada y unos versitos en los que, reconociendo su categoría literaria indiscutible, se burla un poco de sus opiniones políticas; o, más bien —precisaríamos nosotros—, del carácter de símbolo político en que la circunstancia española había convertido a Galdós. Es decir, exactamente lo mismo que nos cuenta *Troteras y danzaderas*. Los versitos, bien ramplones, dicen así:

> Genial pensador y artista,
> laurel que busca, conquista
> con su numen soberano;
> es el mejor novelista...
> y el peor republicano. [90]

No hace falta mucha penetración para darse cuenta de que los tres primeros versos son de puro relleno y que toda la estrofita está concebida pensando en el efecto de contraste final.

Esta reacción del *Madrid Cómico* es la misma que Pérez de Ayala atribuye a la masa amiga de escándalos:

Después del primer acto, aquel gran concurso de almas levantiscas y demoledoras no podían ocultar el desencanto sufrido, como si las únicas víctimas de la tragedia fuesen ellas. Habían acudido al teatro refocilándose por anticipado con la esperanza de armar una marimorena y de regalarse con la bazofia suculenta de unas cuantas peroraciones hervorosas y humeantes, por el estilo de las

[89] *Ibidem.*
[90] *Madrid Cómico*, n.º 5, 19 de marzo de 1910.

que usan en los mítines popularescos. Pero la tragedia no era olla podrida, en donde cada quisque pudiera meter a su talante la cuchara de palo, sino verdadera tragedia, de gran austeridad de forma, y el fondo saturado de una pesadumbre a modo de gravitación de lo eternamente humano y doloroso, gravitación que los ciudadanos Rinconete y Coterilla calificaban entre dientes de *lata* (p. 332).

Los nombres cervantinos se han degradado para designar aquí a lo más cerril e incomprensivo del pueblo.

En el preámbulo a *Las máscaras* de 1919 afirma rotundamente Pérez de Ayala que el ensayo sobre *Casandra* es «la primera crítica teatral que he escrito en mi vida» y que «todas mis ideas y orientaciones sobre la naturaleza del arte dramático se contienen en este primer ensayo».[91] Bueno será, pues, examinarlo con calma, atendiendo a la versión incluída en el libro y también a la primitiva, publicada en la revista, y cotejando siempre con lo que en la novela se dice de *Hermiona*.

Afirmaba Pérez de Ayala en su crítica que «los plumíferos no se han enterado» y por eso les ha parecido aburrida la obra. «Lo no comprendido o no sentido es lo interesante. ¿Cómo ha de asombrarme que Casandra parezca pesada a varios críticos?» (ponía, como muestra de incomprensión, el ejemplo —que no llegó a pasar al libro— de la crítica de Manuel Bueno). Por eso, al público que asiste al estreno, en la novela, le pareció «una lata».

Formulaba aquí Pérez de Ayala una teoría que repetiría muchas veces: lo característico del gran arte es que no es sectario, sino que respeta la razón de ser propia de cada personaje, sea «bueno» o «malo». El genio supone, en cierto modo, la absoluta impersonalidad, el máximo respeto a la vida. Esto es lo que da lugar —para Pérez de Ayala— a la auténtica tragedia; que, en cierto modo, pueda decirse que todos tienen razón; o, mejor, si no tienen *razón,* tienen sus razones para actuar, su razón vital. Reconocerlo así supone tolerancia, auténtico liberalismo. Notemos que esto va unido también al perspectivismo profundo de Pérez de

---

[91] *Obras completas,* tomo III, ed. citada, p. 24.

Ayala: cada uno tiene su verdad, desde su punto de vista; cada uno —recuérdese el final de *El curandero de su honra*— tiene su razón vital.

Pues bien, para Pérez de Ayala, el ejemplo máximo de todo esto es Shakespeare; y, en España, Pérez Galdós. Esa es la razón profunda de unir los dos nombres de una manera que parecía exagerada a los redactores del *Madrid Cómico*.

La crítica de la revista *Europa* planteaba este tema:

¿Podéis decirme si en Shakespeare o en Galdós existe alguna vez el propósito previo de hacer odioso a tal personaje o amable a tal otro? Yago y doña Juana Samaniego son seudomicrocosmos, representan un sentido de la vida y son de tan bien urdida hilaza que nos fuerzan a considerarlos y admirarlos según su valor. Dentro del creador de genio observaremos siempre absoluta impersonalidad, y un a modo de respeto divino a la norma fatal que seres y cosas llevan dentro de sí.

Exactamente lo mismo dirá la novela: «si te pones en su caso, cada uno de los personajes es bueno y tiene razón que le sale por la punta de la coronilla» (p. 333). A la vez que a doña Juana (protagonista de *Casandra*) se cita a Yago. Y lo más curioso es que esto lo ha dicho Verónica; es decir, la persona llena de sensibilidad que intuyó estas verdades al oir la lectura del *Otelo*. Con eso vemos —me parece— la profunda conexión que existe:

—entre la crítica teatral de *Casandra* y el comentario novelesco a *Hermiona*.

—entre este episodio y el otro (el más famoso de la novela) de la lectura de *Otelo*.

Un dato más acaba de confirmar la identificación de la obra galdosiana. En la novela habla del «testamento de una vieja beata» como anécdota básica —y, para algunos aburrida— de la obra (p. 333). Ese testamento es lo que comenta con detención Pérez de Ayala en tres largos párrafos de su crítica primitiva; estos párrafos eran tan ingenuamente pedantes (los estudios de Derecho de Ayala estaban todavía muy cercanos) que fueron suprimidos al incluir la crítica en libro. Veamos un ejemplo de esta erudición jurídica:

Imposible ser crítico sin disfrutar sólida y pingüe cultura, y mucho más careciendo hasta de la sumaria noción de ciertos rudimentos ineludibles; por ejemplo: que la sucesión jurídica puede ser, a título universal y a título particular, *inter vivos* y *mortis causa*, originándose, según la proporción en que se verifiquen unas y otras, la *bonarum cesio*, la herencia, la donación y enajenación, y el legado. No puede ser más sencillo y maravilla que haya quien lo ignore.

No puede extrañarnos que esta ingenua demostración de sabiduría no pasara al libro.

La inclusión del estreno de Galdós en esta novela queda ya —me parece— suficientemente clara, partiendo de que se trata de *Casandra* y no de *Electra*. Pérez de Ayala admira a Galdós y le está agradecido por su carta sobre *Tinieblas en las cumbres*. El estreno tuvo lugar en 1910, el mismo año en que ocurrieron el resto de los acontecimientos retratados en la novela. Ayala comenzó entonces su carrera como crítico teatral y quedó orgulloso de esta su primera crítica, por su carácter polémico y por haber formulado en ella ciertos principios teóricos en los que insistirá muchas veces. Lo que ha hecho es incluir en su obra, novelizándola ligeramente, esta crítica. Con ello, la novela gana en coherencia teórica: este episodio y el de la lectura de *Otelo* se apoyan mutuamente. A la vez, este fragmento posee un valor documental, de testimonio sobre el mundo madrileño intelectual y político al concluir la primera década del siglo.

V. BOBADILLA

En medio del desfile de personajes auténticos que es, en cierto sentido, *Troteras y danzaderas,* se asoma un instante al primer plano Bobadilla, el autor dramático, claramente inspirado en Benavente. ¿Cuál es la situación de don Jacinto en 1910? Se trata de un autor ya consagrado, que interpreta (de acuerdo con su afición, bien conocida) el papel de Crispín en una representación extraordinaria de *Los intereses creados,* en el teatro Lara, el 28 de diciembre, en la que intervino también Gregorio Martínez Sierra. Poco después, la obra iba a ser repuesta por la ilustre compañía de María Guerrero y Fernando Díaz de Mendoza.

En 1910, Benavente colabora regularmente en *Los Lunes de El Imparcial*, igual que Pérez de Ayala.

La novela presenta a Bobadilla como personaje conocido gracias a «los retratos del *Nuevo Mundo*» (p. 229). No he podido localizar la base histórica real de eso (estoy seguro de que existe), pero sí puedo señalar que Benavente era lo suficiente famoso como para ocupar la portada de las revistas ilustradas. La de un *Madrid Cómico* reproduce su caricatura junto con estos versitos:

> Rompió moldes y cadenas
> y supo modernizarnos
> en obras de audacia llenas;
> nos dio las grandes escenas
> ¡y las que tiene que darnos! [92]

Nótese la alusión a la *modernidad* de su arte: al fondo está el modernismo, como en la época juvenil de Ayala.

Recuérdese también la actitud frívola con que Benavente reaccionó ante la conferencia de Maeztu, como ya hemos visto.

En la descripción física del personaje, Pérez de Ayala destaca dos rasgos: los largos bigotes y el aire mefistofélico: «Cuyo cráneo (al menos, por fuera) era trasunto, acaso afectado, del de Mefistófeles, injerto en el de Shakespeare; se atusaba los alongados bigotes...» (p. 231). Esos eran, desde luego, los detalles más llamativos de su aspecto, por aquel entonces. Nos lo confirman multitud de testimonios contemporáneos. Así le retratará, en *Madrid Cómico* (n.º 140, 3 de octubre de 1912) el caricaturista Izquierdo Durán, con motivo de su elección para la Academia.

La misma imagen nos ofrecen algunos escritores, como Alberto Insúa: «Los caricaturistas —Tovar, «Sileno», Sancha— le presentaban siempre con un puro monumental en la boca, el bigote rizado, la barbita aguda, la mirada bur-

---

[92] *Madrid Cómico*, n.º 6, 26 de marzo de 1910.

lesca, todo un aire mefistofélico». [93] También lo ve con «perilla y bigote mefistofélico» Ricardo Baroja. [94]

Pérez de Ayala subraya como cualidad básica de Bobadilla su «agudeza e ingenio» (p. 231). Lo mismo dirán casi todos de Benavente. Y el mismo Pérez de Ayala, poco después, en las páginas incluidas en *Las máscaras*: «El señor Benavente tiene fama de escritor agudo. También es aguda la espina. Pero antes que esta *agudeza* que hiere, es la propia del *ingenio* la agudeza que penetra para mejor comprender». [95] (Subrayo las dos palabras que se repiten exactamente en ambos textos.)

En la visión que nos da la novela hay ya una actitud crítica ante Benavente. Lo que hará Pérez de Ayala en *Las máscaras* será seguir por el mismo camino pero acentuando muchísimo la dureza de la crítica. Por ejemplo, en *Troteras y danzaderas* alude ya a la suavidad que oculta un profundo pesimismo: «De todas sus palabras y obras lo característico era la finura y suavidad, cualidades éstas tan regulares y acabadas en él que hacían presumir el resorte inhibitorio de un pesimismo disimulado y profundo»... (p. 232). La misma idea aparece repetidas veces en *Las máscaras*, alcanzando formulaciones tan rotundas (y justamente famosas) como ésta: «No recordamos ninguna agudeza del señor Benavente que no sea alusión al sexo o menosprecio de la persona». [96]

El novelista se fija en las manos del dramaturgo, símbolo de su arte: «Eran unas manos pequeñuelas, cautas, meticulosas, *elegantes*, activas y, en cierto modo, tristes, desde las cuales se dijera que colgaban, por medio de sutilísimos e invisibles hilos, gentiles marionetas, como si los dedos conocieran los incógnitos movimientos de una convencional tragicomedia humana» (p. 231). (He subrayado el adjetivo que me interesa destacar.) Quizás alude también Ayala a

---

[93] Alberto Insúa: *Memorias. Mi tiempo y yo*, Madrid, ed. Tesoro, 1952, p. 534.

[94] Ricardo Baroja: *Gente del 98*, 1.ª edición, Barcelona, ed. Juventud, 1952, p. 18.

[95] *Obras completas*, tomo III, ed. citada, p. 79.

[96] *Ibidem.*

Benavente cuando censura con dureza el teatro palabrero (p. 420).

Todo esto, años después, desde una postura de mayor acritud, se convierte en lo siguiente: «Las dos cualidades de estos personajes de zona templada (el teatro de Benavente) son: versatilidad y elegancia, entendiendo por *elegancia* cierta reducción de proporciones y pulimento de formas. Es una manera de elegancia que linda con la afectación y el artificio». [97] (El subrayado también es mío.) Y añadirá como nueva característica —ya prefigurada un poco en el cráneo mefistofélico de la novela— la malignidad: «entendiendo la malignidad en un doble sentido: de interpretación de la conducta por los móviles más bajos y de comezón de zaherir y fustigar». [98] En esto han venido a dar, según Pérez de Ayala, el ingenio y la agudeza.

Nos resta sólo esbozar un esquema de las relaciones futuras entre los dos escritores. Pérez de Ayala arremetió contra Benavente en la revista *España* (4 de mayo de 1915) al comentar el estreno de *El collar de estrellas*. [99] La crítica venía algo preparada porque Benavente había atacado a los redactores de la revista *España*. Después, las críticas de Pérez de Ayala se renovarían con motivo de *La ciudad alegre y confiada, La princesa Bebé, El mal que nos hacen,* etcétera. [100]

Benavente trató de disminuir la importancia de estas críticas. Al aludir «El Caballero Audaz» a que quizás Ayala es su mejor enemigo, respondió despectivamente: «No creo —repuso con ironía—. Con el tiempo es posible que llegue a serlo. Y si esto le beneficia en algo, a mí me parecerá muy bien, porque es un buen muchacho». [101]

La realidad es que se habían distanciado más a causa de su diferente actitud (política, pero, para Ayala al menos,

[97] *Ibidem,* p. 99.
[98] *Ibidem,* p. 81.
[99] José García Mercadal: «Prólogo» a Ramón Pérez de Ayala: *Tributo a Inglaterra,* Madrid, ed. Aguilar, 1963, p. 32.
[100] *Obras completas,* tomo III, ed. citada, pp. 78-147.
[101] «El Caballero Audaz»: *Galería,* tomo I, 4.ª edición, Madrid, eds. 1949, p. 493.

también moral) ante la guerra mundial. El 15 de septiembre de 1915, Ayala escribe a Unamuno:

No está bien que a Benavente se le ataque. Pero sería necesario que con seriedad, con autoridad, sin animosidad, enfrentándose con él se le dijera: 'tu sobremesa en El Escorial y todas tus sobremesas son mentira y vanidad. Estás perdiendo tu alma y perdiendo muchas almas'. Esto puede ser la traducción vulgar de lo que se le pudiera decir. [102]

Además de estos problemas personales, Pérez de Ayala veía en Benavente el ejemplo de un teatro absolutamente anti-teatral: lo contrario de lo que él propugnaba y ejemplificaba en Galdós. Las críticas de Pérez de Ayala para nada afectaron al éxito de público de las obras de Benavente pero sí a su estimación en los sectores intelectuales. Si descontamos la extremosidad nacida del apasionamiento nos parece que las opiniones de Pérez de Ayala, aun siendo puramente negativas, señalan con agudeza algunos puntos débiles de Benavente y que siguen siendo una de las críticas más interesantes que todavía hoy se pueden leer sobre este autor.

Con el paso del tiempo, la actitud de Pérez de Ayala (como todas las suyas) se fue suavizando. La amistad posterior de los dos escritores creo que data de los años de la República, cuando Ayala es Embajador en Londres. De entonces es esta carta que le escribe Benavente, fechada el 24 de julio de 1933 en Londres, con membrete del Brown's Hotel: «Mi querido amigo: Llegamos anoche de Hartford y hoy por la mañana salimos para Paris. Margarita [Xirgu] tiene que estar en Barcelona pronto para empezar sus representaciones. Por la premura del tiempo no hemos podido despedirnos personalmente de Ud. Muy agradecidos a sus atenciones sabe es suyo afmo. amigo   Jacinto». Quizás estas «atenciones» del Embajador de España contribuyeron a restaurar la vieja amistad.

Después, Pérez de Ayala corrige sus ataques en el prólogo a *Las máscaras* escrito en Biarritz en 1940: «En este

[102] Artículo citado en la nota 32 de este capítulo, p. 22.

libro de *Las máscaras* constan no pocos juicios sobre la obra dramática del señor Benavente, de los cuales estoy arrepentido, y que a dejarme llevar de la inclinación hubiera tachado en la presente edición». [103] El Ayala que escribe estas líneas es ya el maduro y desengañado que ha vivido la guerra civil y está propicio a todas las contemporizaciones. Así concluye la larga y borrascosa relación entre los dos escritores.

En la novela hemos visto a Benavente solamente un momento, pero le hemos visto ya con los rasgos (físicos y literarios) que más le caracterizaban ante sus contemporáneos. Y, a la vez, hemos observado el comienzo de una crítica que Ayala hará luego mucho más acerba.

VI. JUAN HALCONETE

Aparece ahora en la novela un personaje de *La pata de la raposa*. En esta última, Juan Halconete era sólo el corresponsal al que dirigía sus cartas desengañadas Alberto (Pérez de Ayala), durante su peregrinaje como titiritero.

Ni García Mercadal ni Entrambasaguas incluyen en su lista de identificaciones a este personaje. Para mí, sin embargo, se trata de un caso muy claro, tal como explico en mi edición de *La pata de la raposa*. [104] Dividiendo la palabra, advertimos la referencia a un ave de rapiña y el sufijo diminutivo: Halcón-ete. Exactamente lo mismo que ocurre con Azor-ín. Y el nombre del personaje (Juan) es bastante cercano al del escritor levantino (José). Para las personas un poco habituadas al sistema que emplea Pérez de Ayala para forjar los falsos nombres de sus personajes, la semejanza Halcón-ete = Azor-ín es bastante concluyente.

Además, la presencia del escritor en esta novela era muy lógica. Azorín fue el gran amigo de juventud de Pérez de Ayala. Le visitó en Asturias, en 1905. [105] Quizás entonces

---

[103] *Obras completas,* tomo III, ed. citada, p. 15.
[104] Ramón Pérez de Ayala: *La pata de la raposa,* edición, prólogo y notas de Andrés Amorós, Barcelona, ed. Labor (Textos Hispánicos Modernos), 1970, p. 158, nota 457.
[105] Lo comenta Azorín en *Los clásicos redivivos.*

pudo conocer, como nos dice *La pata de la raposa*, [106] a la novia juvenil de Ayala, recreada literariamente bajo el nombre de Fina.

Las relaciones entre Azorín y Ayala durarán toda la vida. Las comenta García Mercadal en el prólogo a la colección de artículos del escritor asturiano dedicados al levantino. [107] Ayala le dedicó una muy interesante *Epístola* poética.

La identificación mediante el cotejo de los nombres se ve corroborada por la descripción que el novelista nos da de su personaje:

la figura, el aire, el rostro, orondo y rubicundo, de Halconete, tenían abacial prestancia. Saludó, inclinándose en los umbrales, con ruborosa y sonriente timidez (...) En el rostro de Halconete había siempre singular combate entre la boca, demasiadamente pequeña, y una sonrisa sutil que pugnaba, sin cesar, por abrirla y distenderla; y era esto de manera tan sugestiva y paradógica, que hacía pensar en esos chicuelos que conducen por la calle un gran perro atado con un cordel, y el perro tira de un lado, el chico de otro, y andan en continuo vaivén, a ver cuál arrastra al otro. Cuando el afán de reír venía, muy de tarde en tarde, Halconete dejaba en libertad, repartida en varios tiempos o saltos, una carcajada opaca (p. 198).

Ayala insiste en la sensibilidad —o sensualidad: para él es casi lo mismo— de Halconete: «era hombre muy callado y tímido. Pero, a pesar de su silencio y circunspección, Halconete era, de todos los allí reunidos, el que más refinada emoción recibía viendo bailar a Pilarcita» (p. 200). Alabar la sensibilidad de Azorín no es, desde luego, sorprendente.

Poco después insiste en la descripción:

Estaba Halconete con entrambas manos apoyadas sobre el puño del bastón; el aire de su persona era más abacial que nunca. Recordaba a aquellos pulidos abades de otro tiempo, doctos en Humanidades y meticulosos catadores de la vida y sus más recónditos placeres. Sus ojos, entre azules y violeta, eran, como el acanto de Plinio, dulces y casi fluidos, y se entornaban ahora para mirar a Pilarcita con gesto de suma voluptuosidad.

[106] Edición citada, p. 163.
[107] Pérez de Ayala: *Ante Azorín,* ed. citada en la nota 30.

¿Responde bien esto al Azorín de aquellos años? Creo que sí. «El Caballero Audaz» insiste en el aspecto abacial («rostro redondo») y el color de los ojos:

Su rostro redondo, de tez pálida, algo velada por el sol o por el mar, lo lleva pulcramente rasurado, menos por el labio superior, que lo cubre un bigote cortado a la inglesa. Sus ojos, melancólicos o inexpresivos, son verdes a una luz, azules a otra y grises esta tarde; cuando interroga con la mirada o escucha atento, los bizca un poco. Apenas tiene señaladas las pinceladas de las cejas. Su frente, amplia, orlada por cabellos rubios y lacios, ya está partida por una profunda arruga. [108]

Complementaria es la visión de Melchor de Almagro San Martín, que subraya «su calma habitual»:

Azorín es más fácil de retratar que Baroja. Es glabro, con un ligero bozo rubio sobre el labio; encendido el semblante; lleva el dorado pelo peinado hacia atrás, con un conato de melena; usa un ancho cuello a lo militar, planchado, y una sencilla corbata negra, que va bien a su traje oscuro. [109]

Ricardo Baroja, por último, insiste en la pulcritud, el color de los ojos y el gesto de la boca:

Era entonces Azorín muchacho rubio, de facciones congeladas, gesto un tanto desdeñoso en la boca, ojos claros. Vestía de negro muy pulcramente. La corbata, de faya negra ceñida al cuello con triple vuelta, inmovilizaba todavía más la cabeza y contribuía a aumentar esa sensación de anquilosamiento que da la figura del escritor. [110]

Al ver bailar a Pilarcita, Halconete utiliza un vocablo tan poco común que el novelista tiene que aclarar su significado, entre paréntesis: «—¡Estas cendolillas! —exclamó Halconete con acento algo agitado. (Cendolilla, mozuela de poco juicio») (p. 201). No es difícil ver aquí una alusión al deseo, propio del noventayocho pero especialmente típico

[108] *Libro citado* en nota 101, pp. 432-433.
[109] *Libro citado* en la nota 26, p. 112.
[110] *Libro citado* en la nota 94, p. 59.

de Azorín, de ampliar el vocabulario recurriendo, sobre todo, a voces anticuadas o populares.

Halconete, en la novela, aparece como ejemplo de una de las posibles actitudes vitales: la del epicúreo. No olvidemos la tendencia irrefrenable de Pérez de Ayala por las construcciones mentales sistemáticas. (Como en el caso de Eugenio d'Ors, podríamos decir que, en ocasiones, sacrifican la singularidad del caso concreto a la simetría de su esquema mental.) Pero en este diagnóstico apunta también a algunos rasgos que son muy característicos de Azorín: así, su sensibilidad voluptuosa ante las cosas concretas nacida de «la obsesión del tiempo que corre» y que lleva consigo «una gran ternura por lo huidero, fugitivo, frágil y momentáneo», como han señalado casi todos los críticos de Azorín.

Sin embargo, tal como se plantea aquí la cuestión, este juicio implica una relativa pero indudable censura. Halconete no es, según Ayala, un arribista ni un conservador, pero tampoco es un liberal (el valor que él estimaba más positivo); se queda en un término medio original, esteticista y escéptico. ¿Por qué todo esto?

Recordemos que, en 1910 (el año que refleja la novela), Azorín ya no es el joven anarquista sino que ha pasado a escribir en *ABC* las crónicas parlamentarias y ha defendido al muy atacado ministro La Cierva. En la revista *Europa*, [111] publica Pérez de Ayala un artículo que me parece esencial para comprender la actitud con que aparece Azorín en la novela. Se titula «De Martínez Ruiz a Azorín» y fue, muchos años después, incluido en el volumen *Ante Azorín*; [112] pero no completo, sino con omisiones muy significativas (supongo que debidas al colector, García Mercadal, que no dice nada sobre esto) que son las que ahora más nos interesan. Ante todo, el subtítulo del artículo: «De Azorín, autor de *Los Pueblos,* a Azorín, panegirista de La Cierva».

En ese artículo, Pérez de Ayala esquematiza las etapas por las que ha pasado Azorín. Nos interesa especialmente la última (no olvidemos que estamos en 1910): «Epílogo

---

[111] Número 8, Madrid, 10 de abril de 1910.
[112] Edición citada en la nota 30.

de *Los pueblos*, obra admirable. Aproximación del período de ataraxia, indiferencia absoluta y paz intelectual. Lo mismo da una cosa que otra, y todo es vano». En la novela, Halconete opinaba que el mundo no es malo ni bueno, sino tonto» (p. 201).

El párrafo final del artículo nos muestra el cambio político de Azorín:

Contigüidad con cierto linaje de vida ignorada hasta ahora. Fascinación del mundo político. Posibilidades de éxitos sociales (Movimiento de traslación hacia el epicureísmo manso [exactamente lo mismo que dice de Halconete la novela] a base de escepticismo; culto del dandismo; humorismo como manera.) Período en que escudriña, en busca de un asidero político, recio, sólido. Fascinación ejercida por Maura. El acto, ilusión de mocedad. Período sofístico y doloroso, durante el cual se esfuerza en celar su escepticismo absoluto —dentro del cual lo mismo da ser maurista que hidráulico— y constituir una personalidad periférica de doctrinarismo, de dogmatismo. Culto de la fuerza, como única norma de derecho. Desprecio del pueblo, de la democracia. Dualismo ideológico y religioso. Religión de los Ptolomeos; una religión que refrene el instinto brutal del pueblo y otra para las clases directoras. Enaltecimiento de la mentira; donde nada es verdad, consérvese la mentira vital. Evocación de espejismos y autoengaños. Lenta anulación del temperamento.

> Período caótico
> Panegírico de la Cierva. [1]

Como vemos, la crítica más acerada se une aquí a rasgos de comprensión perfectamente paralelos a los que suscita Halconete en su novela. Firma el artículo «Plotino Cuevas», el seudónimo habitual de Ayala, el mismo que utilizó para la crítica teatral de Galdós que antes vimos y para su primera novela, *Tinieblas en las cumbres.*

Pero hay más: debajo de la firma aparece todavía una nota a pie de página que, por supuesto, ha sido suprimida de la versión incluida en el volumen. Dice así:

Creemos imprescindible hacer una salvedad. Hay innumerables majaderos que desprecian a Azorín, y no son capaces de entenderlo. Los tales, acaso imaginen que al escribir este artículo nos mueve la animadversión o el desdén. Nada de esto. Estimamos altamente la obra de Azorín, y nos condolemos de su etapa actual, que juzgamos errada, aunque lógica; no necesaria. Si en el presente artículo se cree ver alguna desconsideración, es consecuencia de la forma esquemática, no de nuestra intención.

Este artículo —y, sobre todo, la nota final— me parecen esenciales para comprender la actitud de Pérez de Ayala ante Azorín en 1910, la que adopta el novelista con respecto a Halconete. Permítaseme repetir un párrafo, para subrayarlo: «Estimamos altamente la obra de Azorín, y nos dolemos de su etapa actual, que juzgamos errada, aunque lógica; no necesaria». Pese a todo su escepticismo juvenil, Ayala conserva la creencia en el liberalismo básico, y eso le alejaba de Azorín-Halconete.

La visión que la novela nos da de Azorín, por lo tanto, me parece que posee evidente interés. Nos ofrece una imagen física de él que difiere bastante de la que suele pasar a los libros de texto. Señala algunas características básicas de su arte (sensibilidad, obsesión por el tiempo, riqueza de léxico) por todos reconocidas. Pero, sobre todo, profundiza sagazmente en el fundamento psicológico de su actitud: el conocimiento nacido de la amistad no impide, aquí, un fuerte espíritu crítico.

Veamos, en resumen, a un Azorín equidistante del de *La voluntad* y del académico, final. Quizás Ayala ha acertado a plasmar aquí un momento básico de esa evolución. Cuando la serie de tópicos sobre su estilo dejen paso a un conocimiento auténtico de cuál fue, a lo largo de los años, el pensamiento de José Martínez Ruiz, es posible que la visión que nos ofrece Pérez de Ayala en esta novela no nos parezca desdeñable.

VII. Luis Muro

Un par de veces aparece en la novela el ingenioso Luis Muro, detrás del cual no es difícil reconocer a Luis de Tapia.

No debe extrañarnos, ante todo, la presencia de Luis de Tapia en medio de otros escritores de mayor importancia porque en ese momento (y a lo largo de toda una época) la tuvo muy considerable. La posteridad escoge unos pocos nombres entre los que en cada instante son famosos. Casi por completo olvidado está hoy Luis de Tapia y me parece que con cierta injusticia. No está de moda hoy el verso satírico pero, como cronista de la España contemporánea, su valor histórico es indudable.

En aquella época, Tapia era famoso. Su caricatura, por Sancha, ocupa la portada del *Madrid Cómico* (27 de mayo de 1911) con estos versitos:

> Sus versos son aguijones
> que dan pinchazos crueles
> y en distintas ocasiones
> él dispara sus *Bombones*
> contra los que hacen *pasteles*.

Recuérdese que *Bombones* y *caramelos* es el título del libro publicado por Tapia precisamente en 1911 (En la novela se hablará de «Grajeas», p. 184). En cuanto a la parte final del poemita, no hay que olvidar que, además de la crítica intelectual o costumbrista, Tapia ejercitó con gran agudeza la política.

En 1913, Pérez de Ayala es colaborador de la *Revista de Libros* que dirige Luis Bello y de la que es gerente Luis de Tapia. Debía, por tanto, ser amigo de los dos, que aparecen como personajes de *Troteras y danzaderas*. Les llamaban los «luises» del Ateneo [113] aludiendo irónicamente a la conocida asociación piadosa, cuando Tapia era notoriamente anticlerical. En el Ateneo presenta a los dos Pérez de Ayala; a Muro, concretamente, hablando con sarcasmo de la docta casa.

Pérez de Ayala se toma muy en serio al poeta cómico, ve en él un fondo de seriedad y le encuentra ilustres precedentes:

---

[113] «Chispero»: *Libro citado* en nota 64, p. 139.

Sancho Panza, que no andaba mal de filosofía parda, y Juan Ruiz habían asomado en el tintero del poeta jocoso (p. 184).

Muro era afamado por sus versos satíricos, versos nerviosos y garbosos, de picante venustidad en la forma y austero contenido ideal, como maja del Avapiés que estuviera encinta de un hidalgo manchego. Muro había nacido en el propio Madrid, y su traza corporal lo declaraba paladinamente. Aun cuando propendía a inclinar el torso hacia adelante, había en las líneas maestras de su cuerpo, y lo mismo en las de su arte, esa aspiración a ponerse de vez en cuando en jarras que se observa en las figuras de Goya; esto es, la aptitud para la braveza. Hablaba con quevedesco conceptismo y dicacidad, y componía retruécanos sin cuento. Su charla y sus versos eran de ordinario tonificantes, como una ducha (p. 293).

Comparemos con la evocación que nos ofrece otro contemporáneo, «Chispero»: «famoso poeta satírico, republicano propietario de varias casas en Madrid, gran amigo de toreros —en fin, verdadera paradoja viviente—, ágil de ingenio para la sátira, sobre todo la política, y simpático siempre en sus amenas charlas breves, que salpimentaba con sonoras risas». [114]

No cabe duda de que Pérez de Ayala le ha entendido mejor (se extraña menos de la unidad vida-obra) y concede a su literatura una mayor trascendencia. Debe de influir en ello, indudablemente, la comunidad en sentimientos anticlericales y republicanos. No debemos olvidar que también Pérez de Ayala cultivó en ocasiones —y de modo ciertamente temible— la poesía satírica.

Además, debió de existir una relación amistosa entre Tapia y Ayala. Hemos citado antes el prólogo que escribió Pérez de Ayala para una antología de Luis de Tapia, [115] en el cual declara tajantemente haberle retratado en *Troteras y danzaderas.*

Nadie —que yo sepa— ha recordado el muy elogioso poema que dedicó Tapia a nuestro escritor con motivo de *La pata de la raposa.* Se titula «El caballero don Ramón Pérez de Ayala» y dice así:

---

[114] *Ibidem,* pp. 139-140.
[115] Véase la nota 21 del capítulo I.

Este astur, que en su caldero
condimentó con esmero
La pata de la raposa
es por su lengua y su fuero
Caballero
de la Prosa.

Este don Ramón tan fino,
tan sutil, tan peregrino
que de presentaros vengo
noble es por su pergamino
cervantino
de abolengo.

Hidalgo es de alto linaje
que viste atildado traje
de pura traza española
y usa más limpio lenguaje
que el encaje
de su gola.

De su libro y de su sana
prosa, siempre castellana
y por ello hosca y bravía,
un culto perfume emana
de galana
poesía.

Noble español es el vate
pero, a veces, el magnate,
por lo irónico y burlesco
que al borde de su obra late,
es abate
versallesco.

Otras veces da la mano
al austero estilo hispano
y con coqueto exotismo
se tiñe el noble asturiano
de un britano
dandynismo.

Vario, culto, interesante,
ya fije el castizo cante,

> ya copie el chic extranjero.
> Siempre es noble y elegante
> el andante caballero.
>
> Humilde mi voz le canta
> y digo con unción santa
> aunque yo no calzo espuela
> y es plebeya mi garganta
> que me encanta
> su novela.
>
> Por eso y por la emoción
> que da el arte de Ramón
> dudo si es tan primorosa
> y castiza narración
> «la pata de la raposa»
> o «la garra del león». [116]

El poema no posee, desde luego, gran calidad literaria pero sí me parece interesante como muestra de la acogida que tuvo *La pata de la raposa* y —por lo que ahora nos interesa, sobre todo— como testimonio de la relación amistosa entre Tapia y Ayala. El fondo ideológico de esta crítica rimada es bastante pobre: en este libro, Tapia se presenta —igual que tantos otros— como progresista en política pero tradicionalista en estética.

Si releemos las composiciones de Luis de Tapia del año 1910 hallaremos varios puntos de contacto con Ayala. Ante todo, un buen elogio que debe referirse a *A.M.D.G.*:

> Un libro de Galdós, un *Amadeo*
> que me cura el 'splin' cuando lo leo
> y una novela que verismo exhala
> compuesta por Ramón Pérez de Ayala.
> Fuera de estas dos joyas, de oro y viejas,
> nada vale, año diez, lo que nos dejas. [117]

---

[116] Luis de Tapia: *Coplas*, Madrid, Biblioteca Hispania, 1914, pp. 51-54.

[117] Luis de Tapia: *Bombones y caramelos*, Madrid, Imprenta de El Liberal, 1911, p. 15.

La unión de Galdós y Ayala (concretamente: *A.M.D.G.*) nos informa bien de la tendencia de Luis de Tapia. Otras alusiones del mismo libro nos sitúan en el ambiente literario de *Troteras y danzaderas*. Así, la situación del teatro español:

> Ocaso en Flandes, falsa poesía
> y poco sol en casa de Talía.

O la crítica de uno de los posibles modelos del poeta modernista satirizado en la novela:

> Y una lira la bohemia de Carrere
> que cuando canta, canta el 'Miserere'. [118]

Un poema entero está dedicado a criticar *En Flandes se ha puesto el Sol*, la obra que entonces se estrena con gran éxito y que inspirará de modo paralelo a Pérez de Ayala. El final del poema dice así:

> Mas si los vates
> cortesanos van a ser,
> en vez de odiar el poder
> que hundió el Imperio español,
> muy pronto 'de España el sol
> se irá para no volver'. [119]

Es un caso más de coincidencia entre Luis de Tapia y Pérez de Ayala.

Años después, Pérez de Ayala vuelve a alabar a Luis de Tapia: su ingenio, sus dotes de historiador social, su oportunidad. Censura, en cambio, «la sátira despectiva y aun injuriosa, que Luis de Tapia ha dedicado a toda tendencia o escuela literaria de propósito renovador».

Y, sobre todo —me parece que es un caso único— confirma plenamente la identificación de su personaje:

en mi novela (...) hay cierto personaje, una especie de redivivo Marcial, en quien el lector menos agraciado con instinto policíaco

[118] *Ibidem*, p. 14.
[119] *Ibidem*, p. 39.

y aptitud para descifrar adivinanzas echará de ver al punto que se trata de Luis de Tapia, aunque con nombre fingido, como es de rigor en una fingida historia. Un poeta satírico español actual, en efecto, ¿quién puede ser sino Luis Tapia? No recuerdo a ningún otro. Y si lo hubiese, que me perdone el olvido. (Prólogo de Pérez de Ayala a Luis de Tapia: *Sus mejores versos*. Madrid, col. Los Poetas, 23 de marzo de 1929, p. 5).

El poeta satírico desempeña papel muy activo en aquel mundillo madrileño que intenta salvar la novela. No es extraño, por lo tanto, que la figura sarcástica e ingeniosa de Luis Muro se asome a las páginas de *Troteras y danzaderas*.

VIII. ARSENIO BÉRIZ

Varias veces aparece, a lo largo de la novela, la figura de este joven levantino, en quien varios críticos han reconocido a Federico García Sanchiz. Bériz tenía 22 años: Pérez de Ayala le ha rebajado un poco la edad (para subrayar y disculpar su aturdimiento juvenil, probablemente) pues García Sanchiz había nacido en 1884, así que, en 1910, tenía veintiséis años. El que luego se haría famoso por sus charlas era entonces conocido modernista, asiduo del Ateneo, protegido de Luis Bello (otro personaje de la novela) y Navarro Ledesma.

Pérez de Ayala se muestra excepcionalmente duro con este personaje. Lo presenta como ambicioso sin escrúpulos y frívolo hasta extremos antipáticos: tiene una novia en su pueblo pero planea casarse con una fea rica. El párrafo en que emite Alberto su dictamen es tajante:

Vete a tu pueblo, Arsenio; vete a tu pueblo. Aún es hora para ti. Aquí terminarás por corromperte física, moral y artísticamente. Cuando te acuerdes, quizá sea tarde. Ya has saboreado una dedada de vicio e insensatez, y eso nunca está mal en la primera juventud, porque te dará el claroscuro de la vida. Tú eres un raro ejemplar de español que tiene sus cinco sentidos muy sagaces y despiertos. [Nótese el elogio, en medio de la censura.] Cuida de no malograrte. Y si, como dices, amas el arte, huye de Madrid de prisa, vete a tu pueblo, Arsenio; vete a tu pueblo (p. 233).

Irónicamente, Ayala añade una frase para demostrar que su crítica también es autocrítica: «Vaya, que el diablo, harto de carne, se mete a predicador».

Después, Bériz hace caso del consejo, se va al pueblo y se casa con su novia. Dos cartas más darán la conclusión de la historia. En la primera, el levantino expone su felicidad, una vez que ha aceptado los límites de la existencia pueblerina (p. 288). En la segunda, en cambio, se declara desesperado y enfermo de nostalgia por Madrid: encaja esto muy bien con el tono final de la novela.

En el episodio que comentamos hay, por supuesto, mucho de «literatura». Ayala utiliza a este personaje para exponer su ideal —ya cantado en su primer libro de poemas— de *La paz del sendero*. Bériz continúa a los protagonistas de novelas del 98, enfermos de la voluntad que no encuentran la armonía consigo mismos ni en la gran ciudad ni en el campo.

Pero esta «literatura» se ha construido sobre un fondo histórico propicio. En efecto, la imagen que del joven García Sanchiz nos ofrecen algunos escritores contemporáneos no difiere demasiado de la de Ayala. Así, Alberto Insúa nos dice: «Le llamábamos 'el Borreguero'; nunca supe por qué. No parecía un pastor, sino, con la guedeja endrina y sus ojillos luminosos, un fauno adolescente. Gastaba boina y ya fumaba cigarros puros». [120]

Y «Chispero»:

Federico García Sanchiz, que solía caer por la Cacharrería [del Ateneo] para 'epatar' a algún provincianillo, preparador de oposiciones, con su verbo colorista magnífico y sus hábitos bohemios, en los que desde luego, entraba que el que le prestase atención le debía convidar a algo, aunque sólo fuese a limpiarse las botas. [121]

---

[120] Alberto Insúa: *Memorias. Mi tiempo y yo*, Madrid, ed. Tesoro, 1952, p. 473.

[121] «Chispero»: *libro citado* en la nota 64, p. 138.

El propio García Sanchiz confiesa algo parecido: «mi principio en Madrid, época en que por la cortesana influencia iba yo desmoralizándome y de consuno purificándome, como pueden ser simultáneas la evaporación y la destilación». [122]

Todavía puedo añadir un dato concreto que confirma plenamente —creo— la identificación propuesta. He trabajado cierto tiempo en la casa de Pérez de Ayala y, entre otras cosas, he revisado todos los libros que los azares de su existencia le permitieron conservar. Entre ellos hay uno de García Sanchiz [123] dedicado a Ayala con esta frase: «A Ramón Pérez de Ayala, con la admiración y el cariño de Arsenio Bériz... y de Federico García Sanchiz. 1959».

Cuarenta y cinco años después de escrita la novela, García Sanchiz se reconoce en Arsenio Bériz, a pesar de todas las notas negativas acumuladas sobre este personaje. El hallazgo me hizo pensar: ¿no recordaba acaso los términos con que aparece? ¿Predomina la vanidad de verse citado, o la nostalgia de la bohemia juvenil? La realidad es que García Sanchiz ha quedado ya unido para siempre a esta creación artística. El recuerdo —aunque no sea muy bueno— es también una forma de la supervivencia que todos ansiamos.

---

[122] Federico García Sanchiz: *Tierras, tiempos y vida. Memorias*, vol. I, Madrid, ed. Altamira, 1959, p. 270.
[123] Se trata de sus *Memorias*, citadas en la nota anterior. En ellas (pp. 94-97) admite también su identificación con Bériz.

2

Otros escritores y artistas

No son sólo grandes escritores los que aparecen, con nombres levemente modificados, en las páginas de *Troteras y danzaderas*. Pintores, actores, cupletistas, bailarinas, toreros, políticos, aristócratas, literatos que un día gozaron de popularidad para caer luego en el olvido más o menos completo... todos ellos contribuyen a formar la densidad histórica de ese ambiente; todos, grandes o pequeños, célebres u olvidados, reviven en las páginas de la novela y hacen revivir para nosotros una atmósfera ya definitivamente caducada: la del Madrid intelectual y artístico en los años que preceden a la primera guerra mundial. Lo que cuenta aquí, como es lógico, no es la fama alcanzada en la vida real sino su función como elementos integrantes de una novela; es decir, la transformación literaria de una base histórica. Pero, para apreciarla, lo primero es conocer, aunque sea mínimamente, los datos históricos.

Aunque intervenga en ella Alberto Díaz de Guzmán, trasunto del novelista, no es ésta una obra de protagonista, sino un drama colectivo. Dejemos —de momento— a las grandes figuras que acaparan la atención del público y fijémonos en los personajes episódicos que asoman un momento para recitar su papel —unas pocas frases, casi siempre— y desaparecen en seguida. Son ellos los que forman realmente la textura de la obra, la trama de esta vida madrileña sólo aparentemente frívola y despreocupada. (Al fondo, naturalmente, está España; y, más al fondo, la vida humana, con la carga de pesadumbre que el pesimista Ayala advierte siempre).

I.   LA ROLDÁN Y PÉREZ DE TOLEDO

Los actores que estrenan el drama poético de Teófilo Pajares, *A cielo abierto,* son la Roldán y Pérez de Toledo. Es decir: María Guerrero y Fernando Díaz de Mendoza. Nótese, en el uso de los apellidos compuestos, la equivalencia que establece Ayala entre *Díaz* y *Pérez: Pérez* de Toledo alude a *Díaz* de Mendoza mientras que Alberto *Díaz* de Guzmán sustituye a Ramón *Pérez* de Ayala, y Sixto *Díaz* Torcaz a Benito *Pérez* Galdós.

Estrenan la obra en el teatro de los Infantes; es decir, de la Princesa, [1] donde ellos actuaban esa temporada y donde tuvieron lugar algunos grandes éxitos del drama poético.

La pareja de actores está en estos años en la cumbre de su fama: les dedica su portada el *Nuevo Mundo* (15 de diciembre de 1910) y una caricatura el *Madrid Cómico* (30 de noviembre de 1912).

En el año 1910, en concreto, habían vuelto a España después de una gira por el extranjero: llegaron a Lisboa el 2 de diciembre, procedentes de Buenos Aires, y esa misma tarde salieron para Madrid. A partir del día 11 representaron aquí *El hombre de mundo.* En el programa de la compañía para diciembre de 1910 se incluyen obras de los Quintero, Martínez Sierra, Linares Rivas, Marquina, Valle-Inclán y Villaespesa. El gran éxito de la temporada fue el estreno de *En Flandes se ha puesto el sol,* de Marquina, que tuvo lugar el 18 de diciembre (justamente una semana después del homenaje a Maeztu: nótese la perfecta coherencia cronológica de la novela) y en el que se inspiró Pérez de Ayala para el episodio correspondiente de su obra.

---

[1] Sobre los orígenes de este teatro, véase José Deleito y Piñuela: *Estampas del Madrid teatral fin de siglo: I, teatros de declamación,* Madrid, ed. Calleja, sin año.

La temporada teatral era de seis meses. Los estrenos solían ser los jueves. Prácticamente, todo el teatro estaba abonado para todos los días, salvo para la función popular que tenía lugar los viernes. «Chispero» nos informa del precio de las localidades:

Presenciar aquellas magníficas comedias que se representaban en el Español, la Comedia o la Princesa [el caso que nos ocupa] exigía el pequeño sacrificio de entregar en taquilla, por una butaca, cuatro pesetas, y cinco en función de tarde o de gala, valiendo un palco veintidós pesetas —con entradas— y un asiento numerado de paraíso, una peseta. [2]

Aunque la óptica es claramente enaltecedora, nostálgica (y quizás, por ello, exagere un poco) los datos deben de ser, en lo fundamental, válidos.

El teatro atravesaba entonces, en Madrid, una etapa de indudable esplendor: funcionaban 25 teatros y se iba a abrir otro más: «Nunca ha tenido la Corte tantos espectáculos como en la actualidad». Claro que eran difíciles de precisar los límites entre teatro «serio», varietés, género chico, etcétera. Seis años antes, en cambio, «apenas se podían mantener funcionando Apolo, la Zarzuela, el Español, la Comedia y el Cómico».

F. Roig Bataller da una curiosa razón sociológica de este auge: «en mi sentir, hay más vida teatral en Madrid porque «los cines» [entonces, la palabra se escribía todavía entre comillas], al abaratar los espectáculos teatrales para venir a transformarse últimamente en verdaderos templos de Talía, han ido insensiblemente aficionando al público a divertirse, han creado el vicio del teatro». [3] La consecuencia opuesta podría también afirmarse, sin duda. Lo evidente es que se vivía el momento de lucha entre el cine y el teatro, y eso lo refleja también la novela que nos ocupa: Fernando, el amante de Rosina, se ha hecho famoso trabajando en el cine.

---

[2] Víctor Ruiz Albéniz, «Chispero»: ¡Aquel Madrid...! (1900-1914), Madrid, Artes Gráficas Municipales, 1944, p. 202.
[3] F. Roig Bataller en La Correspondencia de España, Madrid, 27 de diciembre de 1910.

Nos presenta Pérez de Ayala la tertulia de los actores, en el saloncillo del teatro. A ella solía asistir Monte-Valdés (es decir, Valle-Inclán). Nos lo dice Ramón Gómez de la Serna: «iba al saloncillo del Teatro Español los días que no estaba reñido con María Guerrero y Fernando Díaz de Mendoza, o con alguno de los contertulios». [4] Lo confirma Melchor Fernández Almagro: «tiene otro punto de reunión en el saloncillo del Teatro Español, cuando actúan allí la Guerrero y Mendoza». [5] Precisamente hacia 1910 es su mayor intimidad con ellos, pues les acompañó en una gira artística por América del Sur. [6] Romperá con ellos en junio de 1912, [7] después de los acontecimientos que presenta la novela. Al reñir con la Guerrero, dice que «todos los imbéciles están a esa hora en la Princesa». [8]

Al juzgar a Pérez de Toledo como actor, Pérez de Ayala hace un elogio matizado de reproche:

Era un hombre de gran finura, a quien estorbaba para ser insuperable actor, aparte de cierta deficiencia de facultades, el ser casi siempre superior a los actores y obras que representaba, de manera que no podía tomar en serio los unos ni las otras, si bien lo disimulaba con arte sobremanera sutil (p. 353).

Lo mismo exactamente, con un poquito más de acritud, nos dice Valle-Inclán de Díaz de Mendoza y su compañía: «creo que no han hecho lo que debían hacer, lo que podían hacer y lo que acaso desean hacer». Lo atribuye a «la falta de energía. Díaz de Mendoza es un hombre sin carácter. Amoldó siempre sus gustos a los gustos del público. María hubiera hecho lo contrario. ¡Esa sí que es un gran carácter! Pero, claro, ¡ya es muy tarde!». [9] Al margen de lo que

[4] Ramón Gómez de la Serna: *Don Ramón María del Valle-Inclán*, Madrid, ed. Espasa Calpe (Austral), 3.ª edición, 1959, p. 331.

[5] Melchor Fernández Almagro: *Vida y literatura de Valle-Inclán*, Madrid, Taurus, 1966, p. 98.

[6] *Ibidem*, p. 143.

[7] *Ibidem*, p. 148.

[8] Ramón Gómez de la Serna: *obra citada*, p. 111.

[9] «El Caballero Audaz»: *Galería*, I, 4.ª edición, Madrid, eds. ECA, 1949, pp. 105-106. También alaba a la Guerrero Pérez de

pueda haber de rencor personal por parte del arbitrario don Ramón (recuérdese lo que antes vimos sobre su distanciamiento de Ayala), no deja de ser curiosa la coincidencia en el juicio sobre el actor de dos personas tan inteligentes como Pérez de Ayala y Valle-Inclán.

Al describir al actor, la novela insiste en un rasgo físico (la nariz respingona) y otro moral (la permanente ironía):

...Pérez de Toledo, primer actor y empresario de la compañía. Presidía éste la reunión, en pie y dando la espalda a una chimenea sin lumbre, vestido de trovador, con el cráneo muy erecto, astuta expresión de *afabilidad burlesca*, y la cínica *nariz respingada como venteando* un leve husmillo de cosa ridícula que flotaba en el aire (...) Complicaba el trato social con mil fórmulas y agasajos de exagerada cortesía, y, al propio tiempo, su sarcástica cabeza de Diógenes revelaba estar en el gran secreto filosófico de que el mundo de las ficciones no muere allí donde se acaba el tablado histriónico. Era muy hábil en el manejo de la ironía, o como se dice en el lenguaje vernacular, tomaba el pelo a la gente sin que la gente se enterara (p. 354).

Exactamente lo mismo, con su lenguaje mucho más sobrio, nos dice Melchor de Almagro San Martín: «Fernanno, esbelto, *la nariz respingona* al aire, *como venteando, el gesto entre burlón y afable,* la voz atenorada».[10] Nótese la coincidencia absoluta en los términos subrayados: esto, además de confirmar la identificación del personaje, nos hace sospechar que quizás el historiador se basó en el retrato hecho por el novelista o que los dos se fijaron en rasgos muy característicos del actor.

El papel más importante que desempeñan en la novela María Guerrero y Fernando Díaz de Mendoza consiste en que Pérez de Ayala se inspiró en uno de sus grandes éxitos (*En Flandes se ha puesto el sol*) para presentar el estreno de *A cielo abierto,* el drama poético del modernista Teófilo Pajares. Se trata, en realidad, de una parodia que logra

---

Ayala: «María Guerrero y la pasión», en *Amistades y recuerdos,* Barcelona, ed. Aedos, 1961.

[10] Melchor de Almagro San Martín: *Biografía del 1900,* Madrid, ed. Revista de Occidente, 1943, p. 245.

ridiculizar un tipo de teatro entonces muy en boga, pero Pérez de Ayala ambientó el estreno de la obra imaginaria con una serie de elementos tomados de la realidad para dar al episodio más verosimilitud y, a la vez, mayor fuerza crítica. Luego lo veremos.

Años después, Pérez de Ayala dedicará un comentario muy elogioso a «la compañía de la Princesa» en el Libro III de *Las máscaras* (*Obras completas*, III, ed. citada, pp. 618-622). Y alabará mucho —pero sin dar de ella ninguna descripción física— a María Guerrero: «yo no he conocido actriz española ni extranjera más varia y a la par intensa que María Guerrero, dentro de la gama de la emotividad» («María Guerrero y la pasión», en *Amistades y recuerdos*, ed. Aedos, Barcelona, 1961, p. 161). Por eso —y por fidelidad a la verdad histórica— la retrató en su novela.

II. «TOÑITO» Y «ESPARTAJO»

Formando parte del «todo Madrid» que asiste a la inauguración de la temporada del Circo está «el famoso torero Antonio Palacios, *Toñito*» (p. 227). No es difícil reconocer, detrás de este nombre, a Ricardo Torres, «Bombita», entonces en la cumbre de su fama y buen amigo del novelista asturiano. Veamos un poco estos dos puntos, que justifican su aparición en la novela.

Pérez de Ayala fue siempre gran aficionado a los toros: en su juventud, partidario de «Bombita». (Después y durante años, Juan Belmonte acapararía su admiración y su afecto). He citado ya antes [11] la gran tristeza que le supuso la noticia de su retirada. García Mercadal nos informa [12] de una comida del torero con Ayala, Azorín y Melquíades Álvarez, en el verano de 1905.

Puedo añadir dos testimonios más. Entre los papeles que conserva la familia del escritor se encuentra una carta del torero, fechada en Sevilla el 30 de junio de 1909, dirigida

[11] Ver nota 18 del primer capítulo.
[12] Prólogo a Ramón Pérez de Ayala: *Ante Azorín,* Madrid, Biblioteca Nueva, 1964, p. 23.

«Al Sr. D. Ramón Pérez de Ayala. Oviedo». Dice así:
«Querido amigo: Gracias por su carta, estoy mejor y el 18
estaré en condiciones para volver a torear. Mañana o pasado
le enviaré el retrato. Soy su buen amigo Bombita». Al margen de la anécdota concreta, esta carta evidencia una amistad, incluso con esa petición de retrato a las que Pérez de
Ayala era aficionado. (Lo mismo hizo con Unamuno, según
carta que he publicado. [13] Desgraciadamente, no he podido
encontrar la foto del torero, si llegó a enviarla: la familia
del escritor no guarda apenas papeles de esa época.)

Interesante es también el testimonio de «Chispero» cuando nos dice que «Bombita», paseando por el Retiro o la
Castellana, «iba acompañado del gordo Belluga, de Mano-
lito Eulate, de Roque Barcia, de Pepe Becerra, de Ruiz
Albéniz [el mismo que escribe] o de Ramón Pérez de
Ayala». [14] Incluyéndose él mismo, quiere decir que él formaba parte del grupo de amigos y conocía bien el asunto,
no hablaba por referencias.

Estos son los años en que «Bombita» es «la primera
figura de su arte». [15] La demostración de que está entonces
en la cumbre de su popularidad nos la da el poema *El Bombita*, de Joaquín Alcaide de Zafra, que se publica en una
revista justamente en el mes clave para esta novela. Dice
así:

> Torero de la elegancia.
> Torero de la alegría.
> Modelo de la maestría,
> del valor y la arrogancia.
> Su temeraria constancia
> nos seduce y maravilla.
> Y al salir en la cuadrilla,
> nos revela en los andares

[13] Andrés Amorós: «Veinte cartas de Pérez de Ayala a Unamuno», en *Revista de la Universidad de Madrid*, vol. XVIII,
n.º 70-71, tomo II.
[14] Víctor Ruiz Albéniz, «Chispero»: *obra citada* en la nota 2,
p. 27.
[15] J. M. de Cossío: *Los toros. Tratado técnico e histórico*,
tomo III, Madrid, ed. Espasa-Calpe, 1952, p. 952.

que presa en sus alamares
va la gracia de Sevilla. [16]

En medio de otros elogios tópicos, nótese como rasgo personal lo de «torero de la alegría». Es lo mismo que dice Pérez de Ayala:

Toñito tenía la cara aniñada y la sonrisa sin doblez de los hombres que han nacido con una vocación y han confiado siempre en su destino. Tanto como el arrojo y maestría en la lid con reses bravas, su sonrisa le había hecho célebre: sonrisa que conservaba en los lances más azarientos y ante los toros más temerosos y difíciles (p.228).

Y «Chispero» le llama «el torero de la eterna sonrisa». [17] «Bombita» fue un gran torero que toreó, durante su actividad, 91 novilladas y 692 corridas; en total, mató más de 1.800 reses. [18]

En este momento, «Bombita» está especialmente de actualidad por varias razones. Ante todo, al concluir la temporada anterior (30 de octubre de 1909) ha fundado la Asociación Benéfica de Auxilios Mutuos de los Toreros, por lo que pasará a la historia. El famoso crítico «Don Modesto» acaba de publicar su libro *Dos palabras sobre el Guerra, cuatro sobre Fuentes y algunas más acerca de Bombita, Machaquito y Gallito.*

Pero, sobre todo, «Bombita» estaba entonces en el primer plano de la actualidad nacional debido al llamado «pleito de los miuras». Defendía este torero (precursor de más expeditivos métodos que hoy se emplean) que sus compañeros formaran un frente común para cobrar más cuando torearan estos animales, especialmente peligrosos. A esto se opusieron, en general, las empresas y los ganaderos. Surgió entonces el pleito con el empresario de Madrid, Sr. Mosquera, que quería abolir en los contratos ciertas cláusulas favorables a los diestros que eran consuetudinarias. Por eso,

[16] Joaquín Alcaide de Zafra: *«El Bombita»*, en *Nuevo Mundo*, Madrid, 1 de diciembre de 1910.
[17] «Chispero»: *obra citada*, pp. 27 y 158.
[18] Cossío: *obra citada*, p. 953.

no toreó «Bombita» en Madrid durante dos temporadas, hasta que reapareció en 1912. El gran crítico «Corinto y Oro» defendió, con la noble retórica propia de tanta literatura taurina, «el derecho sacrosanto del pueblo de Madrid» a verlo torear, a pesar del empresario Sr. Mosquera. [19] Y esa declaración se produce precisamente en el mes que es clave para nuestra novela.

Sin embargo, pese a todos sus «derechos sacrosantos», el público de Madrid se quedó sin ver torear a «Bombita». Algunos madrileños adoptaron como nuevo ídolo a Vicente Pastor. Otros siguieron fieles a su héroe y la lejanía —no hace falta haber leído a Stendhal para comprobarlo, incluso en los toros actuales— aumentó, si ello es posible, la expectación.

Las actuaciones de «Bombita» durante la temporada de 1910 no podían por menos de suscitar expectación. Había sufrido una cornada en Barcelona y le tuvieron que amputar un dedo de la mano izquierda. Durante algún tiempo se temió que quedara inútil para el ejercicio de su profesión o disminuido de facultades, pero reapareció en San Sebastián con gran éxito. Una revista comentó: «¡Que le tiren cornás los toros a «Bombita»! De cada una que recibe sale este famoso torero más diestro que antes». [20] Sufrió otra cornada en Málaga el 1 de septiembre.

Puede calcularse, por tanto, que «Bombita» era entonces una figura nacional. Especialmente en Madrid, por la ausencia y las polémicas. Pues bien, el torero estuvo en Madrid en diciembre de 1910 —la fecha clave de la novela— y llamó la atención asistiendo al «Foyer» del Real. [21] No es de extrañar, por lo tanto, que Pérez de Ayala quiera incorporar a su novela a su querido amigo, entonces tan famoso, y le haga aparecer —gesto desdeñoso típico del torero que ha peleado con su empresario— en un espectáculo público. Una vez más, todas las piezas encajan de modo sorprendente y la novela nos sitúa en el mismo centro de lo que era entonces la actualidad madrileña. Además de un escri-

[19] En *El Globo*, Madrid, 27 de diciembre de 1910.
[20] *Nuevo Mundo*, 10 de agosto de 1910.
[21] *ABC*, 8 de diciembre de 1910.

tor de creación, Pérez de Ayala ha sido aquí —podríamos decir— un cronista de sociedad, aunque hoy, para apreciar este aspecto, haga falta un esfuerzo de reconstrucción erudita.

Cerca del ídolo y de sus admiradores, en los pasillos del Circo, está un grupo discutiendo de toros. Un escritor de virilidad muy dudosa —luego trataremos de él— dice «en tono equívoco: —Si yo también perezco por los manolos... la cuestión es que Alberto [Ayala] sostiene que *Toñito* es el primer torero del día, y yo replico que el torero que más emoción da es el *Espartajo*. Aquella palidez morena... y, sobre todo, la erección que tiene al torear... Hay que verle armarse, cuando se echa la escopeta a la cara...» (p. 228).

¿Quién es este *Espartajo,* alabado con esos dobles sentidos que gusta de colocar Pérez de Ayala en sus primeras novelas? Tratemos de averiguarlo. Algún notable crítico, dejándose llevar de la cercanía fonética, ha propuesto el nombre del famoso Manuel García, «El Espartero». Se trata, creo, de un descuido, pues este torero, legendario por su valor, murió en 1894; es decir, cuando Pérez de Ayala contaba 14 años, y 16 años antes de los hechos que relata su novela.

No puedo afirmar con seguridad quién es el *Espartajo,* pero sí puedo apuntar varias hipótesis que me parecen sensatas. Ante todo, el sonido puede hacernos pensar en Manuel García Sinera, «Espartero II», novillero que actuó hacia 1909-1912. Sin embargo, sería impensable colocar los méritos de este novillero al lado o por encima de los de «Bombita».

Una segunda posibilidad, más sólida, es la de Vicente Pastor, el torero madrileño que se convirtió en ídolo de la afición de su pueblo durante las temporadas en que no actuaron en la capital de España «Bombita» ni «Machaquito». En 1909 actuó 36 veces con buenos éxitos. En 1910 sostuvo muy bien su cartel.

Fue sin duda la mejor tarde del año y una de las mejores de su vida torera la que tuvo en Madrid el 2 de octubre (...) La oreja concedida a Pastor por esta faena fue la primera que se concedió en la plaza de Madrid de una serie que aún continúa, pues las escasas concedidas anteriormente apenas tuvieron carácter serio. [22]

Pérez de Ayala pudo asistir o tener noticia de ese éxito, que ha pasado a la historia, y querer incorporar a su novela esa nota de indudable actualidad.

¿Por qué he pensado en Vicente Pastor? Sencillamente, porque *Espartajo* es muy próximo a Espartaco y, como sabe todo buen aficionado a los toros, Vicente Pastor fue conocido con el sobrenombre cariñoso de «El soldao romano», por su rostro de gran seriedad.

Además, Vicente Pastor se hizo famoso por los estoconazos que solía cobrar. «Pastor no se perfilaba en realidad sino que, dando frente al toro, acechaba el clavarle el estoque al salto». [23] A esto puede aludir el equívoco Honduras, en la novela.

Pero existe otra posibilidad mucho más sencilla: si ha habido un torero famoso por sus estocadas, ése ha sido «Machaco» o «Machaquito», que de las dos maneras fue conocido.

Su preparación para la suerte de matar era justamente famosa y podía suscitar comentarios como el del escritor «perverso» de la novela. Un autor lo evoca así: «Llegada la hora de echarse el estoque a la cara, llegado el momento supremo de la fiesta, el de la 'estocá', Rafael sabía, de cien veces noventa, poner en pie a los públicos y llevarlos al paroxismo del entusiasmo». [24]

«Machaquito», además, formaba la pareja con «Bombita». Fueron rivales pero también compañeros, hasta en su pleito con la empresa de Madrid. Así, unidos, han pasado a la historia; y, quizás, a las páginas de la novela.

¿Vicente Pastor; «Machaquito»? No lo sabemos con seguridad. (Sí es seguro, en cambio, que no se trata de «el Espartero»). Las dos identificaciones son posibles. Los dos fueron famosos por su valentía al entrar a matar. Abonan

---

[22] Cossío: *obra citada*, p. 715.
[23] Cossío: *obra citada*, p. 717.
[24] «Chispero»: *obra citada*, p. 221.

la posibilidad de Vicente Pastor su sobrenombre y sus recientes éxitos en Madrid; la de «Machaquito», el hecho de formar pareja permanente con «Bombita». Muchos autores —entre ellos, el propio Pérez de Ayala— han comentado que el pueblo español siempre se ha apasionado por estas parejas: Galdós o Pereda, Cánovas o Sagasta, «Bombita» o «Machaquito», Joselito o Belmonte, Gil Robles o Azaña, Di Stefano o Kubala, etcétera. Pérez de Ayala ha dado testimonio de esta actitud, colocándonos, a la vez, en el centro de lo que era la vida cotidiana madrileña de 1910. La aparición fugaz de un torero, una discusión taurina, eran signos detrás de los cuales percibía una gran riqueza de alusiones el lector de entonces. Hoy, hace falta una enfadosa tarea erudita (hasta conocer el apodo de un torero nos puede ser útil, a estos efectos) para restituir un poco la vida histórica concreta a la que está indisolublemente unida esta novela.

III. ALCÁZAR Y ALBA

Después de dos toreros, dos pintores. Un momento sólo aparece en la novela Alcázar, descrito como «un pintor andaluz, elegante, cenceño, oliváceo, de pergeño algo árabe y algo florentino» (p. 241). Teniendo en cuenta el nombre y la descripción, no es difícil reconocer a Romero de Torres.

¿Por qué incluirlo en la novela? Existía una razón de actualidad especial. Romero de Torres vino a Madrid hacia 1906. En 1907 se organizó un Salón de Independientes en el Círculo de Bellas Artes, en el que obtuvo por votación la primera medalla para su «Musa gitana». A fines de noviembre de 1910 (fecha clave de la novela) le organizaron un homenaje en Córdoba como desagravio por no haberle dado premio en la Exposición Nacional de Bellas Artes.

Quizás esta circunstancia pudo influir para que Ayala hiciera aparecer en la novela al que —como es sabido— era su amigo. Entre los papeles del escritor he encontrado esta carta, con membrete del Casino de Madrid, sin fecha:

Querido Ramón: Admirado amigo: Llego a Madrid ahora Domingo por la noche y quiero antes que nada, y mientras lo pueda hacer personalmente, darte un abrazo fuerte.

Leí en Buenos Aires tu crónica hablando de mí, y excuso decirte que tu crónica (?) ha sido el éxito que he tenido. A ti te debo todo.

    No te digo más por ahora.

    Otro abrazo   Julio.

La carta no es importante, desde luego, pero sí testimonia una amistad. Además, tiene algo de pirandelliano este dirigirse un personaje al autor que lo incluyó en su novela.

Alcázar aparece en la novela dialogando con Monte-Valdés. Junto a Alcázar aparece un pintor, Alba, que puede muy bien ser Anselmo Miguel Nieto. Melchor Fernández Almagro nos informa de la amistad de los dos con Valle-Inclán: «El ambiente [de la tertulia de Valle, en el café de Levante] saturado de preocupaciones estéticas que allá se respira explica sin gran dificultad la orientación pictórica de Julio Romero de Torres o de Anselmo Miguel Nieto».[25]

Alcázar y Alba (Romero de Torres y Anselmo Miguel Nieto) son ya famosos («entrambos afamados pintores», dice la novela) sobre todo como retratistas. Por eso le piden a Verónica hacerle sendos retratos, después de su triunfo (p. 243).

La fama de Julio Romero de Torres se mantiene hoy incólume y no necesita de más justificación. Hasta en el terreno de la literatura popular he podido atestiguar su vigencia.[26] Anselmo Miguel Nieto, en cambio, está relativamente olvidado. Conviene, por eso, exhumar un testimonio:

Entre ellos, todos sueltos, todos paralelos, cada uno por su lado, aparece un Anselmo Miguel Nieto, que tiene un momento en que con su buena cara de castellano parece que va a encargarse de la gran bandera española. Es cuando pinta su *Hora verde*, cuadro al que nos agarramos entonces como a una tabla de salvación, don Ramón [Valle-Inclán] a la cabeza de los náufra-

[25] Melchor Fernández Almagro: *Vida y literatura de Valle-Inclán*, nueva edición, Madrid, ed. Taurus, 1966, p. 109.

[26] Véase mi *Sociología de una novela rosa*, Madrid, ed. Taurus (Cuadernos Taurus), 1968, p. 40.

gos, porque Nieto era su favorito. Anselmo Miguel era el artista meditativo, dueño de toda la paleta, sin regionalismo, pronto a captar esa hora contemporánea y mundial. [27]

Y Anselmo Miguel Nieto le pintó a Valle un retrato que se ha hecho justamente famoso.

Romero de Torres, Anselmo Miguel Nieto, Valle-Inclán... Una vez más, los datos de la novela se corresponden con los de la realidad y aparecen juntos, en la obra literaria, personajes que también estuvieron unidos en la vida real. Es esto —insisto una vez más— lo que da a *Troteras y danzaderas* esa densidad de obra efectivamente vivida, no puramente imaginaria, Pérez de Ayala, notable dibujante y pintor por afición, [28] no ha querido que quedaran fuera de su novela dos de sus amigos que ocupaban entonces un lugar importante dentro de la pintura española.

IV. ZANCAJO

En medio del conjunto de figurillas que pueblan la novela se habla alguna vez de un tal Zancajo, que no ha atraído —creo— la atención de la crítica. Puedo proponer, sin embargo, una identificación aceptable. Me parece que alude con este nombre Pérez de Ayala a Práxedes Zancada, diputado a Cortes liberal, que en el mes de la novela (diciembre de 1910) representó a Canalejas en el banquete de la juventud liberal. [29] La coincidencia fonética es perfecta, y la adscripción política justificaría el tono irónico. Por otra parte, ya sabemos que la novela refleja el ambiente del Ateneo madrileño, del que Práxedes Zancada era una de las figuras principales. [30] En la sección correspondiente del Ateneo habló Zancada de su libro *Bodas reales*. [31]

[27] Melchor Fernández Almagro: *obra citada*, pp. 91-92.
[28] Véase mi edición —ya citada— de *La pata de la raposa*, nota 230, p. 91.
[29] *ABC*, 5 de diciembre de 1910.
[30] Alberto Insúa: *Memorias. Mi tiempo y yo,* Madrid, ed. Tesoro, 1952, p. 468.
[31] Práxedes Zancada: *Bodas reales. (El matrimonio de don Alfonso XIII)*, Madrid, sin año (¿1906?), pp. 158, 1 lámina.

Así pues, un personaje más se incorpora, con bastantes probabilidades de acierto, a la lista de los identificables. La comedia humana que es la novela se enriquece con una figurilla más: alguien que hoy está totalmente olvidado pero que poseía entonces la suficiente significación intelectual y política como para contribuir a crear el ambiente de la novela.

V. DON SABAS SICILIA

Parte de la crítica ha reconocido en la figura de este ministro, enamorado de Rosina y escéptico contemplador de la realidad española, a don Amós Salvador.

Recordemos que este hombre público fue sobrino de Sagasta, ingeniero de Caminos, y llegó a ser sucesivamente Ministro de Hacienda, Agricultura, Hacienda, Instrucción Pública y Fomento. En 1911, la fecha más cercana a la novela, lo era de Instrucción Pública. En cambio, nunca lo fue de Gracia y Justicia, como el personaje de la novela (p. 71). Pero sí escribió obras sobre este tema, y sobre otros tan variados como la estrategia militar, la perspectiva y la tauromaquia.

En mi rebusca de datos históricos no he encontrado nada que justifique la identificación propuesta. Tampoco he hallado nada, en 1910, que explique la especial actualidad de Amós Salvador en ese momento. Quizás la deficiencia es mía. Pero también, teniendo en cuenta el modo con que se suelen confeccionar las listas de identificaciones, fiándose a veces de un apunte anónimo, que se transmite de crítico en crítico como tradición venerada, me permito expresar mis dudas.

Otro dato concreto que nos podría servir de guía es el del mal camino que siguen los dos hijos del ministro (p. 298). Tampoco he encontrado aquí nada sobre don Amós Salvador. Sí, en cambio, otro testimonio. Hablando de la juventud bulliciosa y despreocupada, cita «Chispero» a «los ya adolescentes chicos de Romanones, o los de Maura, algunos, como Miguel y Antonio, mozos de ruido, siempre en la mecha para intervenir activamente en todo tumulto y escándalo público». [32]

En resumen, me parece probable que, en este caso, Pérez de Ayala no se haya fijado exclusivamente en una persona sino que haya compuesto, por adición de rasgos, una especie de figura simbólica del político español de la época, gran figurón que se tiñe el pelo y busca consuelo a las amarguras de su vida pública en una hermosa mujer. Por eso estimo acertada la opinión de Gonzalo Redondo: «lo mismo sucede con el personaje citado, don Sabas Sicilia. Tanto nos da que Pérez de Ayala quisiera zaherir a un político determinado que a todo lo que Ortega llamaría la 'vieja política'». [33]

A todo esto hay que añadir algo, me parece: a la figura así creada, símbolo y resumen de muchos políticos de la época, Pérez de Ayala ha añadido una carga literaria indudable. Comprobando en su propia carne los efectos contraproducentes de una educación puramente filosófica, es un claro antecedente del protagonista de *Prometeo,* la pequeña obra maestra de Ayala. Por boca de don Sabas Sicilia habla muchas veces su creador y su escepticismo irónico es el mismo del novelista asturiano. Sobre todo: don Sabas sufre realmente, aunque disimule por mundanidad y buena educación. Sigue empleando brillantes paradojas pero —éste me parece un detalle simbólico— ya no se tiñe el pelo. «De viejo verde se había convertido, a la vuelta de unos meses, en anciano» (p. 298). Como los protagonistas de Francisco Ayala, ha llegado ya a apurar *el fondo del vaso.* [34] A ese nivel y con dolor, se ha encontrado a sí mismo. Se ha resquebrajado la máscara del yo social y ha aparecido el yo auténtico. Don Sabas ya no es un personaje ridículo ni antipático, sino absolutamente respetable. El que nació, quizás, como esquema o paradigma de los defectos de un cierto tipo de hombre público se ha convertido en una figura

---

[32] «Chispero»: *obra citada,* p. 162.
[33] Gonzalo Redondo: *Las empresas políticas de Ortega y Gasset,* Madrid, ed. Rialp, 1970, p. 92.
[34] Véase Francisco Ayala: *El fondo del vaso,* Madrid, Alianza Editorial, col. El Libro de Bolsillo, 1970.

humana singular, compleja, imposible de resumir en una fórmula. En ese proceso de humanización y complejidad creciente se ha mostrado, una vez más, la calidad literaria de Pérez de Ayala.

VI. HONDURAS

En los pasillos del circo, charlando de toros con dobles sentidos, aparece Honduras: «un hombre deslavazado, rubicundo, rollizo y muy alto, noble por la cuna y novelista perverso por inclinación» (p. 228). Todos los datos —y el nombre— coinciden perfectamente con los de Hoyos y Vinent.

Pérez de Ayala lo presenta hablando en «tono equívoco». Exactamente el mismo adjetivo le aplica «El Caballero Audaz»: «joven y equívoco novelista». [35]

En la novela, el personaje hace «alarde de desenfado y cinismo» (p. 228). Sabemos que él presumía de «su rareza»: «—Tórtola Valencia... esa mujer sería capaz de redimirme». [36] Y en una nota final, escrita después de la guerra, añade indignado «El Caballero Audaz»: «había empezado por renegar de su sexo y era un esclavo de sus taras sucias y malditas». [37] (Nótese la indignación puritana del periodista en ese momento, quizás para hacer olvidar otras frivolidades de juventud.) Lo mismo, en tono más mesurado, nos confirman las memorias de César González Ruano.

Para molestar a Honduras, uno le replica: «Y tú ¿qué entiendes de eso? Te figuras que por haber escrito cuatro paparruchas imitadas de Lorrain y La Rachilde ya puedes mezclarte en cosas de arte... No, hijo, todavía no» (p. 228).

Los dos nombres franceses, que hoy no dicen nada al lector, tenían entonces un claro significado. No voy a detenerme en quiénes eran estos autores: el lector puede infor-

---

[35] «El Caballero Audaz»: *Galería*, tomo II, Madrid, eds. ECA, 1944, p. 431.
[36] *Ibidem*, p. 436.
[37] *Ibidem*, p. 437.

marse en cualquier manual de literatura francesa. [38] Sí me interesa, en cambio, aludir a su difusión en España. Los dos autores escribieron en *Prometeo*, la revista de Gómez de la Serna en la que también colaboró Hoyos y Vinent. De Lorrain, por ejemplo, apareció *Loreley*. La Rachilde debía estar entonces muy de moda: colabora asiduamente en 1910, se nos da su ficha bio-bibliográfica y publica sus obras *La Pantera, En la corte de Cleopatra hay un tigre real, Parada impía* y *Del demonio de lo absurdo*. La significación de los dos está clara: esteticismo decadentista, provocación, refinamiento sofisticado...

La relación de Hoyos y Vinent con estos dos autores era bien conocida de sus contemporáneos; son los dos primeros que cita «El Caballero Audaz» en la biblioteca de Hoyos, formando parte de «toda una decadencia literaria: Lorrain, Rachilde, Wilde, Bollinat, Baudelaire, Verlaine, Moreas, Sar Josephin, Peladan, Essabac, Bertrand...». [39] Exactamente lo mismo nos confirma César González Ruano: «Antonio de Hoyos vio influida su vida, como su obra, por el decadentismo preciosista francés de Huysmans, de Lorraine, de Rachilde, etcétera». [40]

Una vez más, un detalle aparentemente sin importancia, una réplica suelta se ve confirmada totalmente por los testimonios contemporáneos. El enraizamiento de la novela en la realidad histórica madrileña no se puede reducir a una simple lista de posibles identificaciones.

VII. «LAS PETUNIAS»

A una página de la novela asoman, entre otros artistas de circo, «Las Petunias»: «dos jovencitas, la una delgaducha, alta y tiesa, la otra pequeñuela, acogolladita y muy dengosa, vestidas todo de rojo, la falda hasta el gozne de la rodilla»

---

[38] Por ejemplo, en Bédier y Hazard: *Littérature Française*, Vol. II, Paris, Larousse, 1949, p. 388.

[39] *Obra citada*, p. 431.

[40] César González Ruano: *Memorias. Mi medio siglo se confiesa a medias*, Barcelona, ed. Noguer, 1951, p. 82.

(p. 214). A eso se reduce toda su intervención en la novela. Y, sin embargo, creo que aquí está aludiendo Pérez de Ayala a algo que fue realmente famoso en su tiempo.

Bajo el nombre de «Petunias», creo que se refiere el novelista a las «Camelias»: las hermanas Delgado, Victoria y Anita, una de las cuales llegó a casarse con el maharajá de Kapurtala. La cercanía al ambiente de la novela la advertimos en el hecho de que actuaban en el Kursaal, el mismo teatro de la Fornarina y de Pastora Imperio, [41] posibles modelos de Rosina y Verónica.

Nos informa del episodio, que se hizo legendario, Ramón Gómez de la Serna, en su muy divertida biografía de Valle-Inclán:

Para asistir a las fiestas de la boda del rey Alfonso XIII llegó a Madrid el gran maharajá de Kapurtala y esa noche se fue a ver una función de varietés al Kursaal (...) El maharajá se enamoró de una bailarina, Anita Delgado, que con su hermana componía el número de las Camelias y le escribió una carta que su pudorosa madre puso en manos de Valle-Inclán para que dijese si aquello era serio. [42]

Los escritores de la época se complacen en acumular detalles novelescos —reales o fantásticos, no lo sabemos— sobre el insólito cortejo, declaración y petición de mano.

Lo mismo lo recoge Melchor Fernández Almagro, con esta variante que acentúa el tono esperpéntico de la historia: «Valle-Inclán idea la broma de amañar una carta, que redacta él mismo y firma con el nombre de Anita, declarándole al maharajá el amor que siente por él. La treta tiene un éxito realmente imprevisto...». [43] Lo confirma con muchos detalles Ricardo Baroja. [44]

[41] Alberto Insúa: *obra citada* en nota 30, p. 564.
[42] Ramón Gómez de la Serna: *Don Ramón María del Valle-Inclán*, tercera edición, Madrid, ed. Espasa Calpe (Austral), 1959, p. 86.
[43] Melchor Fernández Almagro: *obra citada* en nota 25, p. 113.
[44] Ricardo Baroja: *Gente del 98*, primera edición, Barcelona, ed. Juventud, 1952, pp. 74-85.

Añadamos, para completar la información, que, al cabo de los años, la romántica historia terminó en divorcio.

Hay episodios que poseen, por su naturaleza, la capacidad de impresionar especialmente las imaginaciones populares. A este grupo pertenece, indudablemente, la historia de Anita Delgado y el maharajá de Kapurtala, nuevo cuento de la Cenicienta vivido en la realidad madrileña de comienzos de siglo. Cuántas modistillas, planchadoras o aspirantes a artistas no soñarían con un destino semejante... Pasados los años, los hombres maduros asegurarían a sus nietos que ellos habían visto actuar, quizás hablado o... con la que llegó a ser soberana oriental. La historia del maharajá y la humilde bailarina madrileña se convirtió en uno de esos mitos populares que recrean nuestra imaginación, que nos hacen soñar, que constituyen la atmósfera (impalpable pero cierta) de una época. Por eso Pérez de Ayala aprovechó un resquicio para incluirla en su obra, al lado de Valle-Inclán y la Fornarina; igual que en la realidad. Por detrás de las dos jovencitas (una delgaducha y otra pequeñuela) se asoma, así, a la novela una historia con la que soñaron los madrileños —y, sobre todo, las madrileñas— como con un cuento oriental hecho realidad delante de sus ojos aburridos.

VIII. Camprodón

Un momento y con evidente desprecio alude Bériz (García Sanchiz) a Camprodón: «Según eso será más bella una quintilla de Camprodón, escrita en un papel de fumar, que un terceto del Dante, miniado en un pergamino» (p. 241).

No se trata aquí de identificar sino todo lo contrario: de no tomar el nombre por un seudónimo y pensar, quizás, en Campoamor. (Yo mismo pensé en eso.)

En realidad, lo que hace el joven modernista es demostrar su desprecio por un típico escritor decimonónico que muy bien podría haber sido Campoamor; pero no hace falta, porque en este caso, Pérez de Ayala nos da su nombre auténtico; don Francisco de Camprodón, nacido en 1816 y muerto en 1870, uno de los creadores de la zarzuela, que, «sin el menor respeto a la sintaxis lograba conmover a los públicos». [45]

El desprecio de los jóvenes escritores por Camprodón puede verse en este juicio de Carrere:

Don Francisco de Camprodón fue un admirable besugo, muy festejado en su época. Nuestras abuelas ya sabían de memoria sus menguados versos [recuérdese que a este carácter alude la novela] y sus tiernos corazones se dolían mucho con los amores desgraciados de Lola y de don Diego. [46]

Y el que condena así es Carrere: es decir, uno de los modelos del poeta modernista Teófilo Pajares.

IX. HERMOSO

Entre los que discuten acerca de la conferencia de Maeztu, en el Ateneo, hay uno —ya lo hemos visto— que destaca por su ecuanimidad, por la justicia con que sabe apreciar los méritos del conferenciante, frente a los críticos puramente destructivos. Su nombre, Hermoso, nos revela que se trata de Bello.

Varias circunstancias le unían a Ayala. En 1910 dirigía la revista *Europa,* en la que colabora desde el primer número «Plotino Cuevas» o Ramón Pérez de Ayala. Dirigía también *Los Lunes de El Imparcial* y, después, la *Revista de Libros,* a los que también estará vinculado el novelista asturiano.

Ayala lo presenta como «un individuo flaco, alto y mal trajeado». En eso coinciden los testimonios contemporáneos. No están tan de acuerdo, en cambio, en verlo (como hace la novela) como «la encarnación austera de la ecuanimidad» (p. 303).

Por ejemplo, Federico García Sanchiz que, como hemos visto, también es personaje de la novela: «largo y pálido,

---

[45] Heliodoro Carpintero en *Diccionario de literatura española,* tercera edición, Madrid, ed. Revista de Occidente, 1964, p. 125.
[46] Emilio Carrere en *Madrid Cómico,* 25 de febrero de 1911.

era como un cirio con relieves. Mas al pronto encendíase, sin aire de resplandecer o iluminarnos a los demás». [47]

De modo parecido lo presenta «Chispero»:

mal trajeado, sucio, titubeante en el andar, malintencionado en la discusión, casi siempre corto de palabras por su cuenta, pero empleando las suficientes para demoler un prestigio o poner en ridículo a un opinante, si que también para hacer alarde de su sólida erudición política, histórica y literaria. [48]

Poco después, Luis Bello publicará un artículo que provocará comentarios sobre «el ideal en nuestra literatura» planteando la dicotomía entre regeneración y forma. [49]

Luis Bello es una figura casi por completo olvidada. (No sé si con justicia.) Pero, además de amigo de Ayala, era conocido polemista y asiduo contertulio en el Ateneo: por eso es perfectamente lógico (y, quizás, históricamente cierto) que participe en los comentarios acerca de una conferencia —la de Maeztu— que a él le debió de interesar muchísimo. Una vez más, el novelista utiliza elementos tomados de su experiencia cotidiana. Si presenta a Bello como prototipo de la ecuanimidad es porque debía de resultarlo, en comparación con los anónimos ateneístas especializados en la maledicencia que también aparecen en la novela; y, en todo caso, era su amigo y compañero de tareas literarias.

X. MUSLERA

En la última escena de la novela aparece Enrique Muslera, «un joven de la mesnada de Ortega. Era anchicorto, de precoz adiposidad y un poco tocado de pedantería» (p. 422). No es difícil reconocer, bajo este nombre, a García Morente.

[47] Federico García Sanchiz: *Tierras, tiempos y vida. Memorias,* vol. I, Madrid, ed. Altamira, 1959, p. 269.
[48] «Chispero»: *obra citada,* p. 140.
[49] En la *Revista de Libros,* n.º II, Madrid, julio de 1913, pp. 39-42.

La ironía crítica de Ayala se ceba en él: «Simulaba expresarse con dificultad en castellano, porque su larga permanencia en Alemania le había hecho olvidar la lengua nativa» (p. 422). La prehistoria de este juicio la tenemos en una carta que Pérez de Ayala escribe poco antes, desde Alemania. Dice entonces:

No voy a Marburgo, naturalmente. ¿Para qué? Pregunto, como el baturro a quien en un buque le preguntaban si no se mareaba. Pero... Marburgo viene a mí. Araquistáin viene a Marburgo. Hace días llegó un Señor Morente. Estos pobres muchachos me dan pena, pero a veces llego a envidiarlos. Me traen al alma memorias de mi niñez cuando salía del Colegio y en la primera comida familiar le preguntaba a mi padre si sabía lo que era una horación [*sic*] primera de activa. [50]

Todavía un detalle más, que no escapa a la perspicacia del escritor asturiano: «lo primero que hizo en llegándose a Alberto, antes de decir palabra, fue mirarle a los pantalones y a las botas y establecer luego un cotejo óptimo con los suyos propios». Y, poco después: «Hablaba Muslera, pero la secreción oratoria no le estorbaba para seguir escudriñando, ora los pantalones y botas de Guzmán, ora los suyos, según andaban» (p. 422). Un gran maestro de los estudios hispánicos, que conoció personalmente a Morente, me ha garantizado que éste tenía el «tic» de observarse la raya de los pantalones. Aparece aquí otra vez el Ayala irónico que vio Valle-Inclán, «con su risa entre buena y mala», o más mala que buena.

XI. Dos Actores

El famoso coloquio estético de Alberto con Verónica tiene un pretexto: él está «traduciendo del inglés un drama para el actor Moreu» (p. 142). Se trata del *Otelo* shakespeariano. Me parece probable que este actor Moreu al que alude sea Morano, que hizo *Hamlet* y del que escribió un comentario

---

[50] Véase mi artículo citado en nota 13, p. 5.

nada caritativo Pérez de Ayala en el libro I de *Las máscaras*: «Yo creo realmente que el señor Morano tiene condiciones para ser un actor estimable, pese a sus deficiencias físicas, si él se propusiera ser un actor estimable». [51]

En la pensión donde vive Alberto, un cómico invoca como modelo de buenas maneras a «Brochero», el célebre actor, hombre de sociedad como todos saben y mi primer director escénico» (p. 321).

Creo posible que Pérez de Ayala se haya inspirado, para esta alusión, en el actor Medrano, que perteneció a la compañía Guerrero-Díaz de Mendoza.

«Chispero» nos informa de que «adquirió fama por lo admirablemente que se asimilaba los aristocráticos modales y aun acentos del duque [de Tamames], su amigo y protector». [52] Y Melchor de Almagro San Martín nos confirma que se le tenía por «muy hombre de mundo» [53] y que a eso debía su fama. Baroja también presenta juntos, delante de Lhardy, al aristócrata y al autor, presumiendo de conquistadores. Y, con su habitual talante, deshincha el tópico: «El duque y el cómico eran insignificantes y sin ningún aire distinguido» (*Memorias*, I, Barcelona, ed. Planeta, 1970, p. 546). Dos ligerísimas alusiones encuentran así, quizás, su pleno sentido como referencia a algo que los contemporáneos conocían de sobra.

XII. Dos Aristócratas

En la parte final de la novela, con motivo del episodio erótico-moralizante de la joven Márgara, que descubre su vocación de prostituta, aparecen las figuras pintorescas de dos aristócratas juerguistas, Celedonio Grajal y Felipe Artaza:

muy conocidos estos dos últimos en el mundillo del libertinaje y de la juerga por el mucho dinero que tenían, por la manera

[51] Ramón Pérez de Ayala: *Las máscaras*, I, en *Obras Completas*, III, Madrid, ed. Aguilar, 1966, pp. 175-186.
[52] «Chispero»: *obra citada*, p. 150.
[53] Melchor de Almagro San Martín: *obra citada*, p. 245.

ostentosa de gastarlo, por la excesiva afición a los placeres báqui-
cos y venusinos, por la heroica resistencia y brío en uno y otro
ejercicio, y, en suma, por sinnúmero de hazañas elegantes e
ingeniosas, tales como arrojar a una mujer cortesana al estanque
del Retiro, apalear a un guardia, hacer añicos los muebles de un
restorán, meterse con el automóvil por el escaparate de una tienda
y reparar luego los daños y perjuicios con jactanciosa largueza
(p. 374).

Recuérdense las figuras algo paralelas —pero vistas con
una lente más desgarradamente crítica— que presenta Valle-
Inclán en su *Ruedo ibérico.*

Pérez de Ayala añade una observación sociológica: «Cons-
tituían dos tipos, o mejor, arquetipos del héroe moderno, a
quien el prosaísmo de la vida contemporánea fuerza y cons-
triñe a emplear el esforzado ánimo en empresas poco lucidas
y muy inferiores a su ímpetu y arrestos» (p. 374). Es la
misma idea que llegará a ser tesis en *La caída de los limones.*

Concluye el narrador:

Con todo, como la plebe propende siempre a admirar el carácter
heroico y encarece sus hechos trocándolos en animada narración
oral, que a veces se alza hasta crear la leyenda, Grajal y Artaza
tenían su gesta heroica y popular que era muy celebrada por
estudiantes, horteras y provincianos en las tertulias de los cafés
(p. 375).

Quedan, así pues, a mitad de camino entre el tradicional
«señorito» y el moderno «playboy».

Por supuesto que no pretendemos que Pérez de Ayala
haya tenido unos modelos concretos para crear estos personajes, pero sí es conveniente recordar que este tipo de
hazañas se daban con cierta frecuencia, [54] que existían figuras semejantes y que su fama entre las clases populares era
grande.

De uno de estos señoritos de la época nos dice «Chispero»: «ganador de todas las excusas por su vivir disoluto
en gracia a su tino al no hacer nunca ʿcosasʾ con olvido de

---

[54] *Ibidem,* pp. 57 y siguientes.

la educación o el buen gusto propios de quien llevaba sangre azul en las venas». [55] Por raro y lejano que esto pueda parecernos, estaba en el aire de la época.

El modelo del segundo podía ser el famoso Pepe Luis Albareda: «buen mozo, corpulento, gracioso y osado, que se 'ponía el mundo por montera' con 'salidas' espectaculares, pero siempre con verdadera gracia y sin hurtar nunca las narices a las consecuencias». [56]

Dejemos el juicio de estos casos —y de los comentaristas que se complacen, muchos años después, evocándolos con mal disimulada nostalgia—. Pérez de Ayala se limita, en este caso, a ser testigo de la realidad. Con gesto indiferente sólo en apariencia, en su novela nos presenta la grande y pequeña historia, las figuras intelectuales junto a los héroes del pueblo, los escritores o filósofos junto a los toreros, señoritos y bailarinas: la vida múltiple, colorista, diversa, del Madrid de comienzos de siglo, permanentemente viva —no historia muerta— en las páginas de una novela gracias al talento del narrador. Un Madrid —repitamos con el gran Monte-Valdés de la obra— «absurdo, brillante y hambriento».

[55] «Chispero»: *obra citada,* p. 150.
[56] *Ibidem,* p. 162. Casos semejantes pueden verse en Melchor de Almagro San Martín, «13 de enero: Madrid juerguista», en *obra citada,* pp. 57 y ss.

3

El ambiente

No se trata sólo de identificar a unos hombres concretos por debajo de los nombres ficticios que llevan los personajes de la novela. Lo más importante, quizás, es la creación (la recreación) de un ambiente: ese conjunto de detalles que forman una atmósfera vital que, por resultarnos conocida, suaviza y hace familiar nuestro choque cotidiano con el mundo. El escaparate de una tienda, la voz ronca de un vendedor de periódicos, el semblante hosco de un portero dispuesto a cerrar el paso a quién sabe qué incógnitos peligros, el bar unido a tantos recuerdos, la cara arrugada del viejecillo que sale todas las tardes a dar un paseíto... Personas a las que, quizás, nunca hemos saludado ni sabemos siquiera su nombre, objetos de notorio mal gusto, lugares sin ningún mérito especial. Y, sin embargo, son ellos los que nos dan la mejor bienvenida, a la vuelta de un viaje, porque están unidos muy hondamente a nuestra vida. No vivimos aislados, ni rodeados de una circunstancia filosófica o sociológica: vivimos inmersos en un ambiente que el paso del tiempo ha hecho personal, entrañable. Como dice Lawrence Durrell, sólo conocemos de verdad la ciudad en la que amamos: «Una ciudad es un mundo cuando amamos a uno de sus habitantes».[1]

[1] Lawrence Durrell: *Justine,* Barcelona, Edhasa (eds. de Bolsillo), 1970, p. 62.

Todo esto ha de aplicarse muy especialmente a la novela: método de conocimiento, indagación de la realidad, aventura imaginativa, testimonio, búsqueda profunda, pero también creación de un ambiente en el que la actuación de los personajes encuentra su sentido.

En el caso de *Troteras y danzaderas* se trata, concretamente, de Madrid, a fines de 1910. Aparecen en la obra, como ya hemos visto, Azorín, Benavente, Valle-Inclán... Ahora nos toca avanzar por otro camino: Las costumbres, las diversiones, las bromas que corren por las calles, los anuncios de los periódicos, el dinero, la «mala vida»... Todo esto constituye el entramado vital que soporta y hace posible (como el aire al vuelo del pájaro) la vida de los personajes. Sin que pueda advertirse ningún prurito documental, la novela se convierte así, verdaderamente, en un trozo de vida (la vieja fórmula naturalista, nunca caducada del todo si la sabemos entender), en un informe sobre la vida cotidiana, en un testimonio histórico y sociológico; en la salvación —empleando el término del joven filósofo Antón Tejero— de un momento vital (personas, costumbres, lugares) ya desaparecido para siempre.

I. EL JUEGO

A la salida del Circo, Angelón y Teófilo acuden al Liceo Artístico a jugar al *baccará* (pp. 254-264). Es la primera experiencia de este tipo del poeta modernista que, por lo tanto, constituye un buen guía para el lector: su perspectiva es la de un hombre que viene desde fuera, un «ingenuo» que hace resaltar, con su asombro, lo artificial de las costumbres establecidas;[2] a la vez, las explicaciones que a él le dan son las mismas que precisa el lector medio. Pérez de Ayala nos hace asistir a la competencia de dos jugadores formidables, Alfonso del Mármol y don Jovino.

---

[2] Véase Mariano Baquero Goyanes: *Perspectivismo y contraste. (De Cadalso a Pérez de Ayala)*, Madrid, ed. Gredos (Campo abierto), 1963.

Aparte del atractivo pintoresco que posee el ambiente, no inventa nada el novelista. Nos lo confirma César González Ruano:

Jugarse, se jugaba en todo Madrid: en los casinos, en los fondos de los cafés, en las más sórdidas e inverosímiles chirlatas, que tenían todos sus viejos chulos y matones profesionales; pero *Maxim's* y el *Ideal Room,* con *Parisiana* en Rosales, yo creo que eran los sitios más elegantes. [3]

Nótese que cita a *Parisiana,* que conocimos en el banquete de homenaje a Maeztu, y al *Ideal Room,* del que luego volveremos a ocuparnos.

La sociedad madrileña se apasionaba por el juego, forma concreta que adoptaba entonces la vieja afición española (nacida de actitudes mentales y causas económicas muy concretas) a tentar la fortuna. Al socaire de esto surgía —como hoy con las quinielas— el negocio calificado de seguro. Por los días de la novela, el *ABC* madrileño publicaba este anuncio:

Para explotar en el Casino de Monte-Carlo una combinación de éxito probado y muy lucrativo (veinte por ciento diario de beneficio), aplicable a la ruleta y 30/40, me asociaré con caballero o señora de distinción que aporten de cinco a diez mil francos.

Fondos manejados por el mismo interesado. Para más detalles, escríbase antes del día 4 de diciembre al Monitor, apartado 234, Barcelona. [4]

Lo más curioso es que da sólo un plazo de dos días (indicio de la confianza en el éxito del anuncio) y que no basta con el dinero sino que ha de proceder de «un caballero o señora de distinción».

El mayor interés novelesco del capítulo se centra en la impasibilidad —verdaderamente admirable— con que Alfonso del Mármol arriesga todo su dinero, fingiendo absoluta indiferencia:

[3] César González Ruano: *Memorias. Mi medio siglo se confiesa a medias,* Barcelona, ed. Noguer, 1951, p. 69.
[4] *ABC,* Madrid, 1 de diciembre de 1910. Sigue saliendo el anuncio el día 2.

—Yo la continúo —tartajeó Mármol, con el cigarro entre los dientes, y en el mismo tono con que le hubiera pedido una cerilla al mozo. Dio dos chupadas sonoras al cigarro; estaba apagado. Extrajo del bolsillo una cerillera de oro y se las arregló de suerte que hubo de encender seis o siete antes de que ardiese una, y entonces chupó con ahínco hasta esfumarse detrás de una nube de humo. Cuando reapareció se le vio que estaba sacándose los puños con aire sosegado y poniendo los brazos en arco, como si ensayase un paso de garrotín. El resto de los jugadores, comidos de impaciencia y de angustia, le asaeteaban con los ojos. Le hubieran dado de golpes; pero no se atrevían a hablar por no descubrir su desazón (p. 261).

Naturalmente que esto es invención del novelista, pero la realidad le ofrecía modelos muy semejantes. «Chispero» nos presenta a un personaje que coincide asombrosamente con lo que cuenta Ayala:

aquel polisárcico don Fausto Guimerá, asfixiado entre sus rollos de carne fofa, que no tenía más placer que el de arruinar su fuerte peculio siendo 'banquero' [igual que Mármol] en el Círculo Militar, en 'Parisiana' [otra vez reaparece el nombre], en 'Actores', en 'Bellas Artes' [modelo del 'Liceo Artístico' donde se desarrolla la escena de la novela]. Su juego favorito era el 'baccarat' [igual que el de Mármol] y allí, hundido en el sillón del banquero, se pasaba horas y horas reponiendo su banca o llevándose en frecuentes rachas afortunadas, hasta 'la caspa' de los pobres puntos, que se indignaban con 'el tío aquél', que ni se estremecía cuando lo perdía todo, ni le daba la menor importancia a las sumas fabulosas que a veces ganaba. ¡Hasta solía dormirse entre 'pase' y 'pase'! [5]

Reflejo de costumbres, por lo tanto, pero también creación literaria: Pérez de Ayala explica aquí el gran atractivo del juego porque «mata el tiempo»; es decir, nos hace perder la conciencia de él. Es la misma tesis que desarrolla en el cuento «Clib», del volumen *El ombligo del mundo*. [6]

---

[5] Víctor Ruiz Albéniz, «Chispero»: *¡Aquel Madrid...! (1900-1914)*, Madrid, Artes Gráficas Municipales, 1944, p. 161.

[6] Ramón Pérez de Ayala: «Clib», en *El ombligo del mundo*, Madrid, ed. Renacimiento, 1924, pp. 173-253.

II. LA SUPERSTICIÓN

La primera parte del libro se titula «Sesostris y Platón». Sesostris es el nombre que el irónico don Sabas ha dado al galápago que posee Rosina y lo presenta como ideal, por no tener epidermis sensible. Como se ve, el tema podría relacionarse fácilmente con el conocido poema de Rubén Darío: «Dichoso el árbol que es apenas sensitivo...!», que Pérez de Ayala glosó ya poéticamente. [7]

En realidad, Sesostris es un faraón legendario cuya figura, creada por los griegos, es el compuesto de la personalidad de dos faraones históricos: Senusret I y Senusret III. Estos dos monarcas de la dinastía XII, que gobernaron hacia los años 2150 a 2061 antes de Jesucristo, fueron dos grandes conquistadores, pero sus campañas no pasaron de los países próximos a Egipto.

En cambio, del Sesostris de los griegos (al que se ha apellidado *el Grande*) se asegura que sus expediciones fueron muchísimo mejores que las de Alejandro Magno: empezó por conquistar Etiopía y siguió luego por toda Asia y parte de la Europa Oriental. Después de nueve años de conquistas, entre otras de territorios tan remotos como la Bactriana y la India, Sesostris volvió cargado de riquezas, que había recogido de los tributos impuestos a los pueblos conquistados, a los que dejó, a cambio, sabias leyes. Luego se dedicó a fomentar la propiedad de su reino, haciendo florecer las artes, las ciencias y la agricultura. Es, por tanto, una figura legendaria por su poder y sabiduría, cuya mención cuadra bien en boca del inteligente (y un poco pedante) don Sabas.

La parte penúltima de la novela se titula (con contraste que refleja bien el de su contenido) «Hermes Trimegisto y Santa Teresa». Este Hermes, como es sabido, es un perso-

---

[7] Comento y hago el cotejo entre los dos poemas en mi citado libro *La novela intelectual de Ramón Pérez de Ayala,* Capítulo II: «Ideas y temas básicos». El poema de Ayala se titula «Canción del hombre macilento» y está en *Obras Completas,* tomo II, Madrid, ed. Aguilar, 1963, p. 243.

naje de existencia problemática que simboliza la ciencia antigua. Se le suele identificar con Teuth, dios lunar egipcio. Se le atribuían muchos descubrimientos como la aritmética, el álgebra, la geometría, la astronomía, el dibujo, los dados, el alfabeto y la escritura. Fundó la ciudad de Hermópolis y fue adorado por los saitas. Por su sabiduría, se le dio el título: tris = tres veces; megistos = el más grande. Se le han atribuido más de treinta mil libros.

Pero todo esto no importa tanto como la utilización concreta que se hace en la novela del nombre de Hermes, como garantía de un oráculo ridículamente infantil:

Amparito leyó: —Pastoral de Balapsis, por mandado de Hermes Trimegisto, a los sacerdotes del gran templo. ¡Sacerdotes tebanos!, ¡Siervos del gran templo de Hecatómpolis!, ¡Vosotros que en la ciudad sagrada de Dióspolis habéis consagrado la vida al servicio del rey de los dioses y de los hombres! ¡Hermes, fiel intérprete de la voluntad de Osiris, saluz y paz os envía! (p. 314).

Pérez de Ayala, desde luego, es maestro al remedar la retórica ingenua.

La boga de Hermes y lo hermético dentro de los ambientes literarios más o menos cercanos al modernismo es un hecho indudable. Por otra parte, la alusión encaja bien en una novela en la que aparece como personaje Valle-Inclán. A propósito de él recuerda Díaz-Plaja que «el nombre de 'literatura hermética' procede de la boga que tuvo en Francia el nombre del fabuloso Hermes Trismegistos, cuyas obras, especialmente la *Tabla de Esmeralda,* fueron traducidas al francés, por Ménard, en 1863». [8]

Lolita y Verónica hacen caso de unos oráculos verdaderamente pueriles. ¿Se tratará de una exageración del novelista? Basta repasar algunos periódicos y revistas del año 1910 para comprobar que no. Recordemos algunos anuncios.

El del Mago Moory's:

Víctimas de la desgracia. El que quiera poseer los secretos del amor, que la mala estrella le deje, ganar en el juego y loterías,

[8] Díaz Plaja: *Las estéticas de Valle-Inclán,* Madrid, ed. Gredos (Biblioteca Románica Hispánica), 1965, p. 100.

destruir o echar un hado, aplastar a sus enemigos, tener suerte, riqueza, salud, belleza y dicha, escriba al Mago MOORY'S, 16 rue de l'Echiquier, París, que envía gratis su curioso librito. [9]

Quizás obtuvo así Lolita su libro maravilloso.

En *Nuevo Mundo* hay anuncios del mago Kendal, de París, al que hay que enviarle «la impresión de vuestro dedo pulgar derecho y la fecha de vuestro nacimiento [a la que también hace mucho caso Lolita (p. 316)], incluyendo dos pesetas en sellos de correos». Lo mismo el profesor Zazra, de Londres:

Moje sus pulgares en tinta, apriételos contra un papel, mándeme el impreso, con la fecha y, si es posible, la hora de su nacimiento; y envíeme sellos de correos por valor de dos pesetas por el importe del mapa que le remitiré. Le daré una planilla de su vida tomada del mapa para demostrar qué perfecta es mi ciencia. [10]

Muy impresionante y de tono «evangélico» es el anuncio del profesor francés G. A. Maun: «Con su poder fenomenal este hombre opera milagros. Los ciegos ven, los paralíticos andan. Los enfermos desahuciados por los médicos son curados por él. No existe enfermedad que no pueda ser curada». [11] Y todo es para mandar, gratis, un libro. También anuncia otro libro gratuito sobre hipnotismo el Doctor X. La Motte Sage. [12]

Por último, varias veces sale el anuncio del profesor Roxroy, de Londres:

¿Puede este hombre leer vuestras vidas? (...). Si el lector desea aprovecharse de la generosa oferta del profesor Roxroy y obtener un estudio gratis de su vida, envíe la fecha, mes y año, de su nacimiento, manifestando sexo y estado y, al propio tiempo, copia de puño y letra del interesado de las siguientes líneas:

[9] *Gedeón*, 3 de abril de 1910. Igual en *ABC*, 8 de diciembre de 1910.
[10] Los dos anuncios en *Nuevo Mundo*, n.º 861, Madrid, 7 de julio de 1910.
[11] *Nuevo Mundo*, 10 de noviembre de 1910.
[12] *Nuevo Mundo*, 17 de noviembre de 1910.

Sé que posees un gran poder
para leer todas las vidas
y yo desearía saber
qué me aconsejarías. [13]

El poemita, desde luego, posee méritos para pasar a una antología de ripios castellanos. Téngase en cuenta que esto es solamente una breve selección, que podría ampliarse muchísimo. Después de leer esto, ¿podemos tachar a Pérez de Ayala de exagerado cuando presenta a una pobre prostituta ignorante creyendo en oráculos? Creo que no, desde luego. Más aún: en comparación con la sociedad que lee —y hace posible el negocio de— estos anuncios, Lolita no es tan exageradamente ignorante.

Otro tema que queda al margen es el de qué pensarán de la sociedad actual los eruditos, dentro de 60 años, cuando lean nuestros periódicos.

Concluyo este apartado: la novela de Pérez de Ayala es verdaderamente realista porque no sólo presenta las cosas y los lugares, sino también las creencias colectivas que constituyen la atmósfera espiritual de una sociedad.

III. ANARQUISMO

Teófilo Pajares discutía de política con un compañero de pensión, Santonja. Una noche, yendo con sus amigos, le llama la atención un alboroto:

Un anarquista había tirado una bomba al pie del monumento erigido en memoria de las víctimas de Morral, y cuando los agentes le iban a los alcances, se había suicidado. Nadie conocía circunstancias más puntuales, sino que el anarquista no había podido huir porque era cojo, y que su cadáver estaba en la Casa de Socorro de la Plaza Mayor (p. 310).

Al verlo, Teófilo le reconoce: era Homobono Santonja. Poco después, la policía detiene a Teófilo por ser compañero de pensión, amigo y probable cómplice del anarquista.

[13] Por ejemplo, en *ABC*, 11 de diciembre de 1910.

El episodio sólo produce la consecuencia de hacer famoso a Teófilo y facilitarle el estreno de su obra teatral. Aparte de esto, es aislado, no tiene nada que ver con la novela y podría no haber sido incluido en ella. ¿Por qué lo fue? Indudablemente, porque el tema del anarquismo estaba en el aire español de la época. [14]

Recuérdese que en 1906 tuvo lugar la boda de Alfonso XIII y la Reina Victoria: la bomba lanzada por Mateo Morral —al que alude la novela— mató a 26 personas e hirió a 107. La cuestión se complica porque parece probado que Morral estaba enamorado de la hermosa Soledad Villafranca, colaboradora y amiga de Ferrer, el del famoso proceso.

En los años 1906-1907, en Barcelona, sobre todo, se desarrolla una verdadera epidemia de atentados. Se solía confundir también al anarquismo con iniciativas particulares, románticas o interesadas, como la de Juan Rull, que aterrorizó a Barcelona hasta que fue ejecutado en agosto de 1908.

En agosto de 1907 se constituyó la Solidaridad Obrera, germen del que surgirá la C.N.T. a fines de 1910, en el momento que relata la novela. Del año anterior es la Semana Trágica, consecuencia indirecta de la Guerra de África. En 1910, Pablo Iglesias es elegido diputado; es la primera vez que el partido socialista introduce a uno de sus miembros en el Parlamento: el primer capítulo de su programa es la revisión del proceso Ferrer. En 1911 en fin, se producirá el asesinato de Canalejas.

Por supuesto que el tema anarquista pasó a la literatura de la época. (Véase el libro de Bécarud y Lapouge antes citado.) Recordemos sólo en nombre de Baroja: *Aurora roja* y *La dama errante*. Por estos años se hizo popular el tema pictórico de los «Últimos momentos de un anarquista condenado a muerte». [15]

---

[14] Para mi breve resumen del tema sigo a Jean Bécarud y Gilles Lapouge: *Anarchistes d'Espagne,* Paris, André Balland, 1970. Véase, también, César Lorenzo: *Les anarchistes espagnoles et le pouvoir,* Paris, eds. du Seuil, 1970.

[15] Melchor Fernández Almagro: *Vida y literatura de Valle-Inclán,* nueva edición, Madrid, ed. Taurus, 1966, p. 108.

Algunos escritores indagaban la raíz de este fenómeno. Así, Luis de Tapia (personaje de esta novela), en su poema «Triste enseñanza» dice:

> No es sólo para mi vista
> anarquista el que se alista
> en el crimen contra todos...
> Se puede ser anarquista
> de mil diferentes modos.

Y señala al que tuerce la ley, al cacique, al mal gobernante, para concluir así:

> Esto es lo que el mal alienta
> porque el pueblo, al fin, se cansa,
> y es preciso darse cuenta
> de que esa anarquía mansa
> engendra la violenta. [16]

Tanta importancia poseía el anarquismo en España que todos los periódicos publican la noticia de que la policía secreta de Nueva York «espera la llegada de Francisco Ilio Escribá, un joven español, de veinte años de edad, natural de Denia (Alicante), el cual, según los informes recibidos, fue elegido en una reunión de la Mafia para ir a los Estados Unidos a desempeñar una importante misión de esa Sociedad de criminales». [17]

El asombro que presenta la novela por el hecho de resultar anarquista alguien a quien conocíamos no era entonces desusado. «Chispero» presenta esta conversación de café como típica de la época: «¿Se acuerda usted, don Felipe, del tipo aquel que solía sentarse en el velador de la esquina y que nadie sabíamos quién era? Pues esta mañana vino la Policía a preguntar por él. ¡Parece ser que es un temible anarquista!...». [18] Lo mismo podrían decir Teófilo o Travesedo, al volver a su pensión.

---

[16] Luis de Tapia: *Coplas,* Madrid, Biblioteca Hispánica, 1914, pp. 45-48.
[17] *La Época,* Madrid, 8 de diciembre de 1910.
[18] «Chispero»: *obra citada,* p. 89.

El error de la policía, tomando a Teófilo por un anarquista, tampoco era raro en aquellos días. La prensa madrileña nos informa de que don Celedonio José de Arpe, redactor jefe de *El Heraldo de Madrid*, fue a saludar a su amigo el Sr. Burell (el ministro que aparece en *Luces de Bohemia*), que salía de casa, y le tomaron por un peligroso anarquista, por lo que cayeron sobre él los agentes. Pronto se disipó el error, naturalmente, igual que en el caso de Teófilo. [19]

El episodio más cercano que he encontrado a lo que narra la novela tuvo lugar en mayo de aquel año: el anarquista José Lorengia Taborelli colocó una bomba y se suicidó, igual que Santonja. Era jorobado; Santonja «estaba desviado de la espina dorsal y era cojo» (p. 69).

Gedeón toma a broma el caso diciendo que se trata de «un simple amateur del anarquismo. Las operaciones por él realizadas no son las de un verdadero profesional. Algo había leído del *Manual del perfecto terrorista*, pero no se lo sabía todo». También nos dice que «el anarquismo actual tiene mucho de gedeónico (...). El último golpe ácrata no ha podido ser más gedeónico en su desarrollo y hasta en sus resultados. Empezando por el aparato infernal y acabando por el suicidio del anarquista, todo ha sido de una candidez extraordinaria». Lo mismo podría aplicarse, quizás, a Santonja, que lanza una bomba a un monumento y se suicida.

En estos casos, la policía actuaba un poco al tuntún, deteniendo a todos los posibles complicados. (Teófilo lo sabe por propia experiencia.) Lo demuestra esta broma de la misma publicación: «Es una verdadera suerte que Gedeón no sea italiano. Porque si Gedeón tuviese un apellido acabado en *ini* o en *elli*, ya estaba a estas horas bajo el poder de Poncio Marsal, detenido como cómplice, o, por lo menos, como inductor y preparador de los atentados». [20]

En este caso concreto, el anarquista vivía en una casa de huéspedes (igual que Santonja) y la policía conocía el

[19] *El Globo*, Madrid, 15 de diciembre de 1910.
[20] *Gedeón*, Madrid, 29 de mayo de 1910.

nombre de los que eran sus compañeros de pupilaje (como Teófilo).

Tantas coincidencias no pueden por menos de hacernos pensar en la posible relación con este suceso. Pérez de Ayala pudo leer la noticia en los periódicos y adaptarla para la estructura de su novela. O quizás no, y es simple coincidencia nacida del «espíritu del tiempo». Para el novelista asturiano, indudablemente, el desdichado Santonja es una prefiguración del drama humano que expresará en su novelita *Prometeo*. Pero, además, este anarquista, que nos causa horror y piedad a un tiempo, es un signo de época, nos está hablando muy claramente de la vida pública española durante unos años muy concretos.

Reflejo histórico, pues, y creación novelesca se funden en la carne de un moribundo:

Sobre una mesa niquelada y agujereada yacía el anarquista, cubierto el cuerpo con una frazada color bermellón. Un hombre le afeitaba el bigote. Céspedes dijo que no había muerto aún ni lo habían identificado. Médicos, practicantes, periodistas y autoridades se apiñaban en torno de la mesa de níquel. Las manipulaciones del barbero impedían descubrir por entero la cara del moribundo (p. 311).

El valor testimonial sobre la España de la época me parece indudable.

IV. CRIMEN PASIONAL

Conchita, la criada de Rosina, es una figura trazada con indudable afecto:

Tenía Conchita la frágil finura de cabos y el voltaje latente de las razas inútiles y de excepción, como los caballos de carrera, que ganan un Derby, y las chulillas matritenses, que hacen un Dos de Mayo pero no pueden arrastrar un camión ni el peso de la vida normal civilizada (p. 76).

Un joven la asedia, hasta que consigue su propósito: «El llanto le duró dos minutos. En una palabra: que había pasado la noche con el novio. Habías de verla. Loca de felicidad. Aseguran que se van a casar...» (p. 235). Pero el novio la engaña, piensa marchar al extranjero. El final de la historia es trágico: ella le mata y se suicida.

«Chispero» nos certifica de la frecuencia de estas historias: «La difusión de la 'crónica negra' de la ciudad (...) contribuyó no poco al imperio del flamenquismo y a la propagación de determinados sucesos, en los que 'los pícaros celos' aparecían con realce magnífico y sugestionante». [21]

Una vez más, hemos visto una historia marginal, que apenas tiene nada que ver con el resto de la obra. Por la abundancia de estos episodios posee la novela el carácter de un amplio fresco colectivo. La historia de Conchita (junto a la de Rosina, la de Verónica...) refleja algunos aspectos de la vivencia del amor en el Madrid de comienzos de siglo.

V.   LA MALA VIDA

La afición del Pérez de Ayala juvenil por los bruscos, casi melodramáticos contrastes se manifiesta, al final de la novela, en el episodio de Márgara, la joven con vocación de prostituta, y la visita que realizan —para su información— un grupo de amigos a las diversas categorías de burdeles madrileños (pp. 373-382).

Algunos de los pormenores que nos da Pérez de Ayala pueden parecer excesivamente «literarios» y tremendistas. El cotejo con una obra científica nos evitará equivocaciones. Por ejemplo, dice el novelista: «todas ellas ostentaban dolorosa estolidez, y apenas si se les descubría atisbos de racionalidad» (p. 381). Este es el tipo de frases que algunos críticos utilizan para censurar a Ayala por indiferencia y crueldad. Pero un informe científico nos dice que existían en Madrid unas diecisiete mil prostitutas clandestinas y afirma que «la mayoría de ellas no podrían ser clasificadas entre los sujetos sanos y normales». [22]

[21] «Chispero»: *obra citada*, p. 279.
[22] Bernaldo de Quirós y Llanas Aguilaniedo: *La mala vida en Madrid*, Madrid, ed. Rodríguez Serra, 1901, p. 244.

La abundancia de establecimientos de diversa categoría se confirma porque «en uno solo de los años últimos se han inscrito en las oficinas de Higiene 127 mancebías más sobre las ya existentes».

Una de las visitas culmina con los «cuadros vivos»:

Hubo necesidad de pagar cinco pesetas por cada una de aquellas siete mujeres (...). Salieron las mujeres y volvieron muy pronto, desnudas. En el centro de la estancia, sobre unas colchonetas que al efecto había introducido la encargada, las siete mujeres, desnudas, comenzaron a hacer simulaciones de amor lésbico y otra porción de nauseabundas monstruosidades. Rosina, Verónica y Márgara, rojas de vergüenza por su propio sexo, se levantaron y salieron, seguidas de los hombres (p. 378).

No inventa aquí tampoco el novelista: «viciosos y curiosos asisten a los llamados 'cuadros vivos', privilegio de algunos establecimientos conocidos, donde hábiles extranjeras o notabilidades nacionales que se van educando, ofrecen espectáculos variados».[23]

Lo más curioso es que esto no es sino una imitación degradada de una diversión propia de las casas aristocráticas:

Por la noche, función de cuadros vivos en casa de Iturbe: 'La gallina ciega', 'La merienda', de Goya. Piedita, muy mona en su precoz adolescencia, representa el retrato de la infanta María Teresa por Velázquez; el joven duque de Huéscar, el papel de su antepasado Conde de Lemos; doña Sol Alba, Isabel Inestrillas, Luis Medinaceli y el chico de Villagonzalo, en 'Las majas al balcón'.[24]

La novela es como un espejo que se pasea a lo largo del camino, según una frase que se hizo famosa. Debe recoger, por tanto, lo alto y lo bajo, lo exquisito y lo repugnante. Así sucede con *Troteras y danzaderas*, que nos lleva de las conferencias en el Ateneo y las discusiones

---

[23] *Ibidem*, p. 295.
[24] Melchor de Almagro San Martín: *Biografía del 1900*, Madrid, ed. Revista de Occidente, 1943, p. 140.

filosóficas a los «cuadros vivos» en las mancebías de categoría ínfima. La novela que nos ocupa es, así, un buen espejo de la vida madrileña de aquellos años en toda su rica variedad.

VI. UN MÚSICO INVÁLIDO

Mientras espera la hora de ir al teatro, para asistir al estreno de la obra de su hijo, doña Juanita se asoma al balcón, junto con Milagritos, la niña misteriosamente seria. Las dos oyen una de esas músicas ingenuas que hacen habitables nuestras ciudades, en la larga melancolía de las tardes lentas. (Una de estas músicas endulzó la agonía de C., en la novela de Maurice Baring.)

«Sentóse en tierra y volvióse a mirar a un hombre, mutilado de entrambas piernas a la altura de medio muslo, que avanzaba sobre los muñones por el medio de la calle, tañendo con singular denuedo un cornetín de pistón». La manera irónica de referirse al instrumento y a la forma de tocarlo no destruye la impresión de melancolía, de absurdo vital, en medio de la espera impaciente y gozosa.

¿Qué viene a hacer aquí este inválido? Nada fundamental para el argumento de la novela, desde luego. Es un detalle —diríamos— enteramente superfluo, que, casi, no viene a cuento. Y, sin embargo, es innegable la impresión de vida auténtica que añade a la novela. Me recuerda este procedimiento a la técnica que suele emplear Baroja, iluminando con su foco —en ocasiones— figuras o hechos absolutamente secundarios que parecen irrumpir en medio de la obra como un soplo de aire fresco. Uno de los secretos de la novela —podría pensarse— es la inclusión de este músico inválido, de estas figuras minúsculas que nada tienen que ver con su tema central.

Ha sido sólo un momento distinto. Sigue cayendo la tarde, con su alegría y su tristeza. «La vieja y la niña permanecieron sentadas y en silencio hasta después de anochecido» (p. 343).

Pero todo esto, tan literario, tiene también una base real. Precisamente en diciembre de 1910 se inicia una campaña contra la mendicidad de la que da cuenta ampliamente, en varios números, *La Época*. El alcalde de Madrid dio un bando prohibiendo pedir limosna en las calles. [25] Y claro está que sólo se prohíbe lo que necesita ser prohibido, lo que se da en la realidad. Dentro de eso, eran muy frecuentes los que tocaban algún instrumento: «los mendigos músicos que durante el día poblaban Madrid de arpegiadas melodías». [26] Algunos tipos singulares eran bien conocidos, famosos entre el pueblo: «El negro Fidel, con sus rifas. El del clarinete y el violín. El de la ocarina»: [27]

Así pues, lo que parece más literario, en la novela, tiene también una base histórica innegable. Y al revés: el puro dato sociológico se hace vida conmovedora en la figura de este músico inválido que aparece un momento en la novela y después se va, tocando «con singular denuedo» su cornetín por las calles de la ciudad.

VII. Nombres moros en broma

La gracia popular de Conchita, la criada de Rosina, pondera así las flores que llenan el camerino de su ama: «Parece que estamos en los jardines del sultán Haz el Primete y Abultadín» (p. 234). El chiste se basa en dar apariencia mora a dos expresiones populares y cómicas: «hacer el primo» y «abultado» = 'gordo':

Se trata de un juego fónico, que parece basado en el trueque de las dos mitades de dos nombres: Abd-el-Krim (que no necesita más comentario) y Abul-Hamed o Hamete.

Sin embargo, los chistes funcionan mucho mejor cuando se apoyan en una atmósfera de sobreentendidos. ¿Existen aquí? Me parece indudable. Quizás se alude al sultán Abd-el-Aziz, que vino a España en noviembre de 1910 y visitó Madrid, cuando ya no era sultán de Marruecos; lo mismo que hizo después, en idénticas circunstancias, su hermano Muley Haffid.

[25] *La Época*, 22 de diciembre de 1910.
[26] «Chispero»: *obra citada*, p. 103.
[27] A. Velasco Zazo: *El Madrid de Alfonso XIII*, Madrid, 1917, p. 127.

Pero, además, la sensibilidad del pueblo madrileño ante el tema árabe debía de estar agudizada, entonces, por la larguísima presencia en Madrid de una comisión de personalidades moras. A lo largo de todo el año 1910, *Madrid Cómico* y *Gedeón* acumulan chistes sobre el tema. En noviembre de 1910, en fin, se firmó un convenio entre Marruecos y España que fue acogido con entusiasmo por la prensa pues asegura «nuestro derecho de influencia civilizadora en Marruecos». El temor acumulado durante años pudo encontrar, así, la válvula de escape del chiste y el pueblo madrileño (Conchita, en este caso) siguió la pauta que le marcaban sus revistas cómicas gastando bromas sobre nombres árabes, convenientemente deformados para suscitar la hilaridad general.

VIII. Algunas compras

El dependiente de una tienda despierta con golpes iracundos en la puerta a Alberto Díaz de Guzmán: su compañero de vivienda, Angelón Ríos, no paga la cuenta de «seis pares de botas y zapatos, horma americana», que ha encargado (p. 126). Este tipo de calzado estaba entonces de moda (p. 69): Un periódico publica el anuncio, con el dibujo correspondiente, de «calzado americano, 10'85 en Romanones 16 y Espoz y Mina 20».[28]

La melindrosa Lolita anuncia a la patrona de su pensión: «Oiga usté, Antonia, no voy a comé na má que una fransesiya con manteca» (p. 280). Esta «francesilla» era una barra pequeña de pan francés, algo típico y de gran éxito popular entre modistillas, oficialas, estudiantes, empleados...: «se empezaba a deglutir ávidamente la onza de chocolate de Matías López con el panecillo 'francés'».[29]

Los apuros económicos no impiden las hazañas amorosas de Angelón Ríos:

De ordinario no pagaba a sus volanderas amantes, y no por tacañería, sino porque no tenía con qué. Cuando estaba en fondos

---

[28] *ABC*, 2 de diciembre de 1910.
[29] «Chispero»: *obra citada*, p. 73.

era muy liberal: conducía a su amiga, la que fuese a la sazón, a uno de esos emporios y comercios de la calle de Atocha, notables por la modicidad del precio de los arreos indumentarios que en ellos se expenden, y allí las proveía de abrigos, faldas de barros, boas, manguitos y otras prendas de ornato, hasta quedar arruinado por unos días (p. 133).

La imaginación de Pérez de Ayala actúa, una vez más, sobre una base auténtica: existían esos comercios y eran muy populares en Madrid. Uno se llama el «Palacio u Hotel de ventas» y anuncia «muebles, camas, tapicerías, cortinajes. Nuevo y usado; completa variedad; precios de liquidación (...). Inmenso surtido a precios de fábrica. Visitad la casa. Atocha 34. Entrada libre». [30]

Otro anuncia géneros más cercanos a los que regalaba Angelón Ríos:

Aviso a las señoras. Gran liquidación de todas las novedades. Confecciones, lanas para trajes, sederías, encajes y adornos con nuevas rebajas. Se saldan todos los géneros. Soportales de Santa Cruz, esquina Atocha. La Gloria. Y añade: «Nota: abrigos de piel a mitad de su valor». [31]

Gracias a estas pieles rebajadas, quizás, pudo obtener alguna vez Angelón el prestigio de un enamorado de generosidad regia.

Como en las novelas de Galdós, su admirado maestro, los comercios y los objetos que en ellos se venden desempeñan también su papel de caracterización del ambiente en *Troteras y danzaderas*.

IX. ROTSCHILD

A una pareja que pretende entrar a su servicio, Monte-Valdés advierte, retórico y honesto: «Me place. Yo no puedo vivir sino rodeado de servidumbre (...). Pero debo advertir que yo soy un hidalgo pobre».

[30] *ABC*, 3 de diciembre de 1910.
[31] *ABC*, 4 de diciembre de 1910.

El albañil le expresa su admiración, con desgarro típicamente madrileño: «Con usté, aunque fuese morir de hambre —afirmó decidido Emeterio—. ¡Mejor que con el Rochil!» (p. 59).

El término de comparación empleado —con pronunciación simplificada— es, por supuesto, el fabuloso barón de Rotschild, figura mítica del multimillonario. No es extraño que un obrero madrileño conociera su nombre y su fama.

Y, sin embargo, existe aquí una circunstancia concreta que contribuye a fechar la referencia. A comienzos de diciembre de 1910 se anuncia en los periódicos madrileños que actuará en el Teatro de la Comedia, los días 13, 14 y 15, la compañía francesa Sarah Bernhardt. Pondrán en escena, entre otras, la obra *La rampe*, del barón de Rotschild, que vendrá a Madrid para asistir al estreno de su comedia». [32]

En definitiva, el famoso millonario no pudo desplazarse por tener que asistir, en París, a un acto familiar: se casaban dos Rotschild. [33] Pero la representación tuvo lugar, con asistencia de la familia real y con notable éxito: «La comedia en conjunto es discreta y, para un multimillonario, desde luego, excelente». [34] (Nótese el admirable sentido del humor de la última parte de la frase.)

El pueblo madrileño, que conocía la fama de Rotschild, debió de soñar con poder verlo en la realidad: ¿Sería un hombre como los demás? ¿Aparecería repartiendo maravillosos regalos, como un príncipe de cuento de hadas? Aunque por fin no viniera, no cabe duda de que Rotschild centró buena parte de las conversaciones y de los sueños de los madrileños humildes, en aquel mes. No es extraño, por lo tanto, que Emeterio lo usara como término de comparación para expresar de manera hiperbólica su afecto por Monte-Valdés, que tan generosamente le había favorecido.

[32] *ABC*, 5 de diciembre de 1910.
[33] *ABC*, 17 de diciembre de 1910.
[34] *ABC*, 16 de diciembre de 1910.

En la obra de Pérez de Ayala, así pues, tienen cabida los mitos populares junto a la forma de los zapatos de moda o las tiendas con rebajas: es una novela realista.

X. DINERO

Junto a los sueños, el dinero. Ya hemos visto antes que un Catedrático de Universidad recién ingresado ganaba tres mil quinientas pesetas al mes. Verónica, como bailarina de variedades, cobra diez duros por noche (p. 282): es decir, mil quinientas pesetas al mes. Una cupletista famosa, en cambio, puede ganar seis veces más que el profesor de filosofía: a Rosina, «el empresario del Teatro del Príncipe le pagaba setecientas pesetas diarias por cantar tres cuplés» (p. 354); es decir, veintiuna mil pesetas al mes en una época en que —lo vimos al hablar de María Guerrero— una butaca del mejor teatro costaba cuatro pesetas y una comida en un restaurante de moda —luego lo veremos— de siete a ocho pesetas. (Quizás Pérez de Ayala exagera un poco en el sueldo de Rosina, para subrayar su rápido éxito.)

En una buena camisería, Teófilo decide, aprovechando el dinero que le ha quitado a Tejero, poner al día su vestuario. Se encarga dos docenas de calcetines, varias corbatas, una docena de calzoncillos y docena y media de camisas. Después va a casa del sastre y elige tres trajes y un gabán: la cuenta de este último asciende a quinientas pesetas (p. 181). Por poco que hoy nos parezca, hay que tener en cuenta que supone más de los ingresos de Teófilo en medio año. No es de extrañar, por lo tanto, que el estado de su ropa interior le cause serias inhibiciones a la hora de sus aventuras eróticas.

A Teófilo le manda su madre de 12 a 15 duros al mes (p. 99). Estos ingresos no son totalmente seguros, sino que alguna vez disminuyen e incluso fallan por completo. A esto hay que añadir el importe —bien menguado, se supone— de alguna colaboración literaria.

En la pensión donde vive, paga Teófilo 15 duros al mes; es decir, 2'50 pesetas diarias (p. 119). No era esto infrecuente, a un nivel modesto. En el *ABC* de aquel mes se anuncian pensiones a tres pesetas en la calle de la Cruz, y a diez reales (exactamente lo mismo que paga Teófilo), con «principio y vino», en Hortaleza y Silva. Lolita, en cambio, paga dos duros diarios a su patrona (p. 281); la diferencia se explica porque su profesión (es prostituta) le permite mayores ingresos a la vez que le obliga a un uso más intenso de la habitación.

Pérez de Ayala nos da muchos datos que poseen innegable interés: el kilo de merluza vale 5 ó 6 pesetas (p. 194). Un aparato ortopédico cuesta 75 pesetas (p. 57). Alberto se gastó en un año de vida bohemia las 15.000 pesetas que pensaba le duraran tres años (p. 127). A Monte-Valdés le pagan cinco duros por un artículo (p. 59); a Teófilo, diez duros por un soneto (p. 172). Los amigos, en fin, visitan tres burdeles de diferente categoría, de cinco duros, un duro y dos pesetas.

Para Teófilo, como para tantos escritores españoles, el teatro supone la consagración popular y también la independencia económica: «Tengo dinero; podremos vivir de mi trabajo» (p. 391). Por eso el poeta modernista siente la tentación de escribir dramas poéticos.

Estos pocos ejemplos bastan —creo— para mostrar, una vez más, cómo la creación literaria de Pérez de Ayala no se mueve por los cielos etéreos sino que está muy anclada en la realidad madrileña de la época.

XI. VARIETÉS Y CIRCO

A propósito de María Guerrero hemos hablado antes del «teatro serio». Junto a él existía otro tipo de espectáculo que apasionaba a los madrileños y que no sería fácil de definir: opereta, cabaret, varietés, music-hall... Se daba en teatros como el Novedades o Royal Kursaal y en el circo de Price. A este tipo de espectáculos alude ampliamente la novela.

El local donde debuta con éxito Verónica es, evidentemente, el Circo Price. Recuérdese que Rosina, al huir con su enamorado Fernando, se cita con él en la esquina de las calles Barquillo y Alcalá (p. 248), muy cerca del local.

«En Pascua de Resurrección, William Parish se hacía cargo del local para desarrollar su clásica inveterada temporada de circo.» [35] *Gedeón* nos confirma que la temporada se iniciaba en abril y se burla del director de la Compañía, Mr. William Parish, por sus levitas, su pintoresca retórica y la manía de añadir haches a su apellido. [36] A este director debió Price su primitivo nombre de Circo Parish.

A fines de 1910 se representaba en Price *La princesa del dollar,* entonces, todavía, con dos eles. A comienzos de noviembre debutó allí «una notable compañía internacional de varietés en la que figura la auténtica princesa rusa Tamará y su hermana Koya». [37] Cada semana había, además, nuevos debuts de artistas.

En diciembre de 1910, Price alternaba estos espectáculos de variedades con reposiciones de obras como *Luis Candelas o el bandido popular,* que incluía un cuadro de arte y baile flamencos, y reposiciones de clásicos como el *Don Álvaro.* No existía, así pues, una rígida separación de géneros teatrales según los locales. Téngase en cuenta también que entonces estaba en plena vigencia la costumbre de estrenar obras «de Pascuas», puramente regocijadas, para un público fácil de complacer. En Price, además, se proyectaban películas de cinematógrafo «traídas de Paris, Berlin, Londres y Viena». El horario comprendía una sesión continua, de nueve y media a diez y media, y la sesión especial, a las once, con todos los números de la compañía internacional.

En la novela, el debut de Rosina centra la atención popular, aunque el éxito máximo acabe correspondiendo a Verónica. Cupletistas y bailarinas, en efecto, representaban la máxima atracción. Un artículo de «Colirón» nos da un amplio panorama de la situación del género.

---

[35] «Chispero»: *obra citada,* p. 193.
[36] *Gedeón,* 24 de abril de 1910.
[37] *El Imparcial,* 1 de diciembre de 1910.

Vive Dios que están de enhorabuena las artistas que cultivan el generito llamado de 'varietés'. Tanto en Madrid como en provincias es el espectáculo favorito de la gente, principalmente de los hombres, los cuales demuestran cada día más su predilección por las gentiles muchachas —las que son gentiles, pues ¡hay cada socia que se las trae!...— que con arte, hasta cierto punto discutible, tratan de arrebatar a los públicos.

Lástima grande que muchas de las chicuelas —exceptuando las 'jamonas', que las hay— no gusten de cambiar de profesión, dadas las desdichadas aptitudes que poseen para conseguir el aplauso de la gente, pues tenemos cada cupletista a la que le está reclamando el fogón a grandes voces, en lugar de salir a escena a malcantar un cuplé sin pizca de gracia, y como movida por un resorte.

De cuantas 'estrellas' de 'varietés' pisan las tablas, merecen únicamente especial mención, según mi humilde modo de pensar, la Goya, Amalia Molina, Pastora Imperio, Consuelo Bello (la Fornarina) y la Argentina.

Concreta luego los méritos de algunas. (Recojo sólo las que más me interesan):

Pastora Imperio es por excelencia una gitanaza arrebatadora, una artista muy grande, que se ha creado un repertorio muy original y muy artístico, que a diario produce indescriptible entusiasmo; bailando está de non.

En cuanto a la Fornarina, modelo indudable —en mi opinión— de Rosina:

La Fornarina es y ha sido desde sus comienzos de cupletista una mujer de tablas afortunadas. Su debut fue un suceso bastante ruidoso [como el de Rosina], y a pasos agigantados consiguió sólida reputación, llegando a ser como la Goya, la artista predilecta del buen público, en el que puede contarse a las señoras inclusive.

Y el posible modelo de Verónica: «La Argentina es otra artista de gran valía, de las que se pueden ver sin temor a presenciar en su trabajo nada que dé lugar a censuras ni a efectos de pésimo gusto». [38]

[38]   *Madrid Cómico*, 17 de octubre de 1912.

El gusto dudoso se daba en estos espectáculos. Recuérdese la copla que cita la novela:

> ¿Cuándo nos veremos, maño,
> como los pies del Señor,
> uno encimica del otro
> y un clavico entre los dos? (p. 219).

Cualquier persona de cierta edad recuerda letras de cuplés más o menos procaces... que hicieron sus delicias, en la juventud. Recordemos sólo, como ejemplo, que en uno de los locales citados en la novela (el Royal Kursaal, del que luego hablaremos) se representaba en diciembre de 1910 una obra con el título *¡Ese hijo de Pura!*

Por eso un crítico sesudo exclama severamente, en la novela: «Estamos en la edad de la sicalipsis, está visto» (p. 354). Esta era palabra de moda en aquel año, desde luego. Su significado se aclarará con algunos ejemplos de su uso: «En el Gran Teatro la verá usted pronto, ligerita de ropa como se estila en Eslava y mandan los cánones de la sicalipsis». [39]

Otra vez se trata del chiste sobre un torero: «—¿Con quién toreas la primera corrida? —Con Malla. —¡Sicalíptico!». [40]

La palabra se extiende hasta los anuncios: «—¿Ursula López, primera figura sicalíptica de la Compañía». Y se escriben poemas jocosos sobre lo sicalíptico. [41]

En un burlesco viaje a Venus, en verso:

> Los sicalípticos se pasean noche y día
> girando entre las faldas de todas las mujeres.

En el templo de Venus,

> hay un rincón oculto
> donde mil sicalípticas se esconden jugueteando.

[39] Juan Rana: «Conversaciones teatrales», en *Madrid Cómico*, 19 de febrero de 1910.
[40] *Madrid Cómico*, 19 de marzo de 1910.
[41] Carlos Miranda: «Lo sicalíptico», en *Madrid Cómico*, 7 de mayo de 1910.

Y también: «Canciones sicalípticas se escuchan por doquiera». [42]

Al final de la novela, Rosina se ha convertido en «una
de las más fulgentes estrellas del género ínfimo, mimada y
disputada por el público europeo» (p. 354). En efecto, las
artistas de varietés (como hoy los cantantes de moda) hacían valer, en su propaganda, los éxitos conseguidos en el
extranjero: «Hoy, martes, debutará la gentil bailarina española Conchita de la Feria, que acaba de hacer una brillante tournée por los principales teatros de París, Londres
y Berlín». [43]

De las varietés —como de todo espectáculo de éxito—
destiñen sobre el lenguaje popular multitud de expresiones.
Hemos visto ya «sicalipsis», que denomina un género y,
según el tono y contexto, puede suponer una condena moral
o una indulgente complacencia. En la novela hay otra alusión curiosa; para ponderar la generosidad de Rosina, su
portera exclama, con desgarro castizo: «Es la princesa del
Caramánchimal, Emeterio». Su cónyuge le responde: «Y
que lo digas, Dionisia» (p. 54). Creo que se refieren a la
Caramanchimay, una artista de variedades que actuó en el
Kursaal y adquirió gran fama. [44] Como sinónimo de 'mujer
estupenda' la menciona un chiste del *Madrid Cómico*:
«—¡Ole las mujeres! ¿Es usted la Caraman-Chimay?». [45]
Emeterio y Dionisia, típicos representantes del casticismo
madrileño, adoptan —deformándolas algo, claro— estas fórmulas redichas.

La función de variedades de la novela acaba con un considerable escándalo. No era extraño que así sucediera, interviniendo Valle-Inclán. En todo caso, los jaleos en los teatros eran bastante frecuentes. Unas veces, por la vejez de
las artistas:

---

[42] «Viaje a Venus», en *Madrid Cómico*, 2 de abril de 1910.
[43] *La Correspondencia de España*, 6 de diciembre de 1910.
[44] «El Caballero Audaz»: *Galería*, II, Madrid, eds. ECA, 1944,
p. 36. La menciona también Baroja: *Memoria*, vol. I, Barcelona,
Planeta, 1970, p. 636.
[45] *Madrid Cómico*, 19 de marzo de 1910.

Se gritó a la bella 'camelo' en todas las regiones y en todos los dialectos españoles (...) Pues, ¿y qué me dice usted de 'la bella Monterde', belleza del siglo pasado, actuando en el xx de lo mismo? ¿Y qué de 'la bella Otero', plantada en los treinta y dos años con una frescura digna de la apetitosa edad que ella se adjudica? ¡Treinta y dos años! ¡Muy bromista! Treinta y dos en cada uno de sus pinreles, querrá decir doña Carolina.[46]

Una causa muy frecuente de escándalo es la que presenta la novela: la incomparecencia de alguno de los artistas anunciados (Rosina, en este caso). Así sucedió en el mes de diciembre de 1910, en el mismo Circo Price:

Ayer, al terminar la función de tarde en el Circo de Price, se produjeron ruidosas protestas por haberse suprimido un número del programa, con motivo de la indisposición de una artista, que, según parece, se hallaba entre el público presenciando el espectáculo. [Rosina también había sido vista en el local]. Muchos de los concurrentes se dirigieron en grupos desde el Circo al Gobierno Civil, donde expusieron su queja ante el Sr. Fernández Latorre, que prometió enterarse de lo ocurrido y resolver en justicia. Ha sido multada la empresa.[47]

El suceso es tan próximo —en fecha y en detalles— que quizás pudo inspirar al novelista.

La susceptibilidad del público era temible: el 23 de noviembre de 1910, en el Teatro Novedades, hubo una carga y varios heridos con motivo de la representación de la zarzuela *Luz en la fábrica*, que los alumnos de Medicina estimaron ofensiva para su profesión. Este incidente dio lugar a la dimisión del Jefe Superior de Policía, señor Méndez Alamis.

En el mismo Teatro Novedades tuvo lugar otro escándalo, en fecha más próxima todavía a la novela:

La causa no fue en esta ocasión el desagrado del público por determinadas alusiones, como ocurrió hace poco. El origen fue, según parece, economías que quiso hacer la empresa en la presen-

---

[46] Juan Rana: «Conversaciones teatrales», en *Madrid Cómico*, 16 de abril de 1910.
[47] *El Imparcial*, 5 de diciembre de 1910.

tación de la obra *Las cantineras*. En esta zarzuela figura una banda militar, que anoche no se oyó, por lo que el público protestó ruidosamente, no cesando el escándalo, aún cuando un actor advirtió que la banda no había llegado a tiempo. Intervino la autoridad y se acordó devolver el dinero al que no estuviese conforme... [48]

Algo muy semejante ocurre en la novela: «La omisión del número Antígona acarreó tan airada protesta, que la policía hubo de intervenir y obligar a la Empresa a devolver el importe de los billetes...» (p. 249). Así concluye la aventura de Travesedo como empresario de variedades.

Nos resta todavía un dato que me parece esencial para demostrar la historicidad de la novela (y también para localizar el momento en que suceden los hechos que relata). Como ya hemos dicho, en noviembre de 1910, debutó en el Circo Price de Madrid «una notable compañía internacional de varietés en la que figura la auténtica princesa rusa Tamará». Pues bien, esta princesa Tamará, con su nombre auténtico, aparece citada en la novela como una de las figuras que acompañarán a Rosina en su debut: «Después, la princesa Tamará. Creo que se presenta casi en pelota...» (p. 245). Bailaba «danzas orientales» (p. 246). Y la condesa Lina, que formaba parte de su compañía, ha pasado a la novela con el nombre —exagerado, para lograr una mayor comicidad— de condesa Beniamina. De las dos tenemos la caricatura hecha por Fresno, bajo el título general «Un rato en el circo Price», que nos demuestra que la actuación artística de la Tamará era —ahora conocemos bien el significado del término— verdaderamente «sicalíptica». [49]

En pocas ocasiones —me parece— la realidad y la novela coinciden tan perfectamente. La explicación adecuada creo que es ésta: para narrar el debut artístico de sus criaturas imaginarias, Rosina y Verónica, Pérez de Ayala lo ha ambientado en medio de la compañía de variedades que actuaba en el Circo de Price a fines de 1910. De esta manera le ha resultado más fácil conseguir la verosimilitud en todos

[48] *La Época*, 12 de diciembre de 1910.
[49] *Madrid Cómico*, n.º 39, 12 de noviembre de 1970, p. 4.

los detalles. A las páginas de la novela han pasado los nombres de dos auténticas artistas de variedades: sin variación uno (la Tamará), ligeramente «estilizado» el otro (la condesa Lina). Y yo pienso en el extraño destino de esta supuesta princesa rusa que lucía su cuerpo delante de los madrileños hace sesenta años: olvidada ya por todos, su nombre permanece —aunque nadie se hubiera fijado en él, hasta ahora— incorporado a una novela; de las páginas polvorientas de las publicaciones de la época, en los cementerios eruditos de las hemerotecas, ha surgido su identificación, la cinta en el pelo con su nombre en grandes mayúsculas, el barroco sostén, la postura provocativa... La siguen rodeando —para siempre, ya con la menguada eternidad de las revistas que nadie lee— sus compañeros de actuación: la muy opulenta Saky; Les Villefleur, un hombre y una mujer sonrientes, en un medallón, con cara de haber salido de algún pueblo levantino; un enano en representación de la troupe «Les Felittos»; y la pobre Lina Namias, intentando disimular con joyas y elegante traje largo el espectáculo perruno de su cara. Pero a todos les domina en la estampa (¿sería así también en el éxito popular?: la referencia de la novela parece atestiguarlo) el gesto insinuante de la Tamará con el estómago al aire, la larga falda semitransparente y todo el cuerpo en violento escorzo, como un signo de interrogación que nos llega del pasado.

Una nota marginal, para concluir este apartado: en la Ciudad Universitaria de Madrid hay un puentecillo por donde antes circulaba el tranvía de la línea Moncloa-Paraninfo y hoy pasean los estudiantes. Las paredes que forman la base del puente suelen estar llenas de anuncios: películas, bailes de juventud... Yendo a mi clase, por los días en que me ocupaba de este tema (febrero o marzo de 1971, supongo) ha distraído mi atención el cartel que anuncia el baile en una sala juvenil de las que hay tantas por Argüelles. El conjunto («pop», «in», ¿qué sé yo?) que actúa se llama *Los Tamara*. Me he acordado de la «princesa rusa» de hace sesenta años y he pensado —como un melancólico caballero de Azorín, como un laberíntico personaje de Borges— en el atractivo misterioso de ciertos nombres, en la vieja comedia que se repite una y otra vez.

XII. EL CINE

Fernando, que protagonizó con Rosina la bella noche de amor de *Tinieblas en las cumbres,* ha ascendido de titiritero ambulante a galán cinematográfico internacional. La historia de amor (nuevamente anudada) de la cupletista y el galán refleja bien el ambiente de una época en que cine y teatro de varietés iban muy unidos, se repartían —ya lo hemos visto— los mismos locales.

Para algunos —F. Roig Bataller, por ejemplo [50]— eso ha producido un gran auge de la vida teatral madrileña. Otros son más pesimistas:

Si nuestros autores no ponen cuidado en reverdecer las flores de su ingenio, el género chico morirá en breve a manos del cinematógrafo. Bien claro se está viendo. Ya comenzó la temporada, ya están abiertos los principales coliseos del género, que arrastran una vida sedentaria, con vacíos en casi todas las secciones, mientras a las puertas de los 'cines' que dan películas solas se agolpa la gente, agotando los billetes para todas las series. [51]

Años después, Pérez de Ayala anunciará alguna vez su propósito de escribir el discurso de ingreso en la Real Academia Española sobre el cine. (Propósito, como tantos otros, que nunca llegó a realizar). En el momento en que escribe *Troteras y danzaderas,* su actitud ante el nuevo arte es todavía muy irónica. Recuérdese que Fernando era un humilde volatinero pero de gran fuerza y belleza.

En París, Fernando había comenzado a cultivar un género nuevo de arte, que quizá fuese el arte del porvenir: un arte mestizo de arte escénico y de acrobatismo, para el cual se requieren condiciones excepcionales; en suma, que se había hecho actor cinematográfico, peliculero, y el famoso Dick Sterling, cuyas muecas,

---

[50] Vid. nota 3 del capítulo anterior, a propósito de la compañía de María Guerrero.
[51] Daniel Valdivia, en *Madrid Cómico,* 6 de octubre de 1912.

desplantes, brincos y fortaleza reía y admiraba el mundo entero, no era otro que el amante de Rosina (p. 355).

Notemos la definición del cine como una especie de títeres para grandes masas, sólo posible en momentos muy iniciales del arte cinematográfico. [52]

¿Quién es este Dick Sterling de que nos habla el novelista? Ante todo, el nombre lo pudo tomar de un actor entonces de moda: Ford Sterling, el hombre de la perilla, descubierto por Mack Sennett.

Pero, más que el nombre, nos interesan las características de su arte. ¿En qué actor está pensando Pérez de Ayala al describir el tipo de actuación característico de Fernando? Un lector actual pensará, probablemente, en Douglas Fairbanks (el padre, por supuesto), famoso por sus condiciones gimnásticas más que por su buen arte. Sin embargo, la hipótesis es imposible: la primera película de Douglas Fairbanks, El tímido, es de 1915.

Puede referirse, quizás, a Max Linder, que triunfa ya desde 1907 con Los comienzos de un patinador: creó el tipo de gentleman con gestos elegantes y vivos. Abona esta posibilidad el extraordinario éxito popular del actor en nuestra patria, atestiguado por «Chispero» [53] y Daniel Valdivia. [54] Hasta Sadoul se hace eco de esa fama: «Después de 1910, Linder emprende giras internacionales. En Barcelona, como en San Petersburgo, las multitudes desenganchan su coche para uncirse las varas, y millares de admiradores lo conducen a su hotel, aplastándolo para aclamarlo». [55] Nótese que se menciona aquí —una vez más— la fecha clave de la novela: 1910.

Quizás, sin embargo, no es posible la identificación concreta, sino que el novelista compuso una figura imaginaria con rasgos tomados de cualquiera de los actores del cine

[52] Sin embargo, en 1910 ya existían películas tan notables como las de Méliès y Griffith.

[53] «Chispero»: obra citada, p. 31.

[54] Vid. nota 51.

[55] Georges Sadoul: Historia del cine: I: la época muda, Buenos Aires, ed. Losange, 1956, p. 129.

mudo, casi todos acróbatas consumados. A la figura así creada le aplicó el nombre de un actor real, Sterling: un nombre que, por no ser muy conocido, no va unido automáticamente a *una* figura concreta, pero sí evoca de modo vago el mundo del cine. A la vez, este apartado nos ha servido para conocer la actitud juvenil de Pérez de Ayala ante ese mundo.

XIII. Dos anécdotas

Uno de los episodios más pintorescos de la novela es aquél en que Angelón Ríos, el amigo de Alberto Díaz de Guzmán, empeña una merluza adquirida de manera «non sancta» y con el importe adquiere alimentos que necesitaba (pp. 193-194). Todo esto tiene el aspecto de ser un episodio puramente imaginario, inventado para hacer resaltar el clima de bohemia en que viven los personajes.

Sin embargo, no es totalmente así. La anécdota de la merluza aparece también en otros textos de la época. (Como siempre, yo he encontrado algunos, pero deben de existir varios más). Por lo tanto, la anécdota puede tener una base histórica. Y, si es un chiste, se trata de uno que circuló en el Madrid de aquellos años.

César González Ruano nos habla de que Villaespesa (posible modelo de uno de los personajes de la novela) empeñó una calavera: unos dicen que era suya; otros, que de un estudiante de Medicina.

Algo parecido nos cuenta Ramón en su biografía de Valle: «Era la hora de las tremendas penurias. Se contaban empeños inverosímiles: el empeño de un dedo en alcohol, *el empeño de un besugo,* el empeño de un amigo durante unas horas». [56] Aunque la clase de pescado haya variado un poco, lo esencial de la anécdota permanece.

En la tertulia literaria del café de la Montaña cita Melchor de Almagro San Martín a «Barinaga, vagamente actor,

---

[56] Ramón Gómez de la Serna: *Don Ramón María del Valle-Inclán*, Madrid, ed. Espasa-Calpe (Austral), 3.ª edición, 1959, p. 35. El subrayado es mío.

vagamente bohemio, de quien se cuenta haber batido el record del empeñismo, consiguiendo que en el Monte de Piedad le pignorasen una merluza cruda». [57] Aquí el pescado coincide perfectamente y, aunque la anécdota aparezca referida al mil novecientos, hay que tener en cuenta que estos libros de recuerdos personales suelen ser bastante vagos en la cronología.

César González Ruano, por último, lo atribuye a otro actor: «también se decía que el actor Manolo Vico había empeñado una merluza». [58] Nótese la insistencia en cierto tipo de fórmulas introductorias («se contaban», «se cuenta», «se decía»...) que garantiza que la anécdota —con base en la realidad o puramente imaginaria— corrió ampliamente por las tertulias madrileñas.

Algo que parece especialmente característico del tono tragicómico de la novela que comentamos es la desgracia de Teófilo, que no se atreve a acostarse con la mujer a la que ama a causa del mal estado de su ropa interior. Parece que nos acercamos, una vez más, a la «risa entre buena y mala» —como escribió Monte-Valdés— del autor asturiano. Y, sin embargo, esta anécdota posee, también, una base histórica.

Lo cuenta así Emilio Carrere en *Madrid Cómico*:

Un día de opulencia [Villaespesa], se encontró con Julio Camba. Villaespesa tenía el aire de un gran señor y llevaba bajo el brazo un formidable envoltorio.

—Acabo de cobrar un libro y me he comprado doce mudas.

—¡Hombre, me alegro mucho! —exclamó Camba—. Tengo una cita galante con una bailarina, con la... —y pronunció uno de esos nombres radiantes, cascabeleros, aromados de voluptuosidad, que desde los carteles teatrales hacen latir violentamente a los corazones de veinte años—. Estaba muy triste por que no podía ir por el estado ruinoso de mis calzoncillos. Pero tú has venido a salvarme. Me darás un par de ellos.

—La cosa es que... verás; calzones no he comprado ninguno.

—Me contraría mucho, pero en fin me darás dos camisetas.

[57] Melchor de Almagro San Martín: *obra citada* en nota 24, p. 95.
[58] César González Ruano: *obra citada* en nota 3, p. 68.

—Tampoco, porque... yo creo que la camiseta es una prenda superflua y no he comprado ninguna.

—Bueno, hombre, bueno. ¡Al menos me darás una camisa!

—Chico, la verdad... No puedo darte una camisa entera...

—¿Eh?

Villaespesa desenvolvió su lío. Las doce mudas se reducían a doce camisolines, o sea doce cuellos y doce pecheras. ¡Oh, prodigio de la fantasía! La hermosa bailarina esperó en vano aquella noche a Julio Camba. [59]

La manera de contar esta conversación, con su climax ascendente, hace pensar en una «manipulación» literaria sobre una base histórica o legendaria. Téngase en cuenta en todo caso que tanto el narrador (Carrere) como uno de los protagonistas (Villaespesa) son los modelos más probables de la figura literaria de Teófilo Pajares, el sujeto realmente paciente de la historia. Esta corría, indudablemente, por los círculos cercanos a Teófilo. Así pues, hasta lo que parece más pura creación literaria de Ayala tiene también su base innegable en el ambiente literario y artístico del Madrid de comienzos de siglo.

XIV. Troteras y danzaderas

Para acabar con el capítulo sobre el ambiente, me parece preciso aludir brevemente al título. No voy —por supuesto— a resolver ninguna cuestión. Me limitaré a recordar algunos de los términos en los que se plantea el problema.

En la última edición del Diccionario de la Academia [60] aparece «trotero», sustantivo masculino antiguo con el significado 'el que lleva el correo'. Más cercanos a la idea de Ayala parecen otras palabras:

—*trotador* = que trota bien o mucho.

—*trotacalles* = persona muy callejera.

Al fondo está, indudablemente, la sugestión de *trotaconventos* = alcahueta, tercera, celestina.

---

[59] Emilio Carrere, en *Madrid Cómico*, 25 de noviembre de 1911.
[60] *Diccionario de la lengua española* de la Real Academia Española, Madrid, decimonovena edición, ed. Espasa-Calpe, 1970.

En el diccionario académico no parece «danzadera» (tampoco en el Arcipreste, no se olvide), que debe de ser formación construida sobre la anterior. Sí aparecen «danzador», «danzante» y «danzarín».

La novela reproducía, como lema inicial, la estrofa 1513 del *Libro de buen amor*:

> Después fise muchas cántigas de dança é troteras
> Para judías, et moras, é para entendederas
> Para en instrumentos de comunales maneras
> El cantar que non sabes, oílo a cantaderas. [61]

La primera edición reproducía la estrofa; a partir de la segunda, sólo se copia el verso que interesa.

La palabra «trotera» aparece otra vez en el *Libro de buen amor* (estrofa 926), sobre lo que no debe decirse a la alcahueta:

> Canpana, taravilla, alcahueta nin porra,
> Xaquima, adalid nin guya nin handora;
> Nunca le digas trotera, aunque por ti corra.
> Creo, si esto guardares, que la vieja te acorra.

En el diccionario de Corominas [62] tampoco aparece «danzadera», pero sí «trotero» como 'mensajero' en Berceo y, en tres ocasiones, en el *Alexandre*:

> En medio de la hueste seía un grant otero,
> Sobió el rey Darío allí con so trotero (764).

> Pagó bien los troteros, embiólos su vía,
> Vedó que non veniessen más con messageria (774)

> Mandó tornar aína a Poro el trotero (2029).

Volviendo a Juan Ruiz, que es lo que nos interesa, en la estrofa 926, Cejador comenta: *trotera* = correo. Nótese que aquí funciona como sustantivo.

---

[61] Cito por la edición de Cejador en Clásicos Castellanos, n.º 17, tomo II, Madrid, ed. Espasa-Calpe, 7.ª edición, 1959, p. 19.
[62] J. Corominas: *Diccionario crítico etimológico de la lengua castellana*, IV.

En cambio, en la estrofa 1513 —la que debe centrar nuestra atención— permanece como adjetivo, según Cejador: «*Cantigas troteras,* como *trotallas,* como quien dice *enbateria*: griegas, marchas, pasacalles».

Pero quizás —siempre según Cejador— pueda entenderse «Cántigas de dança e [de] troteras», con lo que pasaría a ser sustantivo. Recientemente Corominas niega que exista razón para esta última lectura.

La edición de Criado y Naylor [63] no aclara el problema pues, para la estrofa 1513, sigue el manuscrito de Toledo y da: «después fis muchas muchas cántigas de dança e trota», con lo que rompe la rima. (Gayoso da: «de dança e trobas», tachado). Para la estrofa 926 sigue el texto de Salamanca, el mismo de Cejador.

Me parece claro, después de todo esto, que Pérez de Ayala —más o menos consciente del problema: eso ya no lo sé— siguió la posibilidad admitida por Cejador: «cántigas de amor é [de] troteras». Es decir, que interpretó la palabra como un sustantivo. Debió de impulsarle también a ello el que el cuarto veros de la estrofa habla de «cantaderas», animándose así a forjar «danzaderas».

Recordemos que la novela se publicó en 1913. De ese mismo año es la edición de Cejador del *Libro de buen amor,* que Ayala debió de conocer. Recordemos que Cejador, siendo jesuita, fue profesor de Ayala y que éste le retrata con tonos muy favorables en su polémico *A.M.D.G.* Otro indicio nos confirma que el escritor asturiano conocía la edición que hizo su exmaestro y amigo de la obra de Juan Ruiz. Poco después de su aparición, Américo Castro le hizo una crítica muy dura, [64] con el vigor juvenil que ha sido siempre su característica. Unos meses más tarde, Ayala alude [65] a los juicios poco encomiásticos que a veces se dedican a las ediciones de clásicos. Y hubo de contestarle la misma revista con una nota «Acerca de la edición del Arci-

[63] Madrid, Consejo Superior de Investigaciones Científicas, 1965.
[64] En *Revista de Libros,* n.º II, Madrid, julio de 1913, pp. 10-17.
[65] En *Nuevo Mundo,* 1914.

preste», [66] en la que varias opiniones de autoridad confirman el juicio duro de Américo Castro. A mi modo de ver, está claro que el discípulo de Cejador intentó salir en su defensa, pero que carecía del instrumental científico necesario para poder hacerlo.

Recordemos, por último, la opinión de un crítico contemporáneo sobre este título:

El arcaísmo de buen gusto, sacado del Arcipreste de Hita (del que acaba de darnos una nueva edición don Julio Cejador) con que Pérez de Ayala bautiza su libro, designa una zona especial de costumbres: mujeres de teatro o de circo, ninfas más o menos callejeras, son, con escritores y bohemios, los personajes de la novela citada. [67]

Nótese cómo Gómez de Baquero une también la novela con la reciente edición crítica hecha por Cejador.

Teniendo en cuenta todo esto, resulta evidente —a mi entender— que Pérez de Ayala leyó a Juan Ruiz en la edición hecha por su maestro. Quizás a influencia de Cejador se deba el lema y la inspiración para el título de la obra. Que la elección fue afortunada lo demuestra la resonancia popular que este título ha obtenido. Aunque en la novela, desde luego, no sólo se habla de «troteras y danzaderas».

[66] *Revista de Libros,* año II, n.º 8, febrero-marzo 1914, p. 12.
[67] E. Gómez de Baquero en *Los Lunes de El Imparcial,* 31 de marzo de 1915.

4
Los lugares

E L lugar donde vivimos no es el escenario inerte, más o
menos pintoresco, que encuadra nuestra vida sin apenas in-
fluirla. Los lugares se van empapando de sustancia vital,
poco a poco, hasta quedar perfectamente unidos a nosotros.
El paisaje —Azorín lo definió, en castellano— está dentro
de nosotros. Los escenarios —rústicos o urbanos, lo mismo
da— se convierten en «paisajes del alma» y se van incor-
porando a la larga «historia del corazón» que todos atesoramos. Un lugar de apariencia indiferente se humaniza
porque en él sufrimos, esperamos, sentimos angustia o ilusión. Nuestros mejores recuerdos van unidos a lugares muy
concretos —llenos de hermosura o de vulgaridad, poco importa— donde fuimos felices y soñamos un momento el
imposible sueño de que el tiempo se parase. Pero el tiempo
sigue, por supuesto y la simple foto de ese lugar —nueva
magdalena proustiana— puede servir para hacernos revivir
el pasado o, por lo menos, para recordar con nostalgia.

Los personajes de *Troteras y danzaderas* viven en Madrid, a comienzos de siglo. La ciudad representa todo su
horizonte vital: en ella sufren, sueñan, se aburren, parlo-
tean... Mazorral (Maeztu) da su representación triunfal en
el Ateneo. Teófilo pasea con su amada y sufre por ella
en los alrededores del museo del Prado. El grupo de amigos concluyen su noche de juerga en la Bombilla. Rosina

y Fernando se han encontrado por fin, después de años de espera, y quedan citados en la esquina de Alcalá con Barquillo. Angelón Ríos aprovecha, para sus obligados presentes eróticos, las facilidades de las rebajas de la calle de Atocha. Rosina y Verónica debutan en el Circo Price. La obra de don Sixto Díaz Torcaz (Galdós) provoca una cierta decepción al estrenarse en el Teatro Español. Los dramas poéticos se estrenan en el Teatro de los Infantes (de la Princesa). Rosina, ya famosa, vuelve al Teatro del Príncipe. El anarquista suicida es conducido a la casa de socorro de la Plaza Mayor. La gente habla de los escándalos del Parlamento, toma café en la Elipa, almuerza en el Ideal Room y toma una copa en los Burgaleses, después del teatro. Teófilo baja distraído por la calle de las Huertas, cara al Botánico. Valle-Inclán descansa en la iglesia de las Góngoras. Alfonso del Mármol exhibe su impasibilidad jugando al baccará en el Liceo Artístico (el Círculo de Bellas Artes). El calzado de Teófilo viene de las Américas del Rastro. Los coches elegantes pasean por la Red de San Luis y la Castellana. Angelón y Alberto viven en la calle de Fuencarral. Después del teatro, van a una chocolatería. Etcétera.

Contra lo que pudiera parecer, no hay en esto ninguna idealización casticista. Más sencillamente: *Troteras y danzaderas* es una novela de ambiente, tanto como de personajes o ideas. Pérez de Ayala —repito, una vez más— la escribe en Alemania, intentando reflejar las horas de bohemia literaria que ha vivido hace poco. Orea las páginas de la novela el aire de Madrid, que es entonces —todavía— una ciudad habitable, a la medida del hombre, donde los amigos pueden verse varias veces en un solo día y los pobres no han sido confinados a barrios extremos. Sin complacencias localistas propias de viejos nostálgicos, Pérez de Ayala nos da un magnífico retrato de Madrid (mejor dicho: de la vida madrileña) poco antes de la primera guerra mundial.

I. EL ATENEO

Uno de los principales centros alrededor de los cuales gira la vida intelectual y literaria madrileña es el Ateneo. [1] Algunos (Joaquín Costa, por ejemplo) trabajan en la biblioteca. Otros dan conferencias (Maeztu, Pérez de Ayala), las escuchan, discuten de política o literatura en los pasillos, presumen en la cacharrería (García Sanchiz). Para el joven escritor llegado de provincias, la conquista del Ateneo es uno de los primeros objetivos.

Todo esto daba lugar, naturalmente, a frecuentes sátiras. «Academia de oratoria» es el título de este chiste:

—Venía a matricular al chico.
—Usted supone...
—¡Que si supongo! Figúrese que ha dado ya tres conferencias en el Ateneo.
—Pues, entonces hágalo usted Archivero-Bibliotecario o Registrador de la Propiedad. [2]

En 1910, el Presidente del Ateneo era don Segismundo Moret; el Secretario, Enrique de Mesa, el íntimo amigo de Pérez de Ayala, que también tiene algo que ver con esta novela. (Le sucederá, en 1913, Azaña).

En el Ateneo se desarrollaban actividades muy variadas. Por ejemplo, en diciembre de 1910 —el momento que retrata la novela— habló allí don Rafael Urbano sobre «El manual del perfecto enfermo», se celebró el Congreso Africanista (inaugurado el día 12), se hizo una reunión para constituir la Asociación de Amigos del Árbol (el 14) y asistió el Rey al reparto de premios a los alumnos de la Asociación de obreros y empleados de los ferrocarriles de España.

---

[1] Vid. Victoriano García Martí: *El Ateneo de Madrid (1835-1935)*, Madrid, ed. Dossat, 1948. L. Araujo Costa: *Biografía del Ateneo de Madrid*, Madrid, 1949.
[2] «Karikato»: «Academia de oratoria», en *Madrid Cómico*, n.º 2, 26 de febrero de 1910.

Eran destacados ateneístas algunos personajes relacionados con la novela. Se ha mencionado ya a Enrique de Mesa y García Sanchiz. Citemos sólo, a título de ejemplo, dos figuras más.

En el Ateneo estaban frecuentemente los Verdes Montenegro (hemos citado ya a uno a propósito del homenaje a Maeztu y volveremos a hablar de él en relación con la enfermedad de Teófilo):

los dos hermanos, legista el uno, tisiólogo batallador el otro [éste es el relacionado con la novela], y ambos muy locuaces y dispuestos a figurar en cuantos pinitos políticos intentaba el Ateneo como templo de la suprema libertad y guardador de la intangibilidad de los famosos Derechos del Hombre... [3]

En forma irónica, explicable por la mentalidad del autor y por la fecha de publicación de su libro (1944), se alude aquí a una realidad: la tradición liberal del Ateneo.

El año anterior, en 1909, había ocupado el cargo de Secretario Práxedes Zancada, el Zancajo de la novela, que era el secretario político de Canalejas y quizás asistía al Ateneo para tener informado a su jefe: «lleno de tics nerviosos y de humor herpético, poco hablador, pero muy atento a lo que los demás decían, sin duda para verterlo luego a título informativo, en el despacho del ilustre demócrata». [4]

Zancada dio varias conferencias en el Ateneo y atrajo así los dardos de la prensa satírica:

Práxedes Zancada *integró* en el Ateneo su segunda e intensa conferencia acerca del *gesto* de la política inglesa; conferencia que, como todas las de segunda clase del referido centro, *cristalizó* en cincuenta pesetas.

Mi enhorabuena, y adelante con las cincuenta pesetas; digo, con las conferencias. [5]

---

[3] Víctor Ruiz Albéniz, «Chispero»: *¡Aquel Madrid...! (1900-1914)*, Madrid, Artes Gráficas Municipales, 1944, p. 142.

[4] *Ibidem*, p. 140.

[5] Enrique de Ocón: «Zoco literario (Conferencia cacharrera)», en *Madrid Cómico*, n.º 1, 19 de febrero de 1910.

El autor de la novela también frecuentó el centro. Ya en 1905 tomó parte en las tareas de Extensión Universitaria desarrolladas por el Ateneo y dio lectura a sus conferencias sobre «La moral de Maeterlinck» y «La osadía, género literario». [6] Después, fue Secretario de la Sección de Literatura, que presidía la Pardo Bazán. A ello alude doña Emilia en un párrafo de una carta que conserva la familia de Pérez de Ayala.

Como ya dije, Pérez de Ayala está en el Ateneo en diciembre de 1910, la fecha clave de la novela, pues le designan allí para formar parte de una de las comisiones elegidas para constituir la Asociación de Publicistas, promovida por Cristóbal de Castro, de la que formaba parte su amigo Enrique de Mesa. [7]

Creo que puedo aportar un dato desconocido a la historia ateneísta de Pérez de Ayala: muchos años después, en 1946, el Secretario del Ateneo, Eugenio Mediano Flores, le escribió a Buenos Aires (donde entonces vivía el escritor) solicitándole que fuera a Madrid para inaugurar en el Ateneo un ciclo de conferencias titulado nada menos que «La salvación del mundo por el camino del espíritu». (Conserva la carta la familia de Pérez de Ayala). El dato tiene cierto interés como testimonio del deseo de «recuperación» de ciertas figuras culturales y por la grandilocuencia —muy de época— del tema propuesto. Lo más probable es que el escritor solicitara condiciones económicas... o que —de acuerdo con su costumbre— ni siquiera contestara.

La conferencia de Mazorral (Maeztu) y las discusiones a que da lugar constituye el episodio en que el Ateneo aparece más claramente en la novela. Pero, en realidad, de modo patente o no, está al fondo de toda ella, como ágora intelectual y centro de tradición liberal. No podía ser de otra manera en una novela que refleja la vida literaria madrileña de aquella época.

[6] Constantino Suárez, «Españolito»: *Escritores y artistas asturianos*, tomo VI (Letras P-R), edición y adiciones de José María Martínez Cachero, Oviedo, Instituto de Estudios Asturianos, 1957, p. 138.
[7] *La Correspondencia de España*, Madrid, 18 de diciembre de 1910.

II. El Parlamento

Se alude en la novela a la ineficacia del Parlamento: «discutía *in vacuum*, como siempre se hace en aquel lugar» (p. 132). Era éste un tema tan tradicional que pasaba a la literatura costumbrista: «Chispero», por ejemplo, le dedica una estampa de su libro. [8] (Insisto en recordar que la fecha de su publicación —1944— puede explicar el deseo de ridiculizar los excesos de la democracia parlamentaria).

En diciembre de 1910, de hecho, se producían escándalos: el sábado día 17 surgió el conflicto entre tradicionalistas e integristas. Un periódico, al día siguiente, lo relata así: «Rotas las hostilidades, pasó durante un buen rato por el salón de sesiones una verdadera ráfaga de locura; lo que se dijo y lo que se oyó podría muy bien llenar una nueva escena en un nuevo sainete de la casa de Tócame-Roque». [9]

Se discutía entonces la cuestión Lerroux y, sobre todo, la llamada «ley del candado», proyecto para limitar el número de las asociaciones religiosas reconocidas oficialmente y esto desataba la tradicional virulencia con que suelen enfocarse en nuestro país los problemas religiosos. Al novelista no le interesan tanto estos problemas como su reflejo en la conciencia popular, muchas veces reducido a una alusión o una frase suelta que indican suficientemente el ambiente madrileño de la época.

III. Calles

La acción de la novela se centra en las calles del viejo Madrid, especialmente en el barrio que rodea al Ateneo: la calle de las Huertas, cara al Botánico (p. 48): calle muy literaria, donde vivieron Cervantes y Lope. En la primera edición, Teófilo bajaba por la calle de Cervantes, donde está la casa de Lope de Vega, calle vieja y triste. Sale

[8] «Chispero»: *obra citada*, estampa XIV: «¡El escándalo en el Congreso! (El Parlamento y sus figuras)».
[9] *La Correspondencia de España*, Madrid, 18 de diciembre de 1910.

también el Paseo del Prado; la calle del Prado; la Red de San Luis con coches (p. 170); Barquillo; la antigua calle del Turco, hoy Marqués de Cubas, donde asesinaron a Prim; Atocha, con sus comercios baratos (p. 132); la Plaza Mayor; la calle del Horno de la Mata (p. 378); la parroquia de San Martín (p. 398), etcétera.

Después de una noche de juerga, el grupo de amigos decide concluir en la Bombilla, «en casa de Juan» (p. 383). No se distinguen, así, de muchos madrileños que iban a merendar a la Bombilla y, a veces, tomaban allí el trenecito de El Pardo.

Luis de Tapia (el Muro de la novela) nos dice en su poema «El nuevo don Juan» que «sus aventuras más grandes / no pasan de la Bombilla». [10]

Víctor Ruiz Albéniz nos describe así los merenderos de la Bombilla:

todos ellos obedecían a la misma idea y técnica arquitectónica: dos pisos amplios, con salones inacabables, con techumbre y suelos de madera, y las paredes pintadas al temple en añil o caña, y con tal cual alegoría bucólica; y al fondo, el jardín, la plazoleta para bailar al son del manubrio, círculo enarenado rodeado de pequeños cenadores mal cubiertos de plantas trepadoras; y el todo iluminado con un arco voltaico central y unos luminosos a base de farolillos a la veneciana. Total, nada, y sin embargo, aquellos merenderos de la 'Bombi' —la Bombilla, que así se denominaba la original barriada de extrema vanguardia de Madrid por este sector—, ¡a qué derroche de gracia castiza y a cuánta escena de genuina condición chulapona habían servido de escenario! [11]

Dejando aparte la «gracia castiza» y la «genuina condición chulapona», algo así debía de ser la casa de Juan que aparece en la novela: en ella aparecen el entresuelo y el patio, el baile al son del manubrio del organillo, las habitaciones del piso superior, el gabinete del piso bajo y la glorieta polvorienta.

[10] Luis de Tapia: «El nuevo don Juan», en *Coplas,* Madrid, Biblioteca Hispania, 1914, p. 9.
[11] «Chispero»: *obra citada,* p. 78.

La escena se cierra con un paisaje de suburbio que —por el tema y la rapidez descriptiva, a pesar de la abundancia de adjetivos— recuerda a Baroja:

Salieron a la carretera y comenzaron a andar hacia la estación del Norte. Oíase el agrio bramido de cornetas marciales y el tecleteo de algún miserable piano de manubrio. El sol, a rebalgas sobre los altos de la Moncloa, ponía un puyazo de lumbre cruel en los enjutos lomos de la urbe madrileña, de cuyo flanco se vertía, como un hilo de sangre pobre y corrupta, el río Manzanares. [Nótese la rápida transición]. Un tren silbó. En el andén de la estación estaban Sor Cruz y Sor Sacramento (p. 385).

Los poetas humorísticos, en tono popular y forma ripiosa, también nos dan su visión de «los domingos de la Bombilla».

Las primaveras, sencillas
y agradables, como hay Dios,
tiene a bien mandarnos los
domingos de la Bombilla,
cuyo jolgorio gentil
que la blanda brisa orea
nos place y nos recrea
en esta tarde de abril.
Bajo el cielo esplendoroso
del año joven, se agita
una multitud que grita
en conjunto bullicioso,
oleada humana que va
en continuo movimiento,
ya tumultuario, ya lento,
siempre de aquí para allá.
Hierven de gentes las tiendas
y por sus alrededores
vagan los gratos olores
de las sabrosas meriendas
donde circula sin tino
pasando de mano en mano
el símbolo soberano
de la botella de vino
que ilumina los semblantes,
los cerebros arrebata

y que las lenguas desata
de modistas, estudiantes
y de horteras y soldados
que, en grupos mil esparcidos,
devoran, medio tendidos
sobre los fértiles prados.
Como en libertad los potros
los chicos, en su alegría,
arman loca algarabía
y corren unos tras otros
con su alborotada gresca,
el júbilo rebosante,
dando una nota brillante
a escena tan pintoresca
mientras con ritmo ligero
que inspira igual estribillo
el rimbombante organillo
entona un vals callejero
y las palabras de amor
de mozos y de grisetas
atreviéndose discretas
en diálogo encantador.
Alguno, con travesura
que raya en atrevimiento
a su adorado tormento
abraza por la cintura
y, como choque de espadas
de centelleos radiantes,
se cruzan frases amantes,
flores, chistes y miradas.
¡Oh, primavera sencilla
y azul, bendígate Dios,
porque nos envías los
domingos de la Bombilla. [12]

Aunque todo esto no parezca tener mucho que ver con
la novela, creo que nos sirve para conocer un escenario que
en ella aparece y también para comprender mejor que el
grupo de señoritos, en su actitud un poco esnob de «des-

[12] Pedro Barrantes: «Los domingos de la Bombilla», en *Madrid Cómico*, 21 de abril de 1912.

censo al pueblo», acaben sus aventuras galantes en casa de Juan, en la Bombilla.

IV. Círculos, teatros, cafés...

A Verónica y Alberto les traen la comida del Casino (p. 142). Se habla del juego y asistimos a una apasionante lucha de baccará en el Liceo Artístico (pp. 136 y 254): es decir, el Círculo de Bellas Artes.

Se alude por dos veces a los señoritos de la Peña: modelos de última elegancia (p. 70) y asiduos de los estrenos (p. 227). Para comprender lo que significaban, recordemos un chiste que aparece en la portada de una revista satírica: sale el dibujo de un *dandy* muy ridículo, a caballo. Unas señoritas le hacen una foto y él dice: «Diga usted, Conchita, ¿se me conocerá que soy socio de la Peña?». [13] La Peña estaba donde hoy el Banco de Bilbao y en los bajos un local de variedades, «El japonés». [14]

Verónica, al final de la novela, está contratada para un «teatrito» llamado Coliseo Real (p. 416). Ya hemos visto que el sueldo, allí, no es desmesurado. Debe de referirse al «nada recomendable Coliseo Imperial». [15] O quizás al Salón Regio, de parecida categoría. [16]

A Pilarcita, la hermana de Verónica, le ha prometido Angelón «una contrata pingüe en el Royal Kursal» (p. 138). Era un teatro con varietés y obras de la calidad que se supone sabiendo el título de dos: *¡Ese hijo de Pura!* [17] y *El seiscientos seis* (alusión a un famoso método curativo).

Alberto Insúa evoca el ambiente del Kursaal,

que se instalaba por la noche en el frontón de la calle de Tetuán y donde aplaudimos a Consuelo Bello, alias 'La Fornarina', nuestra

---

[13] *Madrid Cómico,* 6 de enero de 1912.
[14] Melchor de Almagro San Martín: *Biografía del 1900,* Madrid, ed. Revista de Occidente, 1943, p. 187.
[15] Así lo llama «Colirón» en *Madrid Cómico,* 19 de mayo de 1912.
[16] A. Velasco Zazo: *Panorama de Madrid: los teatros,* Madrid, ed. Victoriano Suárez, 1948, pp. 172-173.
[17] Estaba en cartel el 11 de diciembre de 1910.

gran 'diseuse', a quien un periodista y autor cómico notorio, José Juan Cadenas, había 'educado' en París, en las universidades del Casino, el Olympia y el Moulin Rouge. [18]

Dice también que otra gran atracción era Pastora Imperio y que bailaron allí las Delgado, las «Camelias».

La disposición del local la conocemos gracias a Ramón Gómez de la Serna: «un frontón de pelota convertido en alegre y luminoso music-hall, donde se tomaba café en la cancha y los artistas bailaban frente a la dura pared del trinquete». [19] Y a Ricardo Baroja, que nos confirma que allí actuaron Pastora Imperio, La Argentina, La Fornarina y Mata-Hari:

En el frontón de jugar a la pelota, cercano a la plaza del mercado del Carmen, por las noches, se colocaba un escenario, se llenaba con filas de butacas media cancha, la otra media convertida en café, con sillas y mesas, y se daba un espectáculo de variedades. El frontón se llamaba por la noche Kursaal. [20]

Un nombre mencionado ocasionalmente porque representa la ilusión artística de una jovencita nos ha vuelto a colocar en pleno centro del ambiente de la novela, con la Fornarina (Rosina), las Camelias (las Petunias), la Argentina (¿Verónica?), Valle-Inclán... Es un mundo muy unitario, en el que unas partes tiran de las otras hasta formar un conjunto ordenado.

Lolita teme a la mala suerte que le puede traer un jorobado que vio en la Elipa (p. 279), el popular café de la esquina de la calle del Turco (Marqués de Cubas) y Alcalá, frecuentado por «Bombita» («Tonete», en la novela), muy cerca del Circo de Price, donde se reúne una tertulia de cómicos. [21]

[18] Alberto Insúa: *Memorias. Mi tiempo y yo,* Madrid, ed. Tesoro, 1952, p. 564.
[19] Ramón Gómez de la Serna: *Don Ramón María del Valle-Inclán,* Madrid, Espasa-Calpe (Austral), 3.ª edición, 1959, p. 86.
[20] Ricardo Baroja: *Gente del 98,* Barcelona, ed. Juventud, 1.ª edición, 1952, p. 74.
[21] «Chispero»: *obra citada,* p. 98.

Amparito celebra su almuerzo de bodas en el Ideal Room (p. 399). Era uno de los cafés de moda, según Melchor de Almagro San Martín:

hemos ido a tomar chocolate al Ideal Room, elegantísimo local recién abierto, con gran lujo de sedas, alfombras, cortinajes, lacayos de libreas y luces veladas de color rosa. ¡No hay duda de que nos vamos europeizando! En París no existe ningún café que pueda parangonarse a éste. Está teniendo gran éxito. Eran pasadas las dos de la mañana y no había medio de encontrar sitio para quienes seguían llegando. [22]

«Chispero» también nos atestigua que se trataba de uno de los principales cafés. [23] (Y, al lado de él, cita a la «Maison Dorée», mencionada en la p. 182 de la novela). Francisco Camba lo describe como un «salón de té al estilo de de Londres, decorado con el gusto lujoso del más puro Luis XV». [24] No cabe duda, después de esto, de que el nuevo café suscitó la admiración de los madrileños: por eso lo incorpora Pérez de Ayala a su novela.

Estaba situado en la plaza de Bilbao, donde luego estará el cine Benavente. [25] (A fines de 1971, se ha convertido en el Teatro Benavente).

Además de café, era restaurante. Este era su anuncio, en la fecha que retrata la novela: «Ideal Room. Brioches del día desde las 8 de la mañana y pasteles desde las 11. Lunchs para bodas. [Como se ve en la novela.] Comidas, platos sueltos y helados a domicilio». [26]

Podemos saber, incluso, lo que tuvo que pagar el novio de Amparito. Esta era la lista de precios en esa fecha:

Restaurant: Almuerzo, 7 pts. Comida, 8 pts.
Grill-Room: Almuerzo, 5 pts. Comida, 6 pts.
Souper froid: 6 pts. [27]

---

[22] Melchor de Almagro San Martín: *obra citada*, p. 254.
[23] «Chispero»: *obra citada*, p. 98.
[24] Francisco Camba: *Cuando la boda del rey*, 2.ª edición, Madrid, eds. Episodios Contemporáneos, 1942, p. 133.
[25] César González Ruano: *Memorias. Mi medio siglo se confiesa a medias*, Barcelona, ed. Noguer, 1951, p. 68.
[26] *ABC*, 2 de diciembre de 1910.
[27] *ABC*, 5 de diciembre de 1910.

Según esto, unas siete pesetas por invitado debió de costar la comida nupcial.

Travesedo y Alberto cenan en Los Italianos, el célebre café (p. 205).

Después del estreno de la obra de Teófilo, un grupo de poetas va con él a celebrarlo al restorán «Los Burgaleses» (p. 359). Este establecimiento era famoso sobre todo por esa especialidad: en Carnaval, «los más ternes y obstinados en la juerga solían abandonar el baile, ya con el sol en los tejados madrileños, para ir a buscar un último sorbo de casticismo en los reservados de 'Los Burgaleses'». [28] También eran famosas sus sopas de ajo que «se despachaban, en gran cantidad, a altas horas de la madrugada, cuando terminaban los bailes o cerraban redacciones de periódicos, salas de juego y los casinos de Madrid». [29] Como se ve, hasta para tomar una copa se elige en la novela el sitio adecuado. El narrador, indudablemente, conocía bien Madrid.

V. UN PUEBLO ASTURIANO

Rosina y Teófilo, Verónica y Alberto, van a pasar el verano a Ciluria (p. 394), un pueblo de Asturias. Fuera de Madrid, el novelista sigue estando en un ambiente que conoce bien. Creo que se trata de Celorio, parroquia de San Salvador de Celorio, municipio de Llanes, provincia de Oviedo. Es un pueblo muy pequeño: según el censo de 1910 (en el momento que retrata la novela) tenía 699 habitantes. La iglesia parroquial data del siglo XI. Los veraneantes piensan salir de pesca; en efecto, está

a la vera del mar, en situación pintoresca, teniendo a sus pies valle feraz con profusión de arbolado y en torno altas cordilleras de una parte y los escarpados de la costa por otra, gozando al propio tiempo de la placidez de pequeñas playas, 'cual un cielo', dice Argaiz interpretando su apelación. [30]

[28] «Chispero»: *obra citada,* pp. 60-61.
[29] *Ibidem,* p. 126.
[30] *Enciclopedia Universal Ilustrada Europeo-Americana,* tomo LIII, Madrid, ed. Espasa-Calpe, 1926, p. 1063.

Lugares: calles, cafés, teatros, círculos. Las vacaciones en un pueblo de Asturias. Como centro intelectual, el Ateneo. Al fondo, la escena política: el Parlamento. Lugares en los que han disfrutado o han sufrido Verónica y Alberto, Rosina y Teófilo. Escenarios para que Mazorral despliegue su elocuencia y Mármol el dominio de sí mismo. Merenderos propicios a las aventuras galantes, en las afueras de Madrid. Cafés de moda. Frontones que se convierten en escenarios donde encandiló Mata-Hari los ojos de los madrileños. Restaurantes abiertos hasta muy tarde, donde es posible buscar la última copa antes de que acabe definitivamente la jornada: ése es el ambiente que constituye una parte tan importante de la novela. Todos esos lugares (ya desaparecidos, en su mayoría, o profundamente alterados) siguen vivos en sus páginas.

5

Teófilo Pajares

ALBERTO Díaz de Guzmán (el propio Pérez de Ayala) ya no es el protagonista de esta novela, como sucedía en las otras tres de la serie. A pesar de que aparece Alberto, el papel principal es desempeñado por Teófilo Pajares, «el Príncipe de los poetas españoles» (p. 48), figura ridícula y conmovedora, a la vez. Don Sabas, el político, «no había leído un solo verso de Teófilo y le importaba un ardite la llamada poesía modernista» (p. 105). Así pues, desde el punto de vista que ahora nos interesa considerar, Teófilo representa las debilidades del poeta modernista.

Es preciso recordar que, hace pocos años, el propio Ayala ha militado en las filas del modernismo o ha sufrido su honda influencia, perceptible en los primeros libros de poemas que escribe. Por otra parte, modernistas (o algo muy cercano, con lo difícil que es establecer precisiones rigurosas en esta materia) son la mayoría de sus amigos escritores.

En 1905, por ejemplo, los modernistas se oponen al homenaje a Echegaray. Entre los que firman el texto de protesta están Azorín (Halconete), Unamuno («el mejor poeta que tenemos y uno de los más grandes que hemos tenido», p. 175), Maeztu (Mazorral), Bello (Hermoso), Tapia (Muro), Villaespesa y Enrique de Mesa (Teófilo), Valle-

Inclán (Monte-Valdés)... [1] Es decir, figuras muy relacionadas, todas ellas, con la novela que nos ocupa.

No se olvide que Pérez de Ayala fue uno de los editores de *Helios* («la revista del modernismo militante»), [2] junto con Juan Ramón Jiménez, Martínez Sierra, Navarro Lamarca y Pedro González Blanco; en concepto de tal escribió a Unamuno, solicitándole colaboración para un número dedicado a Góngora. [3]

Pasados unos pocos años, sin embargo, Pérez de Ayala se distancia del modernismo, crea una figura ridícula —la de Teófilo Pajares— que lo encarna y apunta contra él sus dardos críticos. No es esta evolución, como sabemos, algo exclusivo de Ayala: la mayoría de los grandes poetas españoles de comienzos del siglo XX —Machado, Valle-Inclán, Juan Ramón Jiménez... por citar sólo tres nombres excelsos— la sufrieron de modo semejante. Lo que caracteriza a Pérez de Ayala, dentro de esto, es su especial talento para la sátira literaria y la parodia.

Tampoco en esto anda sólo Ayala. El modernismo ofrecía, indudablemente, perfiles muy propicios para la caricatura. El simple buen gusto se unía al tradicionalismo estético para publicar obras que eran puras diatribas contra el modernismo; por ejemplo, *Tanto va el cántaro a la fuente,* de Suero de Quiñones.

Las revistas satíricas, sobre todo, están llenas de chistes sobre el modernismo. *Madrid Cómico* se burla repetidas veces de Marquina. [4] Pero el que atrae más —por sus excesos— los dardos satíricos es Villaespesa:

Este señor es una de tantas víctimas que ha hecho en España la peste bubónica, traída de Nicaragua por el inculto y ridículo poeta Panchito Merengue. [5]

[1] Melchor Fernández Almagro: *Vida y Literatura de Valle-Inclán,* nueva edición, Madrid, ed. Taurus, 1966, p. 95.

[2] Domingo Paniagua: *Revistas culturales contemporáneas, I (1897-1912). De «Germinal» a «Prometeo»,* Madrid, ed. Punta Europa, 1964, p. 137.

[3] Vid. nota 97 del capítulo I.

[4] Por ejemplo, el 12 de marzo de 1910 (Enrique de Ocón: «Zoco literario») y el 16 de abril del mismo año.

[5] Enrique de Ocón en *Madrid Cómico,* 14 de mayo de 1910.

Villaespesa es un genio. Solamente un genio es capaz de escribir 172 páginas de versos, sin decir nada de substancia ni fundamento, dando vueltas a las palabras ensueño, melancolía, sufrimiento, anhelos de morir y tardes grises y dolientes. [6]

Enrique de Ocón copia fragmentos de «Las niñas grises», de Villaespesa, intercalando comentarios suyos en cursiva, entre paréntesis:

> Caminaban mudas, graves y ojerosas
> (*¿El cortejo caminaban?*)
> con largas y grises hileras iguales
> (*En los dos renglones hay seis adjetivos.*
> *¡Cómo versifican los modernos divos!*). [7]

Tampoco escapa Emilio Carrere al retrato humorístico, por J. Ortiz de Pinedo. [8]

Téngase en cuenta que todas estas pullas se dirigen contra los modelos más probables de Teófilo y que están escritas en 1910, el año que retrata la novela. Muchas de ellas se quedan en un tradicionalismo estético o un purismo gramatical que hoy no nos interesa apenas. Pérez de Ayala hará más profunda y acerba su crítica. Sin embargo, me parece importante recordar que la creación literaria del personaje Teófilo Pajares se produce en un ambiente saturado de bromas anti-modernistas.

Los versos de Teófilo muestran una afición por lo macabro que comparte el modernismo con el 98: [9] habla en ellos de carne pútrida, gusanos, luz de luna, descomposición cadavérica... (p. 48). Es una figura literaturizada, no es natural, cultiva (como Cyrano de Bergerac o como el mismo Valle-Inclán juvenil) «el gesto bello» (p. 62). Es hijo de una mesonera de Valladolid (p. 74) quizás como recuerdo del gran vate decimonónico, Zorrilla. También muestra su

---

[6] *Madrid Cómico,* 4 de junio de 1910.
[7] Enrique de Ocón: «Zoco literario», en *Madrid Cómico,* n.º 1, 19 de febrero de 1910.
[8] *Madrid Cómico,* 19 de noviembre de 1910.
[9] L. S. Granjel: *La generación literaria del 98,* Salamanca, ed. Anaya, p. 136.

herencia romántica en el hecho de citar a Bécquer (p. 77). Al ponerse de pie, hace «cloquear las choquezuelas» (p. 75), como un nuevo Pedro el Cruel. No siente verdaderamente la pintura (p. 74) ni la música (p. 112), pero utiliza a ambas —carácter típicamente modernista— como elemento decorativo, igual que la literatura griega (p. 110). Transfigura con la imaginación su pobreza, igual que Valle-Inclán: cree ir vestido de príncipe ruso (p. 69). Está orgulloso de ser un bohemio, como Carrere y tantos jóvenes de la época: «Desde que apareció 'La Boheme' sobre las tablas del Real, se encendió la fantasía de algunos muchachos, que sueñan en ser Rodolfos y andan a la busca de Mimís». [10] Además de poesías, ha escrito cuentos y novelas cortas (p. 105) e intentará la consagración popular mediante el teatro poético.

Teófilo publica sus versos en *Los Lunes de El Imparcial* (p. 98). Así lo hacían con frecuencia sus posibles modelos: Villaespesa, Carrere, Marquina y Enrique de Mesa.

Antes de que haya pasado un mes de la publicación de su novela, Pérez de Ayala publica un juicio literario que me parece importante recordar ahora:

Por cobardía, por pereza, por lo que sea, fingimos acatar como poesía la palabra inerte cuando rebasa el nivel de la humana mediocridad y adquiere caudal fluencia. Por rubor de tomar la iniciativa consentimos en simular que consideramos como poetas a don Eduardo Marquina o a don Francisco Villaespesa, por ejemplo, y aun aquellos que tienen autoridad bastante para restablecer las jerarquías, cuando de esto se trata, disuelven su opinión anfibológicamente y la reservan para la posteridad a través del epistolario privado. [11]

Debe notarse, a mi modo de ver, lo siguiente:

1) Que es uno de los juicios más cercanos a la fecha de publicación de la novela.

[10] Melchor de Almagro San Martín: *Biografía del 1900*, Madrid, ed. Revista de Occidente, 1943, p. 99.
[11] R. Pérez de Ayala: «Apostillas» en *Los Lunes de El Imparcial*, 10 de marzo de 1913.

2) Que extiende a cierto tipo de poesía las acres censuras que le mereció el drama poético y que son bien conocidas por estar reunidas en el volumen de *Las máscaras*.

3) Que coloca en el mismo plano a Marquina y Villaespesa, en contra de la estimación muy distinta que hoy les otorgan los manuales de historia literaria.

4) Que proclama algo así como el deber moral de denunciar a estos malos poetas.

Todo ello, me parece, enlaza indudablemente con la novela que comentamos y explica en cierta medida la creación del personaje Teófilo Pajares.

I. EL SONETO

La ingenua (casi en el sentido filosófico de la palabra, no en el de aventuras eróticas) Verónica está deslumbrada por el ideal bohemio que canta alguna literatura de la época y se ha aprendido de memoria este soneto:

> Soy poeta embrujado por rosas lujuriosas
> y por el maleficio de la luna espectral.
> Mi carne ha macerado con manos fabulosas
> uno por uno cada pecado capital.
> En el burgués estulto, mis guedejas undosas
> de bohemio suscitan una risa banal;
> más él no advierte, bajo mi mugre, las gloriosas
> armas del caballero ungido de ideal.
> Son mi magnificencia y fasto principescos;
> adoro las manolas y los sueños goyescos;
> toda la España añeja triunfa a través de mí.
> Con ajenjo de luna mi corazón se embriaga,
> y en mi yacija, porque la carne satisfaga,
> sus magnolias me ofrenda la princesa Mimí.

El soneto es de Teófilo Pajares (p. 144) pero Alberto subraya su carácter mostrenco: «Una docena de poetas, por lo menos, conozco yo, que pudieron haber compuesto el soneto que has recitado sin quitarle ni añadirle una tilde». El poema está citado como un repertorio de *topica* frecuentes en la época:

De algunos años a esta parte, querida Verónica, no hay poeta que no esté macerado por los siete pecados capitales, lo cual no impide que si se les moteja de envidiosos se ofendan, y la verdad es que no suelen serlo, porque ¿a quién han de envidiar si cada cual se cree por encima del resto de los mortales? Tampoco tienen muchas ocasiones de darse a la gula, y en cuanto a la avaricia... ¡Ojalá fueran un poco avarientos de tropos y símiles, que tan a tontas y a locas despilfarran! (p. 145).

Retengamos una idea clara: no se trata de identificar a *un* autor, sino de localizar a algunos que pudieron haberlo escrito por coincidir, aproximadamente, con sus motivos fundamentales. Carrere y Villaespesa me parece que llenan perfectamente este papel.

El soneto habla de «poeta *embrujado*» (verso 1). Carrere canta a la «luna embrujada», el «hechizo lunario», [12] «los embrujados rayos de la luna» [13] y se pregunta: «¿Qué bruja, entre las sombras, envenena mi vida?». [14]

Canta el soneto a las «*rosas lujuriosas*» (verso 1) igual que Carrere: «las rosas / de los locos anhelos y los locos placeres / rosas que son cual bocas crueles de mujeres». [15] Emplea también el adjetivo escandaloso: «mi vida inquieta, / lujuriosa y sentimental». [16]

La «*luna* espectral» (verso 2) es, por supuesto, un tema frecuente. Aparte de los ejemplos ya mencionados, citemos, en Carrere, el canto a la «Madrina de los locos, luna de los poetas» [17] y «hoy la luna ha embriagado al loco del jardín». [18]

Una indudable finalidad de provocación posee la referencia a «cada *pecado capital*» (verso 4). Carrere también canta al «dulce pecado mortal»: [19] «Mi alma sedienta de placeres

---

[12] E. Carrere: poema «La pipa», en *Antología poética*, Buenos Aires, ed. Espasa-Calpe (Austral), 1949, p. 33.

[13] Poema «Oración de la bohemia», *ibidem*, p. 47.

[14] Poema «Maleficio», *ibidem*, p. 115.

[15] Poema «La pipa», *ibidem*, p. 34.

[16] Poema «Rima de renunciación», *ibidem*, p. 75.

[17] Poema «Nocturno de verano», *ibidem*, p. 86.

[18] Poema «Pantomima», *ibidem*, p. 117.

[19] Poema «Divagación pintoresca», *ibidem*, p. 49.

/ siente el encanto de pecar». [20] «Los pecados me roen lo mismo que gusanos». [21]

El *burgués* se ríe de las *melenas* del bohemio (verso 5). En Carrere, «ante sus viejos chambergos / y su traza pintoresca / sonríe un burgués...». [22] Reaparece varias veces la melena como signo de rebeldía anticonformista: «flotantes melenas», [23] «la revuelta melena». [24]

El bohemio —figura esencial de la lírica de Carrere, proyección autobiográfica— se considera un «caballero ungido de *ideal*» (verso 8). Carrere cita su «capa ungida de ideal» [25] y se define como «pobre / funámbulo del Ideal», [26] «del Ideal, fiel caballero». [27]

En el soneto (verso 12) «con *ajenjo* de luna mi corazón se *embriaga*». (Nótese la referencia, tan modernista y verlainiana, al ajenjo.) Carrere también afirma: «me embriago de poesía», [28] «y me embriagaré con ellas de amor y de poesía». [29]

La referencia a Mimí que cierra el poema no es tampoco rara en la lírica de Carrere:

> cierran los ojos y sueñan
> con Mimí, cuando el piano
> canta el vals de *la bohemia*. [30]

Un trabajo semejante podríamos hacer con la lírica de Villaespesa. Limitémonos, para no agobiar al lector, a unos pocos temas. «Epatar» con la lujuria es tema central de los sonetos «Lámparas votivas», [31] en los que leemos:

[20] Poema «Canción de juventud», *ibidem*, p. 109.
[21] Poema «Maleficio», *ibidem*, p. 115.
[22] *Ibidem*, p. 38.
[23] Poema «Café de artistas», *ibidem*, p. 37.
[24] Poema «Un bohemio», *ibidem*, p. 42.
[25] Poema «La capa de la bohemia», *ibidem*, p. 28.
[26] *Ibidem*, p. 91.
[27] Poema «Canción de juventud», *ibidem*, p. 109.
[28] Poema «Rima de renunciación», *ibidem*, p. 75.
[29] Poema «La pipa», *ibidem*, p. 33.
[30] Poema «Café de artistas», *ibidem*, p. 37.
[31] Villaespesa: «Lámparas votivas», en *Los Lunes de El Imparcial*, 6 de octubre de 1913.

> la fiera de mi carne está ya ahíta
> y bostezando náuseas se ha dormido.

Y también:

> ¿Aun el rebaño de tus sueños trisca
> en la lujuria de una primavera
> oriental?

En otra ocasión:

> Nuestras flores son sangrientas
> como carnes desgarradas
> a mordiscos lujuriosos. [32]

No faltan —en los sonetos antes citados— las alusiones a las melenas: «Alisa / mi melena un recuerdo». Ni, por supuesto, a las rosas: «Todas las rosas del cariño ausente / deshojo en el jardín, una por una». Con el mismo significado erótico que en el soneto de Teófilo: «las rosas carnales». [33] En general, el tema de «la España añeja» (verso 11) es muy típico de Villaespesa. [34] El canto a la vida bohemia, en cambio, es más característico de Carrere.

A pesar de la fatiga que pueda sentir el lector, nuestra rebusca no ha sido de ningún modo exhaustiva. Podríamos seguir señalando coincidencias, en estos temas básicos, con otras poesías de Carrere o Villaespesa, o de otros autores de la época. No pretendemos, en todo caso, extraer ninguna conclusión segura. Sí nos interesaba mostrar que —como afirma el novelista— los temas del soneto estaban en el ambiente literario de la época. Y que la fusión de elementos tomados de Carrere y de Villaespesa puede muy bien haber sido la base histórica en la que se inspiró Pérez de Ayala para crear la figura del poeta Teófilo Pajares.

---

[32] Villaespesa: poema «Los crepúsculos de sangre», en *Sus mejores poesías,* Barcelona, ed. Bruguera, 1954, p. 32.
[33] Villaespesa: poema «Renacimiento», *ibidem,* p. 13.
[34] Vid. por ejemplo, el poema «Perlas del alba», *ibidem,* p. 13.

II. Villaespesa

Había nacido en 1879, así que en 1910 tiene 31 años. Lo
cita Valle-Inclán en *Luces de bohemia*: «una revista que
murió antes de nacer». MAX: «¿Sería una revista de Paco
Villaespesa?». EL JOVEN: «Yo he sido su secretario».
DON LATINO: «Un gran puesto».

También se burla de él Luis de Tapia, como símbolo de
un tipo literario:

> El gran cortejo de los Rubenes,
> la inmensa turba de Villaespesas,
> con unos cuantos tristes liliales
> y otros peludos, glaucos estetas
> están luciendo miles de honores
> con sus libretos y sus poemas
> y con sus dramas de cinco actos
> y sus jardines de cinco yerbas. [35]

Recuérdese, a este propósito, lo que decía Ayala del odio
de Tapia (Muro, en la novela) a todas las novedades estéticas.

Teófilo Pajares, en realidad, es hijo de Villapadierna (p.
414), nombre parecido y que quizás alude al de Villaespesa.
En 1910 había publicado un libro de versos que fue bien
acogido por la crítica. Luis Bello (el Hermoso de la novela)
comenta que «tiene la intimidad de un dolor personal, como
Dolores, de Balart. Esa intimidad es tan sagrada, tan propia, que en su misma grandeza está el peligro de convertir
en literatura las penas del tálamo roto». [36] Aunque las historias sean distintas, por supuesto, no resulta difícil poner
en relación de alguna manera esto con el truncado idilio de
Rosina y Teófilo.

Villaespesa proclamó que debía la mayoría de sus éxitos
teatrales a María Guerrero y Fernando Díaz de Mendoza
(los mismos que estrenan el drama de Teófilo). Ellos inau-

[35] Luis de Tapia: *Coplas*, Madrid, Biblioteca Hispánica, 1914,
p. 55.
[36] Luis Bello en revista *Europa*, n.º 2, 27 de febrero de 1910.

guran la temporada del Teatro de la Princesa, en diciembre de 1911, con *El alcázar de las perlas,* de Villaespesa. Esta fue su primera obra dramática y su estreno constituyó el mejor recuerdo de la vida de su autor «por el éxito artístico y también porque a partir de ella me liberé de la pobreza».[37] Lo mismo podía decir Teófilo de su drama *A cielo abierto.* Como Teófilo, Villaespesa sufrió pronto un ataque y murió joven.

La cercanía de concepciones entre Carrere y Villaespesa se advierte porque el primero alabó muchísimo el drama poético del segundo *El alcázar de las perlas.*[38]

Al final del drama poético de Teófilo, «Sor Resignación va cogiendo rosas y luego arrojándolas en los arroyuelos del jardín; se queda pensativa viendo aquellos *cadáveres de rosas en féretros de espuma*» (p. 357). La frase en cursiva forma parte del acto primero de *El alcázar de las perlas,* de un fragmento que suele recitarse suelto con el título «Las fuentes de Granada».[39] En la obra teatral, en realidad, existe hipérbaton: «en féretros de espuma cadáveres de rosa».[40] El novelista lo deshizo, obligado por la estructura de la frase que había iniciado. La alusión a Villaespesa (en uno de sus fragmentos más famosos) debía de ser clarísima para el público lector de aquella época. A todo esto hay que sumar los ataques a Villaespesa contenidos en *Las máscaras,* que riman a la perfección con la parodia y crítica del drama poético que realiza la novela.

Así pues, Villaespesa y Teófilo no son figuras absolutamente equivalentes pero sí presentan notables puntos de contacto. Algún detalle concreto de Teófilo (el tema de la «España añeja» y la frase antes citada) está tomado indudablemente de Villaespesa.

---

[37] Entrevista con «El Caballero Audaz» en *Galería, III,* Madrid, eds. ECA, 1946, p. 195.
[38] *Madrid Cómico,* 6 de enero de 1912.
[39] Así lo hace, por ejemplo, Nuria Espert en el reciente disco «El agua en la poesía española», patrocinado por la fundación Rodríguez-Acosta.
[40] P. 62 de su antología citada en nota 32.

III. Carrere

Algo semejante cabría decir de Carrere. Era de Madrid, lo cual está más cerca de Valladolid (Teófilo) que Almería (Villaespesa). Creo, sin embargo, que el lugar de nacimiento de Teófilo se debe a sugestión del de Zorrilla: a Teófilo cabe aplicar perfectamente todo lo que dice Ayala de la superficialidad musical de la poesía de Zorrilla. [41] (Compárese con la p. 360 de la novela.)

El punto de contacto más importante entre Carrere y Teófilo es la defensa de la bohemia literaria. Como dice José María de Cossío, [42] «es inevitable decir que Carrere hizo de la bohemia, una bohemia literaria y convencional, no tan sólo un tema poético, sino todo un estilo vital».

«Caramanchel» nos cuenta una sesión literaria en el Teatro de la Princesa (el mismo de los dramas poéticos) el 29 de diciembre de 1910. (Nótese la gran cercanía con los hechos relatados en la novela):

Todavía quedan en Madrid —aunque en pleno siglo XX parezca mentira— grupitos de muchachos dedicados a la literatura, algunos por vocación y otros por grafomanía, que pretenden hacer de la bohemia algo así como una profesión, siguen tomando por devocionario el libro famoso de Murger, tienen por música predilecta el vals de Puccini, por modelos a Rodolfo y Marcelo, por ídolos a Musette y a Mimí.

Eso es lo que le sucede a Verónica y, en parte, a Teófilo.

En dicho acto, Carrere hizo un elogio apasionado de la bohemia: «casi todos los chistes que el señor Carrere nos decía referíanse a cementerios y cadáveres». Teófilo, como se recordará, poseía los mismos gustos macabros:

había suspirado infinitas veces, en verso, por la muerte, y había descrito con cínica deleitación y nauseabundos detalles la orgía

---

[41] En *Divagaciones literarias,* Madrid, Biblioteca Nueva, 1958, pp. 25-67.

[42] En el prólogo a la antología de Carrere citada en nota 12, p. 11.

que con su carne pútrida habían de celebrar los gusanos, y también el fantasmagórico haz de sus huesos, a la luz de la luna; él, el cantor de la descomposición cadavérica... (pp. 7-8).

Prosigue, implacable. «Caramanchel»: «El público oía la retórica, los chistes macabros y los elogios de la pobreza perezosa en labios del señor Carrere con la mayor indiferencia, como si se tratara de algo de hace mil años». En cambio, aplaudieron mucho a Amadeo Vives y a Baroja —temperamento opuesto al de Carrere— que excomulgaron la bohemia: «Pío Baroja empezó por manifestar sin rodeos su repugnancia hacia la vida bohemia. Aún añadió que no la conoce». [43] El gesto, desde luego, es típicamente barojiano.

Uno de sus libros preferidos —según declara Carrere en una entrevista— es *El encanto de la bohemia*: tuvo tal éxito que le hicieron un banquete de homenaje. [44]

La madre de Teófilo se llama Trallero (p. 324), apellido que quizás recuerda a Carrere. (El apellido del padre ya dijimos que recordaba a Villaespesa.) Teófilo muestra su piedad por las mujeres caídas (p. 106). Igual que Carrere que, en ese mismo año (revista *Prometeo*, n.º 16, 1910) había publicado su «Elogio de las rameras».

Una nota típica del poeta modernista —y de Teófilo, desde luego— es la erudición superficial, la ligereza con que maneja galas culturales que no conoce realmente. Alberto (Ayala) le toma el pelo, por eso:

¿Y qué obras te han ayudado principalmente para darte el espíritu de la época, detalles episódicos y de fondo, etc., etc.? (...) Dí más bien que no te has ayudado de ninguna. Tú no conoces la historia (...) ¿Crees que te vendría mal un baño, aunque sea de asiento, de cultura? (p. 174).

Teófilo no entiende el francés (p. 111) ni sabe nada de la tragedia griega. Compárese la sincera declaración de

[43] «Caramanchel» en *La Correspondencia de España*, 30 de diciembre de 1910.
[44] *Madrid Cómico*, 13 de enero de 1912.

Carrere: «No sé nada de nada. De chico no he podido estudiar». [45]

Carrere no alcanzó, como Villaespesa y Teófilo, grandes éxitos teatrales, pero sí se puede suponer que aspiraba a ellos: «Me gusta el teatro poético a la manera de Valle-Inclán». [46] Defiende en alguna ocasión que los buenos autores escriban para el teatro:

Es preciso asaltar los escenarios, tundir a los histriones, convencer a las empresas. ¡Hay que visitar la taquilla de la Sociedad de Autores, que es un sitio muy agradable! Martínez Sierra y Marquina han roto el fuego; Villaespesa estrenará muy pronto en el Teatro de la Princesa una tragedia en verso, titulada *El alcázar de las perlas*. Y, además, la cultura del público nos lo agradecerá. [47]

Teófilo también escribe buscando el dinero y la gloria, y haciéndose la ilusión de que así contribuye a elevar la cultura del público.

Carrere está plenamente dentro del ambiente de la novela. En una ocasión cita, entre los autores estimables que él defiende, a Villaespesa y Pérez de Ayala. [48] También escribió un poema dedicado a la Fornarina, como luego veremos. La realidad, aquí, parece imitar a la ficción: un modelo de Teófilo escribe versos a Rosina.

Hay algo no muy concreto pero que me parece indudable. En medio de la habitual palabrería de Carrere asoma, en ocasiones, una voz personal que nos conmueve: «lo que más me angustia de la vida es la muerte». [49] «Quedan tres enigmas, tres misterios, que son una sola eternidad: el amor, el dolor y la muerte». [50] También Teófilo deja en ocasiones de resultar un ser ridículo: «Nunca me he sentido más desamparado, empequeñecido e impotente; más inútil para la

[45] Entrevista con «El Caballero Audaz» en *Galería, II*, Madrid, eds. ECA, 1944, p. 378.
[46] *Ibidem*, p. 377.
[47] Carrere en *Madrid Cómico*, 18 de marzo de 1911.
[48] Carrere en *Madrid Cómico*, 1 de septiembre de 1912.
[49] *Obra citada* en nota 45, p. 377.
[50] Carrere en *Madrid Cómico*, 11 de agosto de 1912.

vida, más hombre frustrado que hoy, después de eso que llaman mi triunfo. ¿Lo comprendes tú? Pues tampoco yo lo comprendo» (p. 362). Ennoblecido por el dolor, Teófilo Pajares tiene bastantes rasgos de Carrere. Quizás el acto dedicado a la bohemia en diciembre de 1910 (la misma fecha del discurso de Maeztu y el estreno del drama poético) hizo que Pérez de Ayala se fijase especialmente en un escritor que, por otra parte, estaba unido por múltiples vínculos a todo el ambiente literario que presenta esta narración.

IV. Marquina y el drama poético

Uno de los episodios más interesantes de esta novela (al menos para el profesor y crítico literario) es el relato del estreno del drama poético de Teófilo, *A cielo abierto*. Comentando la obra, Pérez de Ayala realiza la más brillante parodia que conozco del drama poético español, género que supone la versión teatral del modernismo y que obtuvo gran éxito popular en las primeras décadas del siglo. El paralelismo entre la crítica del drama poético que realiza Pérez de Ayala en *Las máscaras* y la parodia que hace en *Troteras y danzaderas* es tan absoluto que hace inútil, a mi entender, el cotejo pormenorizado.

En *Las máscaras*, son las obras de Villaespesa las que atraen los mayores ataques de Pérez de Ayala. En cambio, estoy convencido de que el novelista asturiano tiene en la imaginación, al relatar en la novela el estreno de la obra de Teófilo, un acontecimiento teatral de gran resonancia: el estreno de *En Flandes se ha puesto el sol,* de Eduardo Marquina, que tuvo lugar en el Teatro de la Princesa (el mismo Teatro de los Infantes de la novela) el 18 de diciembre de 1910, once días después de la célebre conferencia de Maeztu en el Ateneo. Asistió a la representación el rey, que felicitó al poeta. Los periódicos proclamaron que se trataba de una noche memorable para el teatro español y multiplicaron las fotografías, reportajes y comentarios sobre el autor y la obra. Quizás sea curioso por lo tanto, reproducir el reparto de este estreno, tal como aparece el día anterior en varios periódicos:

Magdalena Godart	= Sra. Guerrero	
María Berkey	= Srta. Cancio	
Isabel Clara	= Sra. Bárcena	
Paulota Groninga	= Sra. Salvador	
Berta	= Sra. Bueno	
una aldeana	= Sra. Jiménez	
Albertino	= Sra. Blanco	
don Diego Acuña de Carvajal	= Sr. Díaz de Mendoza	
Francisco Valdés	= Sr. Thuillier	
Juan Pablo	= Sr. Palanca	
Mander	= Sr. Juster	
Hans Bol	= Sr. Cirera	
barón Montigny	= Sr. Guerrero	
Martín Frobel	= Sr. Carsi	
don Juan de Bracamonte	= Sr. Martínez Tovar	
don Luis Gaytán	= Sr. Vargas	
Potter	= Sr. Urquijo	
Zapata	= Sr. Giraudier	
Romero	= Sr. Montenegro	
un soldado	= Sr. Giraudier	
pregonero	= Sr. Montenegro	

Además de las dos cabezas de la compañía, nótese la presencia de actores tan destacados como Thuillier y la Bárcena.

El *ABC* nos puede resumir la opinión más común: «En el saloncillo, las opiniones eran unánimes en reconocer que la obra de Marquina anunciaba no sólo una victoria, sino el resurgimiento del teatro clásicamente español». [51] Un juicio tan rotundo no podía por menos de atraer la atención (y la crítica) del joven Ayala.

J. del Busto Solís escribe algo que entonces se hizo lugar común: Marquina y Valle-Inclán (así, unidos) son los creadores del nuevo teatro poético español. [52] El crítico de *La Correspondencia de España*, «Caramanchel», compara tam-

---

[51] *ABC*, 19 de diciembre en *El Globo*, 22 de diciembre de 1910.

[52] J. del Busto Solís en *El Globo*, 22 de diciembre de 1910.

bién la obra al *Cuento de abril* de Valle-Inclán, que ese mismo año se había estrenado con éxito en el Teatro de la Comedia: «Y yo espero que, gracias al triunfo de estos dos poetas admirables —ayer Valle, hoy Marquina— volverán a abrirse para los buenos escritores en verso las puertas del teatro, que en mala hora les fueron cerradas». [53]

Esta unión de Valle y Marquina me parece que es estímulo importante para que Ayala se anime a escribir el episodio correspondiente de la novela. Ya hemos dicho que el novelista asturiano hizo crítica de la obra de Valle, señalando su peculiaridad: «es una comedia poética escrita en verso (...) los versos no son extravagantes». [54] Él mismo, en *Las máscaras*, señalará la cualidad específicamente teatral (que entonces solía negársele) del arte literario de Valle, a la vez que hará críticas feroces del llamado teatro poético.

Me parece claro que Pérez de Ayala quiere marcar las distancias entre el teatro de su amigo Valle y este otro teatro poético (como «bombas fecales» lo define en la novela, con su habitual expresividad) que cultivan, entre otros Marquina y Villaespesa. Por eso presenta en la novela a Monte-Valdés (Valle-Inclán) haciendo una crítica inmisericorde de la obra de Teófilo (pp. 349-350), para señalar el contraste entre dos concepciones estéticas muy diferentes. En definitiva, Pérez de Ayala nos quiere indicar el abismo que existe entre la profunda poesía de las obras de Valle y la moda superficial y pasajera del teatro escrito en verso.

La capacidad satírica de Pérez de Ayala brilla especialmente al señalar como uno de los recursos de la obra de Teófilo que mayor entusiasmo despertaron en el público el de las series monorrimas:

La primera estrofa de la balada tenía el consonante en -*ía*:

> Tras de tu airón yo me iría
> tras tu canto —hechicería
> que trueca la noche en día,

[53] «Caramanchel» en *La Correspondencia de España,* 19 de diciembre de 1912.
[54] R. Pérez de Ayala en revista *Europa,* n.º 6, 27 de marzo de 1910.

> y la sombra en armonía,
> y el desierto en lozanía
> de rosas de Alejandría.
> Tras de tu airón yo me iría,
> trovador del alma mía,
> cisne del ala bravía..., etc., etc.

y nunca se concluía. Este agudo artificio poético, semejante, salvando diferencias de naturaleza, al del clown que se despoja sucesivamente de innumerables chalecos, o al del prestidigitador que extrae del buche kilómetros y kilómetros de multicolores cintas (...) este sorprendente artificio, decimos, deleitó por extremo al público: El deleite, a cada nuevo *ía* se acrecentaba, hasta trocarse en verdadera angustia, aunque sabrosa (...).

La segunda estrofa aconsonantaba en *on,* y era la misma canción:

> Me iría tras de tu airón
> tras de tu canto-anunciación,
> que encinta la creación,
> con luz viva de ilusión..., etc., etc.

La tercera estrofa tenía el consonante en *aba* y nunca se acababa (pp. 347-348).

Frente al entusiasmo popular, el rotundo Monte-Valdés (Valle-Inclán) declaraba que «aquella famosa balada de los *ías, ones,* y *abas* hacía pensar en un borrico dando vueltas a una noria» (p. 349).

¿Será todo esto pura invención malévola de Pérez de Ayala? Veámoslo. Al día siguiente del estreno de *En Flandes se ha puesto el sol,* algún periódico destacaba, en su primera página, la parte que provocó más entusiasmo, al oír a María Guerrero, «siendo interrumpida la relación con un aplauso estruendoso, al final de cada escena».[55] Se trata de los fragmentos que han seguido siendo más populares, a lo largo de los años. En ellos hay tiradas de versos que parecen el modelo inspirador de la broma de Pérez de Ayala. Veamos algunos ejemplos:

[55] *La Correspondencia de España,* 19 de diciembre de 1910, p. 1.

Rimas en -*ia*:

> si fuera de empresa mía,
> si mi honor no se oponía,
> si diera a mi fantasía
> rienda suelta en este día,
> ya que partes, capitán,
> ¡contigo me partiría
> y a la grupa montaría
> de tu caballo alazán! [56]

Rimas en -*ada*:

> No me escuchaste, cuitada,
> y allá va la cabalgada,
> lanza en puño en rienda holgada,
> detrás de su capitán.
> ¡Clávame, dueño, tu espada
> del revuelto gavilán
> y llévame amortajada
> en tu capa colorada
> soberbiamente plegada
> sobre el caballo alazán! [57]

Nótese, además de la repetición, que varias de las palabras rimantes son participios de la primera conjugación o adjetivos, para facilitar más las cosas. Se dan también en -*ia* alternando con rimas en -*idos*:

> Dueña mía, dueña mía,
> no me digas si te oía,
> que estaba mi fantasía
> riñéndose con tu afán;
> para tu gloria y la mía
> por tu nombre y mi hidalguía
> con su tercio, en este día,
> va a Flandes tu capitán.

Empieza la rima en -*idos*:

[56] E. Marquina: *En Flandes se ha puesto el sol*, Buenos Aires, ed. Espasa-Calpe (Austral), 1952, pp. 27-28.
[57] *Ibidem*, p. 28.

> No me hables, dueña, de olvidos
> que embrujados mis sentidos
> de tus hermosuras van
> y hollados y escarnecidos,
> he de traerte rendidos,
> diez corazones heridos,
> en el arzón suspendidos
> de mi caballo alazán. [58]

Por supuesto que la semejanza no es total: Marquina alterna la rima básica, machaconamente repetida, con otra de apoyo, que aparece de vez en cuando. Sin embargo, el efecto me parece el mismo que describe la novela: fascinación por una repetición que parece que nunca va a acabar y temor de que al poeta le falten las consonantes. En el fondo, algo de naturaleza circense más que poética, parecido a un «más difícil todavía».

Este uso no era exclusivo de Marquina, por supuesto, sino propio de la época. Lo demuestran las caricaturas que de él se hacen. Por ejemplo, la de Luis de Tapia:

> ¡Carnaval!
> ¡Percal!
> ¡Barrizal!
> ¡Una chula con un chal
> (chal chinés)
> se pasea por «Rosal-
> es»! [59]

De modo semejante. *El Tenorio modernista*:

> Vagamente,
> lentamente,
> suavemente,
> sutilmente,
> cae la nieve silenciosa... [60]

---

[58] *Ibidem*, pp. 28-29.
[59] Luis de Tapia: *Sus mejores versos,* Madrid, col. Los Poetas, 23 de marzo de 1929, p. 21. El poema se titula «Carnaval dadaísta». Tapia, refractario a las novedades estéticas, no debía de tener idea muy clara de lo que es el dadaísmo.
[60] P. Parellada, «Melitón González»: *El Tenorio modernista,* en *Comedias,* n.º 92, Madrid, 19 de noviembre de 1927, p. 29.

Tenorio modernista... Subrayemos esta última palabra. En efecto, la repetición monorrima multiplica (hasta el exceso) la musicalidad y existía ya en la cuaderna vía: por ambas razones, es lógico que se dé en el modernismo. Dentro de eso, debió de popularizarse gracias al éxito dramático de Marquina: en la caricatura de *En Flandes se ha puesto el sol* que en seguida vamos a ver se parodia la escena más famosa, incluyendo este tipo de rima. En suma, creo que Pérez de Ayala se burló en su novela de un rasgo modernista, teniendo especialmente presente el ejemplo de Marquina, que lo había empleado con gran éxito popular.

El crítico de *La Correspondencia de España* dedicó grandes elogios a la obra: «ha sido, en resumen, uno de los estrenos más importantes de toda una época». Pero también apuntó un reproche:

abarca —en el breve plazo desde la boda del capitán Diego de Acuña con Magdalena Godart hasta la adolescencia de Albertino, lozano fruto de estos amores— todas las alternativas de nuestro poderío y derrumbamiento en tierras flamencas. Claro es que hay en ello un marcado *anacronismo*.

El subrayado es mío. Este es el defecto que señala también Monte-Valdés (Valle-Inclán) en la obra de Teófilo (pp. 349-350). El crítico intenta justificarlo: «bien se ve que no ha sido casual, sino voluntariamente buscado por el poeta, por la vaguedad en que deja los sucesos. Él no ha querido recoger la historia sino teatralizar la leyenda, y lo ha conseguido muy bellamente». [61]

A pesar de la disculpa, el reproche permanece. Y no se extiende sólo a Teófilo (al que, antes, Alberto acusó de lo mismo) sino a todo un género falsamente histórico, pues sus autores carecen de la preparación cultural necesaria.

Monte-Valdés señala varios anacronismos en la obra de Teófilo. Recordemos uno, bastante pintoresco:

...aquel grotesco parangón entre el pavo real y el pavo común. La obra se supone que acontece por los siglos XII o XIII. Pues bien, el pavo común nos ha venido de América, de tierras de

[61] Vid. nota 53.

Nueva España, las cuales fueron descubiertas, como todos saben, el año de gracia de 1518, y en cuya conquista tomó parte un antepasado mío. [Nótese el tono muy valleinclanesco de este último detalle.] Es decir, que un poeta provenzal versifica sobre el pavo común nada menos que tres siglos antes de ser conocida en Europa esta suculenta gallinácea (p. 350).

Lo curioso es que podemos saber con exactitud el origen de esta información, que Pérez de Ayala pone en labios de Valle-Inclán: todos estos detalles son los mismos exactamente que le ofrece —a petición suya— el hispanista inglés Fitzmaurice-Kelly en una carta publicada hace unos años. [62] Se trata, pues, de un tema que ya interesaba a Ayala en julio de 1909 y, una vez conseguida la información correspondiente, la aprovecha para ridiculizar los anacronismos de los dramas poéticos.

Así pues, no todas las críticas de *En Flandes se ha puesto el sol* fueron tan unánimemente favorables. *El Globo* dice que el éxito fue descendente, «desvaneciéndose progresivamente hasta el final. A mi juicio, el autor ha sido víctima de la desacertada elección de asunto». [63] (Se refiere a la derrota española.) No es este punto de vista patriótico a ultranza el de Pérez de Ayala. Más próxima a la suya, en cambio, está la crítica —dura e irónica— de Ricardo Baeza. [64]

El éxito de una obra teatral solía determinar, en seguida, la aparición de su parodia. [65] Así sucedió también con *En Flandes se ha puesto el sol*. Apenas tres meses después, el 20 de marzo de 1911, se estrenó en el Teatro de la Princesa —el mismo de su modelo— la obra de Luis Gabaldón y Rafael de Santa Ana *Yo puse una pica en Flandes, caricatura en un acto y tres cuadros al drama «En Flandes se*

[62] R. Pérez de Ayala: *Ante Azorín,* Madrid, Biblioteca Nueva, 1964, p. 32.
[63] *El Globo,* 18 de diciembre de 1910.
[64] En *Prometeo,* n.º 24, 1910.
[65] Vid. A. Zamora Vicente: *La realidad esperpéntica (Aproximación a Luces de bohemia),* Madrid, ed. Gredos, 1969, pp. 25-62.

ha puesto el sol». Como no sé que haya sido comentada, me parece interesante recordar algunos detalles.

La caricatura es amable, por eso la obra está dedicada «Al poeta Eduardo Marquina, padrino de esta caricatura, con toda admiración, simpatía o cordialidad». Trata de un picador español, el Cuña, herido en la mano durante una corrida en Amberes de Abajo. Son constantes los juegos sobre el doble sentido de la palabra «flamenco».

Especialmente nos interesa comprobar que Gabaldón y Santa Ana, al hacer la parodia —casi literal— de la escena más famosa de la obra de Marquina, han mantenido la repetición de la rima, que tanto regocijaba a Pérez de Ayala.

Veamos el arranque de la escena famosa:

> —¡Picador de las plazas de España!
> —¡Filomena!
> —¡Mi fiel campeón!,
> ¡el de la puya terciada,
> de la capa colorada
> y el arenque matalón!

Aparecen luego —como en la novela— las rimas en *-ía*:

> A Mosquera le hablaría
> y una plaza tomaría
> y en ella te admiraría;
> pues al verte, campeón,
> contigo me partiría
> como raja de melón
> o, si prefieres, sandía.

(Recuérdese que Mosquera es el empresario de la plaza de toros de Madrid, citado a propósito de «Bombita».)

Vienen luego las rimas en *-ada* y en *-ón* (estas últimas también las cita la novela):

> ¡No digas una gansada
> y allá va la salvajada
> donde va mi campeón!
> Ponme una vara acertada

que me parta el esternón,
y llévame amortajada [verso de Marquina]
en tu faja colorada [Marquina: «en tu capa colorada»]
soberbiamente plegada [verso de Marquina]
aunque sea una burrada
sobre el penco matalón. [66]

La parodia tuvo éxito, como lo demuestra el poema titulado «¡Buena pica!», de José Sánchez González, que reproducimos:

En Flandes, según la historia
detalladamente explica
era una cosa irrisoria
querer poner una pica.
Muchas veces lo intentaron
temerarios o infelices;
pero todos se quedaron
con un palmo de narices.
Así, para demostrar
que es difícil una empresa
y no se debe intentar
el pueblo siempre lo expresa,
sin que su opinión demandes,
repitiendo: eso es querer
poner una pica en Flandes
y nadie lo pudo hacer.
No obstante, ya se ha logrado
realizar aquí esa hazaña,
¡por algo es tan admirado
el valor de nuestra España!
Este hecho la dignifica
y debe estar muy ufana
al ver que han puesto esa pica
Luis Gabaldón y Santa Ana;
que *picapleitos* no son
ni tampoco *picadores,*
pues Santa Ana y Gabaldón
son sencillamente autores
que han tomado por asalto

[66] Luis Gabaldón y Rafael Santa Ana: *Yo puse una pica en Flandes,* Madrid, Sociedad de Autores Españoles, 1911, p. 11.

el alcázar de la Gloria;
porque *pican en lo alto*
y han de *picar en historia.*
Los dos, para demostrar
que es su musa peregrina,
idearon parodiar
una joya de Marquina
que justa fama le ha dado
a este poeta español;
su drama denominado
En Flandes se ha puesto el sol.
Era la labor infiel
y temeraria la empresa
de querer triunfar en el
teatro de la Princesa;
y sin embargo triunfaron
los ingeniosos autores
a quienes ovacionaron
todos los espectadores.
Ufanos deben de estar;
fue el éxito de los grandes;
y, ¿quién les podría negar
que *han puesto una pica en Flandes?* [67]

A pesar de estos ripiosos elogios, la realidad es que Gabaldón y Santa Ana se limitaron a aprovechar la ocasión de un gran éxito para escribir un sainete sólo muy superficialmente relacionado con la obra en cuestión. Pérez de Ayala hizo, en su novela, una crítica literaria mucho más profunda, desde luego. Sin embargo, no es imposible que la idea surgiera con motivo de esta parodia: Ayala fue a Italia en 1911, pero no se sabe en qué mes. Pudo —no decimos más— ver la parodia o leer algún comentario sobre ella antes de irse, o también recibir noticias estando ya en el extranjero.

Las relaciones de *A cielo abierto* con *En Flandes se ha puesto el sol* van quedando ya —me parece— algo más claras. Sin embargo, el argumento y la localización histórica son totalmente distintos. Me parece posible, pues, que Pérez

[67] José Sánchez González: «Buena pica», en *Madrid Cómico*, 1 de abril de 1911.

de Ayala haya tenido en cuenta, a la hora de escribir su caricatura, otra obra de Eduardo Marquina: *El rey trovador*, «trova dramática en cuatro actos, en verso», estrenada en Madrid la noche del 13 de febrero de 1912.

Quizás no se deba a influencia de esta obra concreta sino de la atmósfera general de los dramas poéticos, pero el ambiente histórico es bastante semejante al de la obra de Teófilo: la acción sucede en Provenza a fines del siglo XII y principios del XIII. El protagonista es el trovador Arnaldo, enamorado de la bella Laura (igual que Raymond de Liliana). Después de su trova, Arnaldo se queda un momento con Laura y luego se va a las Cruzadas.

Abunda en la obra un tipo de musicalidad que podríamos llamar cascabelera:

> la veo, en la meta
> del puente, en la quieta
> de la lejanía
> bullir todavía:
> paloma sería,
> paloma o saeta
> que la perseguía. [68]

Son frecuentes las invocaciones poéticas con dos rimas alternadas:

> Por la sangre de tus manos
> y la hiel de tu agonía
> donde yo nada podría
> con estos esfuerzos vanos
> de la frágil tierra mía,
> ¡separa a los dos hermanos;
> haz que no manchen el día
> con sangre suya, inhumanos,
> por la sangre de tus manos
> y la hiel de tu agonía! [69]

---

[68] E. Marquina: *El rey trovador*, Madrid, Renacimiento, 1912, p. 13.

[69] *Ibidem*, p. 145.

El drama acaba —como el de Teófilo— con la muerte de los dos enamorados. Y ésta se produce en medio de metáforas tan absurdas y rebuscadas como las que censura Pérez de Ayala. Cuando el trovador va a morir, dice su amada Laura:

> —Arnaldo, ¿tu vida me arranca la loba
> de la mala suerte que nos trajo a mal?

Y él replica:

> —¡No! la última alondra de mi última trova
> por fin en tus brazos halló su nidal. [70]

El rey trovador, en fin, fue estrenado por la Guerrero y Díaz de Mendoza. Igual que *A cielo abierto* y *En Flandes se ha puesto el sol*. El ambiente histórico de una obra, más el éxito triunfal (especialmente de cierto tipo de series monorrimas) de la otra, que provocó su parodia, pudieron ser la ocasión para que Pérez de Ayala imaginara el drama de Teófilo Pajares y, con él, realizara una acerba y profunda crítica del teatro poético entonces triunfante.

V. ENRIQUE DE MESA

Entre los posibles modelos de Teófilo Pajares no suele mencionarse a Enrique de Mesa, el fraternal amigo de Pérez de Ayala, con el que dirigió la Biblioteca Corona. Y, sin embargo, a mi modo de ver, se trata de un caso bastante claro: creo que el novelista tuvo en cuenta los desdichados amores de su amigo y «la Fornarina» (modelo de Rosina) al narrar la aventura sentimental de Teófilo y Rosina.

En efecto, «El Caballero Audaz» nos presenta a «la Fornarina» rodeada de escritores. Entre ellos está —imagen viva del sufrimiento de Teófilo— «Enrique de Mesa, taciturno, concentrado y melancólico». Y añade: «tal vez ella

[70] *Ibidem*, p. 175

tenía la culpa de la eterna melancolía de Enrique de Mesa y de la muerte de Amado». [71]

Más detalles de la historia sentimental nos da, en sus memorias, Federico García Sanchiz, el Arsenio Bériz de la novela:

Visitantes inesperados, tiempo adelante, fueron Enrique de Mesa y la Fornarina. Procuraban el incógnito, pasar inadvertidos, como temerosos del escándalo, a no ser que se complaciesen en la intimidad propia de los idilios. Actuaba ella en un teatro [en Valencia] y a primera hora de la tarde se paseaban en coche por la Alameda, bajo la capota. [72]

El final de la historia fue trágico:

Enrique de Mesa quería tanto a la Fornarina: singular fenómeno, que un catador del vino de Berceo anhelara el rubio y espumoso, que eso fue la Fornarina, hasta por su cabellera, que cambió de color en París; que, desencantado al no ser correspondido, intentó matarse, despeñándose en el Guadarrama, donde unos excursionistas le encontraron, salvándole. [73]

Parece indudable que esta tragedia de su amigo debió de impresionar mucho a Pérez de Ayala. Siendo la causante el modelo de su Rosina, este episodio debió de hacerle pensar (o decidirle plenamente, si ya lo había imaginado) en el final trágico de Teófilo. De este modo, la caricatura del poeta modernista ganaba dimensión humana y se convertía en una figura conmovedora, tragicómica.

VI. LA TISIS

Desde las primeras páginas de la novela, Teófilo Pajares teme estar tísico (p. 49). Es éste —el escritor bohemio tísico— un motivo literario bien conocido, pero también posee

---

[71] «El Caballero Audaz»: *obra citada* en nota 45, p. 36. Alude al episodio también Baroja: *Memorias*, I, Barcelona, ed. Planeta, 1970, p. 759.

[72] F. García Sanchiz: *Tierras, tiempos y vida. Memorias*, vol. I, Madrid, ed. Altamira, 1959, p. 179.

[73] *Ibidem*, p. 180.

una base histórica indudable. «Al iniciarse el siglo xx la tuberculosis era la causa más frecuente de muerte en todos los países de las zonas templadas donde se establecían estadísticas precisas». [74] En España, concretamente, en la fecha de la novela, el doctor Corral y Maira afirmó que causaba más de cuarenta mil muertes anuales. [75] Precisamente en diciembre de 1910 se organizó un ciclo de conferencias en la Casa del Pueblo de Madrid sobre los peligros de la tuberculosis [76] y ese mismo año se había celebrado un Congreso de la Tuberculosis en Barcelona.

La Época publicó un estado comparativo de las defunciones durante los años 1909 y 1910, hasta el 31 de octubre, según el informe oficial de la Inspección Provincial de Sanidad. En los dos años marcha a la cabeza la tuberculosis, con 1.768 muertos en 1909 y 1.505 en 1910. Le siguen, a gran distancia, el tifus exantemático y el tifus abdominal. [77] Surgió entonces una campaña cuyo santo y seña era: «Guerra a la tuberculosis y guerra al miedo a la tuberculosis». En estas circunstancias, no es de extrañar el temor de Teófilo.

Al final, Teófilo enferma de «granulia»: «tuberculosis virulenta, fulminante» (p. 406) al descubrir la infidelidad de Rosina. El episodio parece totalmente «novelesco», inventado. Y, sin embargo, sus circunstancias son absolutamente verosímiles. Hoy no se emplea este nombre («granulia» no aparece en el Diccionario de la Real Academia ni lo suelen usar los médicos) pero sí se conoce esta enfermedad, que posee exactamente los mismos síntomas y el mismo tratamiento que aparece en la novela referido a Teófilo. Se la suele llamar hoy «tuberculosis miliar o generalizada». Es casi mortal de necesidad. Hoy es más rara, por el avance en los modernos medicamentos.

Si abrimos el manual hoy más usado por los estudiantes de Medicina de Madrid veremos que «si la bacteriemia es

---

[74] Cecil-Loeb: *Tratado de medicina interna*, 12.ª edición, México, ed. Interamericana, 1968, p. 260.
[75] Doctor Corral y Maira: «Retazos higiénicos», en *La Correspondencia de España*, 10 de diciembre de 1910.
[76] *ABC*, 8 de diciembre de 1910.
[77] *La Época*, 13 de diciembre de 1910.

intensa, puede desarrollarse una tuberculosis miliar generalizada aguda, muchas veces complicada de meningitis. Estas son las dos formas más rápidamente mortales de tuberculosis».[78] Favorecen su aparición la mala alimentación (Teófilo apenas comía) y los trastornos emocionales.

Al interesarnos un poco por el tema de la tuberculosis en España, hacia 1910, es inevitable que acabemos tropezándonos con el nombre de José Verdes Montenegro, el gran especialista español en esta enfermedad. Verdes Montenegro está unido por varios lazos al ambiente de esta novela: lo he citado ya como destacado ateneísta y como orador en el banquete de homenaje a Maeztu. Fue hombre de inquietudes intelectuales, amigo de los escritores del noventayocho. Formó parte de la primera redacción de la revista noventayochista *Vida nueva*.[79] Cuidó un catarro de Valle-Inclán, al que le llevó Ruiz Contreras, y asistía a la tertulia-gimnasio de este último, en *El Globo*.[80] Fue Verdes el que facilitó el acceso de Valle a *Los Lunes de El Imparcial*.[81] Cultivó Verdes la crítica literaria: por ejemplo, en su *Campoamor. Estudio literario*.[82] En 1913, tradujo el *Anti-Dühring o la revolución de la ciencia de Eugenio Dühring*, por Federico Engels, publicado por «La España Moderna». Fue Director del Real Dispensario Antituberculoso «María Cristina», de Madrid, y fundador de la Escuela Española de Tisiología. Publicó muchas obras sobre tuberculosis; la más importante y famosa, el tratado *La tuberculosis pulmonar y sus tratamientos. (Lo que se debe hacer y lo que no se debe hacer con un tuberculoso)*, que apareció en Madrid en 1913.

Al aparecer el libro, un crítico resumió así su tesis fundamental:

[78] *Obra citada* en nota 74, p. 265.
[79] Luis S. Granjel: *obra citada* en p. 148.
[80] L. Ruiz Contreras: *Memorias de un desmemoriado*, Madrid, ed. Aguilar, 1961, pp. 117 y 234. Sobre esa tertulia vid. el libro de Granjel citado en la nota anterior.
[81] M. Fernández Almagro: *obra citada* en nota 1, p. 67.
[82] Madrid, 1887, 112 pp.

No hay en la clase médica española una idea clara acerca del carácter de la infección tuberculosa y del modo como esta verdadera pandemia afecta al individuo y a la raza. A falta de una general doctrina, interpreta cada cual los datos de la experiencia y de la vida según una hipótesis meramente suya, imaginativa, formada con retazos de teorías de antigüedad distinta, correspondientes a diferentes estados de la cultura médica y unidas entre sí para formar un cuerpo con preocupaciones propias de cada temperamento intelectual. [83]

Hojeando el tratado de Verdes Montenegro [84] nos encontraremos con toda la historia clínica de Teófilo. Ante todo, la explicación de su aparente predisposición a esta enfermedad:

los individuos que nos ofrecen ese *tipo tuberculoso* tantas veces descrito, y que son generalmente estimados como tuberculizables, como predispuestos, son, en realidad, *tuberculosos efectivos,* que llevan en su organismo las huellas de infecciones serias sufridas en la infancia. [85]

Este debe de ser el caso de Teófilo.

¿Qué es lo que desencadenará la enfermedad, en estos casos? Las defensas

...se hacen insuficientes para protegernos de la tuberculosis cuando, bien por circunstancias fortuitas, como las enfermedades o la fatiga, ya por influencias deprimentes sostenidas, como el exceso de trabajo, la desnutrición, etc., descienden por debajo de ciertos límites. [86]

En el caso de Teófilo, la tuberculosis latente se agrava por la desnutrición («nunca tiene ganas», p. 215), la fatiga sexual y una gran influencia deprimente sostenida.

Verónica se encuentra con «todas las almohadas llenas de sangre; Teófilo, como un desenterrado, delirando y como

[83] Ruiz Albéniz en *Revista de Libros,* n.º II, julio 1913, pp. 78-79.
[84] He manejado la 2.ª edición corregida y aumentada: Madrid, Imprenta Julio Lozano, 1921.
[85] *Ibidem,* p. 34.
[86] *Ibidem,* p. 46.

si se ahogase» (p. 405). Verdes Montenegro nos informa de que

las grandes hemoptisis constituyen también un accidente del curso de las tuberculosis, frecuente (...), en general, en los enfermos avanzados (...). Casos en que inopinadamente (...) se produce una gran hemorragia, la cual se repite varias veces, terminando con la vida del enfermo en pocos días. [87]

Eso le diagnosticaron a Teófilo: «Cosa de diez, quince, veinte días (...) Sin remedio» (p. 406). Y así sucede, en la novela.

Es conveniente la cura a domicilio y el máximo reposo: «el reposo, por sí solo, es un tratamiento, *el más eficaz*, de la fiebre tuberculosa». A Teófilo le prescriben: «no debe moverse. Que esté en cama o en una butaca, como más a gusto se encuentre; pero que no se mueva» (p. 406). Dentro de eso, «se procurará destinar a alcoba del enfermo una habitación orientada al saliente o al mediodía, con amplias ventanas, que aseguren una aireación y soleación abundantes». [88] Eso se hace en la novela, y Teófilo pasa a ocupar el cuarto de Lolita (p. 404).

Así concluye la desdichada vida de Teófilo Pajares. La literatura conocía bien estos casos: «¡Qué de tísicos han muerto asesinados por una infiel...», había exclamado, hace años, Larra en su patética «nochebuena de 1836». [89]

En resumen, la enfermedad y muerte de Teófilo no es puramente «novelesca», «literaria», sino que está perfectamente de acuerdo con los conocimientos médicos de la época acerca de la tuberculosis. Y también con los conocimientos actuales, aunque hoy ya no se emplee usualmente el nombre de «granulia». La descripción de los síntomas y del tratamiento coincide perfectamente con lo que nos dice el máximo especialista español de entonces, el doctor Verdes Montenegro. Teniendo en cuenta los múltiples lazos que unen

---

[87] *Ibidem*, p. 67.
[88] *Ibidem*, pp. 284-285.
[89] Larra: *Artículos*, edición de C. Seco, Barcelona, ed. Planeta, 1964, p. 596.

a éste con los personajes y el ambiente de la novela, no me parece aventurado suponer que Pérez de Ayala recurrió al libro de éste o incluso a su orientación personal. (Si un novelista tiene que presentar un caso de tuberculosis y entre sus conocidos se encuentra un gran especialista en esa enfermedad, no es de extrañar que solicite su ayuda.)

Teófilo muere con una «muerte personal», la muerte típica del poeta romántico y modernista: de una tuberculosis fulminante, al ser desdeñado por una mujer a la que ama. Pero esta enfermedad es perfectamente realista, tal como hemos podido demostrar. A la vez, su muerte da coherencia estructural a la novela, que se abría con la alusión a los temores del poeta. Entre uno y otro paréntesis se incluye el mundo variado y pintoresco de *Troteras y danzaderas,* de la que Teófilo resulta ser el personaje principal.

6

Rosina y Verónica

Dos figuras atractivas comparten el principal papel femenino de la novela: Rosina, la pescadora asturiana ascendida a «cocotte» de rango y luego a cupletista internacional, y Verónica, la humilde madrileña que triunfa como bailarina en los teatros de variedades. Ninguna de las dos —me parece— puede identificarse totalmente con una mujer real; sin embargo, en cada una de ellas existen rasgos directamente inspirados en la realidad. Veámoslo.

I. ROSINA

Los lectores de Pérez de Ayala la conocen ya como protagonista de *Tinieblas en las cumbres*. (Aparece también, episódicamente, en *La pata de la raposa*.) Hija de un pescador del pueblecito asturiano de Arenales, rechazó los intentos eróticos de un señorito, pero un día se enamoró profundamente de un saltimbanqui, Fernando, que estaba de paso por el pueblo. De la noche de amor nació una niña, Rosa Fernanda, y la madre tuvo que huir a un burdel de la capital de la provincia, Pilares. Han pasado los años y ahora la encontramos en Madrid «en calidad de hetaira de alto copete» (p. 90), amante del ministro don Sabas Sicilia, cantante primeriza y amiga del poeta Teófilo.

Me parece probable que Pérez de Ayala se inspire, para esta figura, en Consuelo Bello, «la Fornarina», de la que hemos hablado como cupletista de primera categoría, que actuó en algunos teatros que menciona la novela, y por su aventura sentimental con Enrique de Mesa.

Rosina es rubia y Pérez de Ayala subraya la belleza del «vello entre rubio y nevado» (p. 66). Era tópico comparar el pelo rubio de «la Fornarina» al champaña.

Rosina ha evolucionado muchísimo: de una muchacha inocente y sosa ha pasado a ser una mujer muy atractiva, elegante, que se mueve con facilidad en la buena sociedad madrileña. La transformación de «la Fornarina» fue notable: al principio, era «sosa y tímida». Después «atendía a todos y sabía hablar discretamente de todo: de arte, de literatura, de las cosas y de la vida». [1]

«La Fornarina» fue cantada por Emilio Carrere, uno de los principales modelos del poeta Teófilo, enamorado de Rosina:

> ¡Te presintió Rafael
> al dar vida a tu divina
> hermana con su pincel,
> Fornarina. [2]

«El Caballero Audaz» la retrató en su novela *La sin ventura*.

El debut teatral de Rosina fue sonado, pero no tanto como el de «la Fornarina»: «Una noche, en la representación de una farsa que se denominaba *El Pachá Bum Bum y su harén,* surge a la vida la hermosura picante de la Fornarina, que se presenta desnuda en una bandeja de aparente plata». [3] En lo mismo, sin especificar concretamente, insiste Francisco Camba: «se ofrecían al público mujeres desnudas sobre bandejas de plata». [4]

---

[1] «El Caballero Audaz»: *Galería,* eds. ECA, 1944, p. 37.
[2] *Ibidem.*
[3] M. de Almagro San Martín: *Biografía del 1900,* Madrid, ed. Revista de Occidente, 1943.
[4] Francisco Camba: *Cuando la boda del rey,* segunda edición, Madrid, eds. Episodios Contemporáneos, 1942, p. 133.

Rosina viaja por Europa y se convierte en una estrella internacional que trae a los escenarios madrileños nuevos aires. Eso es lo que hizo «la Fornarina», según declaran varios autores.

Francisco Camba: «la Fornarina, modistilla que de trotar con su caja por las calles de Madrid había ascendido a los más brillantes escenarios de la culta Europa, parecía traerle al público natal, con sus cuplés y sus pasos de danza, un reflejo de otros mundos». [5]

«Chispero»: «la importadora de las gallinas parisinas en el arte ínfimo: Consuelito la Fornarina, mujer maravillosa y artista —en su género— incomparable, personalísima, genial». [6]

Felipe Sassone: «el género frívolo, que embellecía el busto de ánfora de Consuelo la Fornarina, sonrisa de amor universal, voz española y cabellos rubios de galo champaña». [7]

Ya famosa en el extranjero, Rosina vuelve a Madrid, contratada para el Teatro del Príncipe (p. 321). Es lo mismo que le sucedió —con pequeñas variantes— a «la Fornarina»: en abril de 1910, «vuelve a España contratada por Tirso Escudero para cantar cuplés en el Teatro de la Comedia». [8] Su triunfo fue rotundo. La seria revista *Europa* proclama tajante: «ella es por sí sola un espectáculo». [9] El Ateneo le organizó un banquete de homenaje en mayo de 1910.

Un éxito de tal resonancia provoca también las críticas. *Gedeón* publica su caricatura, por Fresno, con este pie:

Aquí está la Fornarina. Es decir, está en la Comedia, causando las delicias del público, aunque se ha dejado fuera la pimienta, que es lo que gusta. [Malévola alusión a la evolución artística sufrida desde su debut.] Sus admiradores le han ofrecido un

---

[5] *Ibidem*, p. 133.
[6] «Chispero»: *¡Aquel Madrid...! (1900-1914)*, Madrid, Artes Gráficas Municipales, 1944, p. 96.
[7] F. Sassone: *La rueda de mi fortuna*, Madrid, ed. Aguilar, 1958», p. 306.
[8] *Madrid Cómico*, 23 de abril de 1910.
[9] *Europa*, n.º 12, 8 de mayo de 1910.

banquete. ¡Ya no son los concejales sólo quienes reciben estos homenajes! [10]

En la misma línea, *Madrid Cómico* parodia a los intelectuales proponiendo ofrecer un «Homenaje a Madame Pimentón», [11] personaje bien conocido en los ambientes bohemios madrileños. [12]

No cabe duda de que estos triunfos y polémicas, poniendo de moda a «la Fornarina» en el Madrid intelectual y artístico de 1910, debieron de contribuir a que Pérez de Ayala se fijara en ella como modelo de Rosina. Nos lo confirma de modo indirecto la parodia de la novela que luego veremos.

II. VERÓNICA

Para la figura —tan interesante— de Verónica no me atrevo a señalar un modelo concreto. Me parece, más bien, que Pérez de Ayala puede haber unido, en su creación literaria, rasgos procedentes —por lo menos— de tres bailarinas: Tórtola Valencia, Pastora Imperio y Antonia Mercé, «la Argentina».

Las tres figuras, en efecto, tenían importantes puntos de contacto. A la Argentina y Pastora Imperio las menciona (junto a la Fornarina) el crítico «Colirón» como principales figuras de las variétés. [13] Las cuatro actuaron en el Royal Kursaal, según los testimonios de Alberto Insúa y Ricardo Baroja que citamos al hablar de este local. [14]

Monte-Valdés, en la novela, hace un gran elogio del baile: «la danza es pintura, poesía y música, mezcladas estrechamente...» (p. 240). Lo mismo decía Valle-Inclán, en la realidad: «¡Porque en el buen baile se juntan todas las

[10] *Gedeón*, n.º 755, 15 de mayo de 1910.
[11] *Madrid Cómico*, 11 de junio de 1910.
[12] Sobre ella, vid. A. Insúa: *Memorias. Mi tiempo y yo*, Madrid, ed. Tesoro, 1952, p. 567. A. Zamora Vicente: *La realidad esperpéntica*, ed. citada, p. 37.
[13] *Madrid Cómico*, 17 de octubre 1912.
[14] Vid. notas 18 y 20 del capítulo V.

más bellas cosas! La música, el color, la belleza, el movimiento, el arte, la línea».[15] Pues bien, en ese mismo contexto alaba enormemente Monte-Valdés el arte de Verónica (p. 242). Y Valle-Inclán cita a sus bailarinas preferidas: «La Pastora Imperio, la Tórtola y la Argentinita me producen una gran emoción estética».[16] Es decir, según mi interpretación, los tres modelos vivos de Verónica.

Abonan la identificación de Pastora Imperio los versos que le dedica Villaespesa [17] y la admiración que sentía por ella Pérez de Ayala, tal como lo expresa en Las máscaras,[18] en términos muy parecidos a los del baile de Verónica. La Argentina y Pastora Imperio eran amigas: la primera tributa grandes elogios a la segunda.[19]

En diciembre de 1910, «la Argentina» estaba especialmente de actualidad: de ella «tanto se ha hablado con motivo de la rescisión de su contrato por la empresa del Príncipe Alfonso».[20] Este incidente pudo atraer la atención del novelista sobre la bailarina.

Muchos años después, siendo Ayala Embajador en Londres, provoca el asombro (y cierto escándalo) de la prensa inglesa acudiendo a las actuaciones de las bailarinas españolas en compañía de su amigo el Príncipe de Gales. Asistieron juntos, entre otros, al espectáculo de Antonia Mercé, «la Argentina». De ella conserva la familia del escritor una nota que debe de proceder de aquellos días. Tiene membrete del Hotel Savoy de Londres. Está fechada solamente: «Hoy sábado». Dice así: «Queridos amigos: mil gracias por sus preciosas flores. Salgo para París hoy y antes quiero enviarles estas líneas con mi agradecimiento por todo y con mi afecto   Antonia Mercé». No deja de ser curioso el encuentro, al cabo del tiempo, del escritor con la bailarina que pudo ser modelo de su personaje.

[15] «El Caballero Audaz»: Galería I, 4.ª edición, Madrid, eds. ECA, 1949, pp. 105-106.

[16] Ibidem.

[17] Zamora Vicente: obra citada en nota 12, p. 124.

[18] R. Pérez de Ayala: Las máscaras en Obras Completas, III, Madrid, ed. Aguilar, 1963, pp. 285-291.

[19] Madrid Cómico, 6 de octubre de 1912.

[20] Blanco y Negro, 4 de diciembre de 1910.

Verónica se singulariza, entre otras cosas, por su aptitud para bailar cualquier música, aun la clásica:

Alberto tarareó un tango, luego un garrotín, y cuando observó, como ya preveía, que Verónica había perdido el seso como una bacante y entregándose por entero a la emoción del baile, cantó sonatas de Mozart y Beethoven, trozos de Wagner y Brahms, cuanto se le vino a las mientes. Verónica danzaba sin tregua, como poseída sucesivamente de todos los sentimientos primarios de la raza humana en su auténtica simplicidad y energía, la ira, el temor, el éxtasis, la alegría, la pena, la lujuria, y todos ellos concordaban bien con el aire de la música (p. 167).

Puede estar inspirado este episodio en un sucedido real de Tórtola Valencia. Cuenta la bailarina que debutó presentándose en un teatro para bailar:

—¿El qué?
—Lo que toquen,

Pasamos al escenario. La orquesta ejecutó la Quinta de Listz; yo, llevada por un gran sentimiento musical, bailé. [21]

La anécdota de encantar al joven esnob que era entonces Pérez de Ayala.

Su fundamento también es el mismo. Dice Verónica: «la verdad es que maldito si sé lo que hice. Esto fue una improvisación» (p. 167). «Eso es la chipén, chiquillo: bailo porque me sale de dentro» (p. 168). Tórtola Valencia también afirmaba que el baile es, sobre todo, inspiración: «El mejor maestro de uno en todas las cosas es uno mismo, lo demás es edificar en el aire». [22]

Tres artistas, tres hermosas mujeres contribuyen, así, a inspirar algunos rasgos de Verónica. A todos ellos añadió el novelista lo más atractivo de su personaje: «el entregarse a todos y a todo» (p. 169), la capacidad de vibrar con la vida y con el arte, la sensibilidad extremada.

---

[21] «El Caballero Audaz»: *obra citada* en nota 15, p. 381.
[22] *Ibidem*.

7

Una parodia

Como tantas obras de éxito, también la novela de Pérez de Ayala fue objeto de una parodia. Aunque su valor literario es mínimo, creo que conviene recordar una obrita que no sé haya sido comentada nunca.

Se titulaba *Troteras y danzaderas o los pendientes de la Tarara*: «sainete en dos actos, el segundo en tres cuadros, con un número de música 'compuesto' en una ocarina por los autores de la obra». Eran éstos Ángel Torres del Álamo y Antonio Asenjo, colaboradores habituales y especializados en obras de este tipo.

La estrenó la compañía que dirigía Ricardo Puga, en el teatro Infanta Isabel, el día 12 de diciembre de 1913 (la misma noche que *La Malquerida*; el día que reapareció en Florencia la robada *Gioconda*). No mereció críticas especiales. A la vez, se preparaban varios vodeviles de Pascuas, como *El caballo de Espartero*, que se estrena, con mezcla de películas, el día 24. Se presentó la obrita todos los días desde su estreno hasta el 25, en funciones de tarde y noche, alternando con otras obras: en total, unas quince representaciones.

No se habla para nada en el sainete de Pérez de Ayala ni de la novela del mismo título, pero ésta se había publicado hacía sólo unos meses y creo que el público veía clara la alusión.

La obra presenta a «La Tarara», artista famosa; Rigoberta, que quiere ser bailarina, y Eladia, que va a debutar en lo mismo pero fracasa. A su enamorado Roberto le acusan de robar unos pendientes de la estrella pero al final se ve que la acusación era falsa y los enamorados se casan. (Se publicó en Madrid, Imprenta Artística Española, calle de San Roque, número 7, 1914.)

Me parece claro que «la Tarara» parodia a Rosina y Rigoberta, a Verónica, El teatro donde bailan, «el Moulin», debe de ser el «Moulin Rouge» (de la calle Flor, n.º 22) donde ponían cinematógrafo, varietés y obras sicalípticas. Se alude a periódicos ilustrados por el estilo de *El eco artístico* o *Varietés*. Se insiste mucho en la cercanía de las artistas de varietés y las «cocottes»: al aparecer la Tarara, la imitan «remedando cómo se ciñen las faldas las cocotes» (p. 30). Es lo mismo que hacía, en la novela de Ayala, la Iñigo, al salir a escena: «hizo un breve, obsceno y raudo cadereo, como tanteando sus facultades» (p. 246 de la novela). En la parodia, se proclama: «Pa ser buena danzadera / movimiento de cadera» (p. 47). Arturo no se atreve a ver el debut de Eladia, como Teófilo el de Rosina, y se cuenta también uno de los típicos escándalos de varietés. Hay alusiones a los señoritos de la Peña y a «Tórtola en Valencia» y «la Fornarina».

Hojeando los periódicos del momento nos enteramos de un escándalo que debió de tener mucho que ver con la obrita. Probablemente, el público veía en ella una alusión al ruidoso pleito por unas joyas de «la Fornarina» contra el joyero, Sr. Walewyk-Laclocle. La conclusión la podemos formular como un silogismo policíaco.

a) la protagonista de este sainete alude claramente a «la Fornarina».

b) Este sainete es una parodia de la novela de Pérez de Ayala.

c) Por lo tanto, «la Fornarina» debía de ser conocida como modelo de la protagonista de la novela. Esto vendría a confirmar la identificación que antes hicimos, por otras razones.

Dejamos así a la novela de Pérez de Ayala plenamente instalada —me parece— en el centro de un ambiente histórico concreto. Conviene ya abordarla desde otra perspectiva: la de sus valores específicamente literarios. Uniendo los dos puntos de vista obtendremos, quizás, una imagen justa de *Troteras y danzaderas* como novela de clave.

LA NOVELA

8

La novela

I. INTRODUCCIÓN

COMO sabemos, *Troteras y danzaderas* es la última de las cuatro novelas que componen la serie narrativa juvenil de Pérez de Ayala. Alberto Díaz de Guzmán, personaje en buena parte autobiográfico, es el protagonista de las cuatro. En ésta, sin embargo, el ambiente de la bohemia literaria y artística madrileña predomina sobre el problema individual del joven que se busca a sí mismo, luchando contra el mundo. Por eso pudo decir Francisco Agustín, en su habitual tono encomiástico, que se trata de «la mejor y más castiza novela española de la bohemia vida literaria». [1]

Pérez de Ayala abandona aquí su geografía literaria habitual: tierras asturianas con pueblecitos idílicos y la capital, Pilares (Oviedo), la Vetusta de su maestro Clarín. En cuanto al tiempo, esta novela es posterior a *La pata de la raposa*, pero su acción se sitúa entre la segunda y la tercera parte de esta última: Alberto, enamorado de Fina, marcha a Madrid a probar fortuna en la carrera literaria. Esta experiencia es lo que relata la novela que nos ocupa hoy. Recordemos, una vez más, que escribe la novela en Alemania, en 1912, recordando sus años —muy cercanos— de bohemia madrileña, con la complacencia y algo de la idealización que los gratos recuerdos inevitablemente suscitan. La lejanía geográfica explica bastante de la insistencia del

[1] Francisco Agustín: *Ramón Pérez de Ayala. Su vida y obras*, Madrid, Imprenta de G. Hernández y Galo Sáez, 1927, p. 117.

novelista por presentar sucesos, lugares y personajes que poseen una base histórica cierta (referida, casi siempre, al año 1910). El ambiente, así pues, predomina sobre cualquiera de los numerosos personajes de la obra.

Sólo un año separa la fecha inicial de la anterior novela (Florencia, noviembre de 1911: *La pata de la raposa*) de la que aparece en la última página de ésta (Munich, 10 de noviembre de 1912). Se trata, sin embargo, de la novela más extensa que hasta ahora ha escrito su autor. (En Alemania —podemos pensar— ha trabajado bien, a pesar de sus quejas.) Es también, en cierto sentido, la más compleja de las que forman la primera serie: Me parece que acierta Francisco Agustín cuando dice [2] que, ahora, «se advierte en su autor de modo pleno el dominio de todas aquellas excelentes cualidades que salpican sus obras anteriores: realismo, emoción, amenidad, estilo, humanismo, ideas, psicología, descripciones...».

En *Troteras y danzaderas* hay rasgos de novela lupanaria (la aventura de Márgara) como en *Tinieblas en las cumbres*; intensidad satírica como en *A.M.D.G.*; búsqueda de la identidad personal, como en *La pata de la raposa*; riqueza de digresiones (especialmente, sobre España o de crítica literaria) como en la segunda época de su autor. Aparecen en ella, de una u otra forma, casi todos los grandes temas que caracterizan el universo mental y narrativo de Pérez de Ayala.

Es, además, una novela verdaderamente «novelesca». La intensa carga intelectual no produce aquí frialdad ni deshumanización. Aunque ya me resulta difícil asumir la perspectiva de un lector «normal», creo que, para él, no resulta un libro aburrido: nos da una descripción de ambientes y personajes pintorescos, anécdotas divertidas, discusiones interesantes, apasionadas historias de amor... Y, sobre todo, un tono general (luego insistiremos en ello) formado de pesimismo, inteligencia y sentido del humor. Si el lector no posee en cierto sentido estas cualidades, le resultará difícil percibir el encanto agridulce de *Troteras y danzaderas*.

[2] *Ibidem.*

II. Estructura

La novela —bastante larga— se divide en cinco partes, cada una de las cuales lleva títulos simbólicos. Todos ellos (lo mismo que el de la novela) poseen una forma dualista que refleja bien la concepción del mundo de su autor.[3] Son estos:[4]

1. *Sesostris y Platón*: es el nombre que reciben, respectivamente, un galápago y un pez. El hombre se diferencia de ellos en que tiene epidermis (símbolo de sensibilidad); es decir, que cualquier cosa le hiere. Sirve esta parte para presentar a algunos de los personajes principales: Teófilo, Rosina, Monte-Valdés.

2. *Verónica y Desdémona*: toma su nombre del episodio —que luego comentaremos— de la lectura de *Otelo*.

3. *Troteras y danzaderas*, como el título de la novela: los debuts de Rosina y Verónica sirven para presentar pintorescas escenas de circo, con bailarinas y cantantes. Hay bastante, aquí, de costumbrismo circense relativamente innecesario.

4. *Hermes Trimegisto y Santa Teresa*: las profecías supersticiosas y el virtuosismo literario de comentar con un libro de la Santa la vocación de Márgara, la joven que quiere ser prostituta. Pérez de Ayala acumula aquí tremendismo lupanario (en la visita a los burdeles madrileños de distinta categoría) y se complace como es habitual en él (recuérdense los comienzos de *Tinieblas en las cumbres* y, sobre todo, de *Belarmino y Apolonio*) en el costumbrismo de las casas de huéspedes.

5. *Ormuzd y Ahrimán*: los dos principios opuestos que rigen el mundo.

---

[3] M. Baquero Goyanes: «Contraste y perspectivismo en Ramón Pérez de Ayala», en *Perspectivismo y contraste (De Cadalso a Pérez de Ayala)*, Madrid, ed. Gredos (Campo Abierto), 1963, pp. 171-245, especialmente p. 195.
[4] Coincido aquí —como es inevitable— con algunos de los datos y juicios contenidos en el capítulo correspondiente de mi libro, ya citado: *La novela intelectual de Ramón Pérez de Ayala*. Aquí me extiendo más en algunos pormenores.

Cada una de estas partes se dividen en cortos capitulitos, algunos solamente de dos o tres páginas: en la primera edición llevaban números romanos, que fueron suprimidos en la segunda.

Las cuatro primeras partes tienen una duración aproximadamente igual, de unas setenta páginas. La última es una conclusión mucho más corta, de unas treinta y cinco páginas.

La novela se abre con un recurso frecuente en Pérez de Ayala, que ya lo empleó al comienzo de *La pata de la raposa*: [5] una escena de sainete o entremés. En este caso concreto, se trata del sainete típicamente madrileño del poeta harapiento y el matrimonio castizo de los porteros, con intervención benéfica final de una criada que soluciona el conflicto. Conociendo la gran admiración de Ayala por el teatro de Arniches, [6] nos parece que la sombra de este autor planea sobre la escena.

Teófilo quiere subir a ver a su amada Rosina: la portera, la «señá Donisia» no se lo permite y le llama tísico. El poeta le da un puñetazo y trepa sobre su cuerpo, pero ella le agarra por un pie, le saca una bota y se la tira a la cabeza. Etcétera... ¿Qué elementos concretos me permiten hablar de una escena de sainete? Ante todo, la situación grotesca, sin ahorrar detalles ridículos: «Miróse y vió que le faltaba una bota y le sobraban agujeros al calcetín, color cardenal retinto» (p. 50). La caricatura de la portera, lograda mediante procedimientos de cosificación: «Como si el vientre fuese el fuelle de una gaita gigantesca y por la colisión del puño se hubiera vaciado de pronto, los ámbitos de la caja de la escalera retemblaron: tal fue el alarido de la portera» (p. 50).

Y de animalización:

Recordaba esos perros de casa grande que ladran con rabia descomunal al visitante humilde; luego, si por mala ventura, habiéndose excedido en su celo, el visitante es admitido a la mansión

---

[5] Vid. mi edición de *La pata de la raposa*, Barcelona, ed. Labor (Textos Hispánicos Modernos), 1970, p. 42, nota 36.

[6] Véanse sus críticas en *Las máscaras*.

del dueño y ellos golpeados por un sirviente, vanse mohínos y rabigachos, con ojos inquietos, tan pronto recelosos del castigo como coléricos hacia el intruso (p. 53).

Los porteros hablan en lenguaje castizo madrileño, con errores («fegurarse», acentuación «púpila») y redichismo («hemistiquio» por 'momento'; «ha tenido un lásus o quiprocuó»).

El señor Emeterio aparece con gesto teatral: «Adelantóse, con esa prosopopeya cómica del pueblo bajo madrileño» (p. 51). Y con gesto teatral ordena a su mujer: «dobló el brazo derecho en forma de cuello de cisne y puso la mano como para oprimir un timbre: el dedo índice muy erecto, apuntando a los labios de su mujer» (p. 51).

Hacia la mitad de la novela, Pérez de Ayala nos informará también con todo detalle del gesto teatral con que un chulo madrileño presencia un baile:

Apolinar se había sentado en una actitud inverosímil, con la rabadilla tangente al borde del asiento, y las posaderas avanzando en el aire, que no parecía tener base segura de sustentación, y aún hizo más, que fue levantar una pierna y apoyarla por el tobillo en la rodilla de la otra, enhiestar el torso cuanto pudo, derribar hacia atrás la cabeza, batir palmas y castañuelear con los dedos, y arrancarse a canturrear por lo jondo (p. 200).

El autor, en fin, descubre el reverso de la medalla, nos muestra a los actores —los porteros— una vez que han salido de escena:

En estando a solas los dos porteros se les serenó la cara: la de la señá Donisia dejó de ser iracunda y servil, y la del señor Emeterio perdió su prosopopeya y toda suerte de aderezo figurado. Mirábanse llanamente el uno al otro, como matrimonio bien avenido, y era evidente que se comprendían sin hablarse (p. 53).

El mundo comedia es, parece decirnos, con el título de una obrita célebre, Pérez de Ayala desde las primeras páginas de su novela. Y los dos personajes del sainete inicial hacen mutis, para no reaparecer: «Y se engolfaron en las tinieblas del cuchitril» (p. 54).

Suele presentar el narrador a un personaje en acción y, en seguida, interrumpe el relato para contarnos sus antecedentes. Así hace, por ejemplo, con Monte-Valdés, Rosina, Verónica, Angelón y Alberto. En ocasiones, para enmarcar el «flash-back», repite exactamente las mismas palabras. Por ejemplo, en la página 55 indica el afecto de los porteros por Monte-Valdés: «Lo amaban como el perro ama al hombre y el hombre ama a Dios, como a un ser a medias familiar y a medias misterioso». Viene luego la historia de quién era Monte-Valdés. En la página 60, cierra así el inciso: «Por eso le amaban como el perro ama al hombre y el hombre ama a Dios, como un ser a medias familiar y a medias misterioso».

El caso más espectacular es el siguiente. En la página 123 hemos dejado a Teófilo yendo a casa de Alberto para darle un sablazo. Se nos cuenta luego quién era Alberto y cómo vivía. Después, en la página 169, vuelve a aparecer Teófilo haciendo el mismo camino. Es decir, que todo lo que ha sucedido en medio (siete capítulos, cuarenta y cuatro páginas) era un gran «flash-back» que el lector medio apenas advierte.

Fiel en esto al tipo clásico de novela, utiliza Ayala la técnica del narrador omnisciente. Aunque esto, hoy, esté pasado de moda, lo interesante es comprobar que eso le sirve al escritor para una serie de finalidades artísticas concretas:

1. Mostrar las dudas de los personajes: de Rosina y Teófilo, por ejemplo.

2. Expresar las contradicciones íntimas de alguno: Teófilo, sobre todo.

3. Reflejar la complejidad de todos ellos, incluso de Rosina y don Sabas.

4. Indicar las distintas perspectivas de cada uno (episodio célebre de la página 65).

5. Dar forma artística al tema de la incomunicación: Verónica está adorando a Teófilo... que ni siquiera la ve (p. 179).

6. Exponer vivencias existenciales tan profundas como la del hombre que, en un momento excepcional, rota la cos-

tra social que habitualmente le recubre y protege, toca su fondo auténtico:

ahora, bajo el influjo de aquella musiquilla cándida, quejumbrosa, el postizo embadurnamiento se resquebrajaba, se derretía, dejando al aire hielo vivo entre sombras. Y con el corazón aterido, Sicilia abarcaba la desmesurada vacuidad de todo lo creado (p. 111).

No estoy haciendo, por supuesto, una defensa general de la técnica del narrador omnisciente. [7] Lo que sí pretendo decir es que si logramos liberarnos del yugo de las modas comprenderemos que las técnicas narrativas son instrumentos que —todos— poseen ventajas e inconvenientes y, por lo tanto, no se pueden dar reglas generales sobre su uso. [8] En este caso concreto, no me ha interesado tanto adscribir a Ayala a una técnica de tipo tradicional como mostrar algunas de las finalidades que gracias a ella consigue.

Las partes en que se divide la novela suelen llevar un lema literario. No creo que se haya señalado que estos lemas deben de estar puesto «a posteriori», pues se explican al final —más o menos— de la parte correspondiente: así, el lema de Boccaccio (parte primera) enlaza con la reflexión de don Sabas sobre el amor como engaño (p. 111). Exactamente igual sucede con el lema de Goethe, explicado en la última página de la segunda parte (p. 203). Este mismo procedimiento lo empleó ya Pérez de Ayala en su primera novela, *Tinieblas en las cumbres*. [9]

Como los clásicos, utiliza Ayala los presentimientos —sobre todo en el caso de la enfermedad de Teófilo— para preparar al lector para las desgracias. Alterna episodios simbólicamente contradictorios (boda y aborto, por ejemplo, en las pp. 398-400) para expresar la complejidad de la vida y las vacilaciones de sus personajes. En general, no le gusta

[7] Su crítica puede verse en mi *Introducción a la novela contemporánea*, 2.ª edición, Salamanca, ed. Anaya, 1971.

[8] Sigo en esto el sensato criterio de Wayne C. Booth: *The Rethoric of Fiction*, Chicago, The Univ. of Chicago Press, 8.ª ed., 1968.

[9] Vid. mi edición crítica de *Tinieblas en las cumbres*, Madrid, ed. Castalia (Clásicos Castalia), 1971.

dejar cabos sueltos, sino que prepara al lector con alusiones (caso del anarquista o de Apolinar) que sólo al final de la historia hallarán su plenitud de sentido.

Característica evidente de esta novela es la abundancia de digresiones. Acierta en lo fundamental Martínez Cachero cuando dice que «tales digresiones no suelen cansar, no resultan alardes un tanto pedantescos en las novelas que ahora nos ocupan; quizá se deban a que son a modo de confidencias del propio protagonista, explicación o corroboración necesaria de los acontecimientos». [10] Sin embargo, quizás algún lector un poco impaciente no esté totalmente de acuerdo con este juicio positivo.

Luego nos ocuparemos de las opiniones de Pérez de Ayala sobre crítica literaria o artística y sobre España: temas, ambos, centrales en esta novela. También nos ocuparemos de la aparición en ella de algunos grandes temas que son básicos dentro del sistema mental del novelista asturiano. Al margen de todo esto quedan digresiones no plenamente justificadas: por ejemplo, sobre la unión de esteticismo y ociosidad (p. 80), el agua (p. 89), la música centrífuga y la centrípeta (p. 112), la amistad entre personas de cualidades opuestas (p. 128), etcétera.

En esto —como en varios otros aspectos— me parece que esta novela ocupa un lugar intermedio dentro de la producción de su autor y que, en cierto sentido, significa un momento de transición entre la primera y la segunda etapas narrativas. Por comparación a las grandes novelas finales (*Belarmino y Apolonio* y *Tigre Juan,* por ejemplo) es mucho más vivaz, menos ensayística, más cercana a experiencias efectivamente vividas. Si recordamos las tres primeras novelas, en cambio, habrá que admitir que *Troteras y danzaderas* aporta un aumento en las digresiones y significa la aparición de un culturalismo que merecieron, en su tiempo, grandes elogios pero que a mí, personalmente, me parecen muy peligrosos.

[10] José María Martínez Cachero: «Prosistas y poetas novecentistas. La aventura del ultraísmo. Jarnés y los 'nova novorum'», en *Historia general de las literaturas hispánicas,* vol. VI, Barcelona, ed. Vergara, 1968, p. 405.

Pérez de Ayala ve el mundo como contraste y armonización de distintas perspectivas. Esto, naturalmente, trae consigo el empleo de muy interesantes técnicas perspectivísticas. [11] Aunque el estudio principal dedicado a ese tema —el de Frances Wyers Weber— [12] apenas mencione esta novela, en ella se dan tantos y tan claros ejemplos de perspectivismo que sería enojoso para el lector enumerarlos. Digamos sólo que muchos de estos perspectivismos son irónicos: creen que Teófilo va a agredir a don Sabas pero, en realidad, él está muerto de miedo (p. 100), lo que demuestra la ambigüedad de la real. Otras veces, las distintas perspectivas nos llevan a una conclusión escéptica —muy en la línea de la novela— en cuestión de moral: por ejemplo, acerca de lo que es considerado decoroso (p. 329).

Muchos juegos de perspectivas buscan —y consiguen— un contraste de signo cómico. Algunos significan un despeñarse grotesco de lo alto hacia lo bajo. Por ejemplo, el «príncipe de los poetas españoles» se convierte, para otra perspectiva, en un «tío frescales» (p. 48); la «señorita», en una «guarra» (p. 53). Idéntico significado, aunque el movimiento sea opuesto en apariencia, supone aplicar comparaciones desmesuradamente nobles a realidades muy bajas:

Teófilo recuperó y se calzó la bota, que era de elásticos, aun cuando había renunciado ya a sus cualidades específicas de elasticidad; y como si se hubiera ajustado al tobillo no una bota, sino las alas de Mercurio, voló, más que subió, al piso primero (p. 53).

Dada su mentalidad clasicista, que ve en los fenómenos una manifestación concreta —junto a muchas otras— de principios permanentes, no es raro en Pérez de Ayala el procedimiento literario de elevarse a lo general o sacar conclusiones muy amplias, que vienen a iluminar con nueva luz —nueva perspectiva— el episodio narrado. Por ejemplo,

[11] Vid. el estudio de Baquero Goyanes citado en nota 3.
[12] Frances Wyers Weber: *The Literary Perspectivism of Ramón Pérez de Ayala*, Chapel Hill, The University of North Carolina Press, 1966.

Conchita y Rosina son dos figuras llenas de vida pero, a la vez, pueden ser vistas «como encarnaciones, Conchita de la pasión y Rosina de la voluptuosidad, los dos polos del amor ilícito» (p. 76). Una partida de baccará, en un ambiente no muy severo, le sirve también a Teófilo para «haber visto al desnudo el instinto de propiedad y el amoroso; el primero en el juego; el segundo, en la prostitución» (p. 266). Estos dos son buenos ejemplos —me parece— de la compenetración natural, profunda, que a veces logra Pérez de Ayala entre lo puramente narrativo y la reflexión ensayística.

Al final de una escena, Pérez de Ayala nos presenta los puntos de vista personales —y no expresados, por supuesto: ésa es la omniscencia del narrador— de cada uno de los personajes. Es, evidentemente, un texto clave para comprender el perspectivismo de su autor, que debe colocarse junto al capítulo de *Belarmino y Apolonio* en que nos ofrece la visión de la Rúa Ruera de Pilares desde dos perspectivas contrarias. En el caso que ahora nos ocupa, además, conjuga hábilmente el punto de vista físico —la altura de la niña Rosa Fernanda— con la limitación de su horizonte mental. Pero todo eso correría riesgo de convertirse en algo demasiado rígido, espectacular, vanidosamente experimental, si no fuera por la permanente ironía del narrador, expresión de su socarronería asturiana y de su escéptica sabiduría vital. La ironía no deja fuera al propio novelista y a sus procedimientos: «Sería interesante conocer el punto de vista de *Sesostris*», el galápago (p. 117).

La división en partes que hemos mencionado antes nos haría pensar en una estructura rígida, unitaria. Me parece que esto es verdad sólo en la apariencia. En el fondo, aquí, sólo existe una unidad ambiental —una temporada madrileña— y, como débil hilo conductor, la historia de Teófilo. La flexibilidad estructural responde al deseo de presentar una serie de cuadros costumbristas.

Puede ser aleccionador comparar esta estructura con la de su novela anterior. En *La pata de la raposa*, [13] nos en-

<hr>

[13] Vid. el prólogo a mi edición crítica citada en la nota 5, pp. 20-24.

contramos con una estructura desleída, aparentemente desorganizada. Pero este carácter se corresponde bien con el tema y la esencia de la novela, los expresa adecuadamente: un joven que se busca a sí mismo por un camino interior hecho de bruscos cambios y etapas discontinuas.

En *Troteras y danzaderas,* en cambio, nos encontramos con una unidad externa, querida, impuesta desde fuera: cuatro partes de parecido número de capítulos (nueve o diez) y páginas (setenta a cien), y una final más breve. En el fondo, sin embargo, esta rígida ordenación apenas se percibe. Así pues, aunque externamente pueda parecer lo contrario, la desorganización de *Troteras y danzaderas* es mayor: sólo el ambiente de bohemia literaria y artística madrileñas, así como el talante del narrador —ironía, escepticismo, la vida como tragicomedia— dan unidad a la novela. A imitación de la vida, esta narración de Pérez de Ayala es —en cierto sentido— compleja y desordenada. Su variedad, por otra parte, contribuye a hacerla más amena para el lector medio.

III. ALBERTO

Alberto Díaz de Guzmán es el protagonista de la primera serie de novelas de Pérez de Ayala, un personaje claramente autobiográfico. En esta obra, en concreto, se nos dice que dibuja (p. 166), compone poesías y una novela, como su creador. Tiene exactamente la misma edad que éste: anda por los treinta años, pues tiene veinte menos que Angelón, que tenía cincuenta y dos (p. 128). Ayala tiene exactamente treinta en la fecha de los acontecimientos que narra y treinta y tres al publicar su novela.

Volvamos sobre lo que acabamos de decir: ¿Es Alberto realmente el protagonista de *Troteras y danzaderas*? Lo dudo mucho. A mi modo de ver, el verdadero protagonista es el ambiente madrileño. Y, si alguno de los personajes adquiere preponderancia sobre los demás ése es Teófilo, nacido como caricatura del escritor modernista y que se eleva después a la categoría de héroe tragicómico.

Por eso, no puedo compartir la opinión de Francisco Agustín cuando afirma que Alberto es, en esta obra «el personaje que capta la atención del crítico y del lector reflexivo». [14] Me parece que esta opinión es un prejuicio nacido de haber leído las otras novelas de la serie —especialmente, *La pata de la raposa*—. Un lector que conociera sólo *Troteras y danzaderas* no se fijaría tanto en Alberto. Tampoco veo nada claro que este personaje represente o simbolice el paso de la conciencia individual a la nacional, lección fundamental de la obra, según su autor. [15] Esta me parece una construcción mental muy «a posteriori» que pretende otorgar a la novela un sentido trascendental y optimista que yo no veo por ningún lado.

Más certera me parece la opinión de Martínez Cachero de que Alberto presentaba rasgos anímicos asimilables al noventayochismo y al novecientos (no-luntad, posición crítica y revisionista, pesimismo) y que, en esta novela, su problema vital se ha trasladado, con variantes, al poeta Teófilo. [16] Es esta una interpretación ideológica que armoniza bien con la que yo propongo:

a) Alberto concluyó en *La pata de la raposa* su auténtico ciclo vital.

b) En Teófilo hay, por supuesto, rasgos de época, pero su crisis posee otras raíces exclusivamente personales.

c) Quizás sea todo el ambiente madrileño de la novela el que refleja mejor esa «crisis de la conciencia hispánica» a que aludía el novelista.

Alberto no aparece en toda la primera parte de la novela. Cuando lo hace, está —simbólicamente— enfermo y herido. No ha conseguido la gloria literaria a que aspiraba, pero eso ya no le importa. Escribe, pero sin ambición ni ilusiones. No siente la llamada a intervenir en la vida pública que impulsa a Tejero. Fina, su novia, se ha convertido en un recuerdo borroso, cada vez más lejano.

---

[14] F. Agustín: *obra citada* en nota 1, p. 120.
[15] R. Pérez de Ayala: «Prólogo» a *Troteras y danzaderas*, Buenos Aires, ed. Losada (Biblioteca Contemporánea), 1942.
[16] Martínez Cachero: *obra citada* en nota 10, p. 405.

La aparición de Verónica (como la de Rosina, en los tiempos de *Tinieblas en las cumbres*) suscita en él cierto interés: deseo de compañía y ternura, cierto erotismo difuso. Pero, sobre todo, curiosidad puramente intelectual: Verónica resulta ser algo semejante a un estupendo laboratorio para que el intelectual compruebe experimentalmente sus teorías estéticas. No hay, por lo tanto, verdadera pasión, ni siquiera auténtica comunicación humana.

La segunda parte de la novela concluye cuando Alberto ve el retrato de Fina y se queda mirándolo, sin más, cruzado de brazos: símbolos los dos —comenta el autor— «de una juventud que allá en el Norte, entre neblina y silencio, se consumía sin fruto, como también la de él se iba consumiendo poco a poco» (p. 203). Es, según Fernández Avello, [17] la misma situación del escritor expresada en el poema «Dos valetudinarios». [18]

En un día hermoso, Alberto desea «derretirse en el sol, no pensar, volatilizarse, ser una cosa gaseosa y tibia» (p. 285). Es la tentación lógica en un intelectual caracterizado por el afán de ver claro, de recortar nítidamente los perfiles de las cosas. Pero, a la vez, esto representa el deseo de inconsciencia, es decir, la negación de su misma naturaleza, el pecado contra la inteligencia; algo quizás relacionado con la última y más terrible tentación que sufre el San Antonio de Flaubert.

En el único poema que Alberto se atreve a recitar, cuenta su ideal de «aurea mediocritas» al estilo de Horacio y Fray Luis, llegando casi a la paráfrasis.

> Una casa no más, de aldeana esquiveza,
> con un huerto a la espalda, y en el huerto un laurel,
> y un fiel regazo en donde recline mi cabeza,
> y por la noche un libro y una boca de miel (p. 147).

Algo muy semejante lo encontramos en *La pata de la raposa* y en muchas poesías juveniles de Pérez de Ayala.

[17] Manuel Fernández Avello: *Pérez de Ayala y la niebla,* Oviedo, Instituto de Estudios Asturianos, 1970, p. 47.
[18] Ramón Pérez de Ayala: *Obras Completas,* tomo II, edición citada, p. 95.

Pero lo más importante, por debajo de los conceptos, es el tono, la atmósfera sentimental. Si en otros lugares esto posee el carácter de un acto positivo de renuncia a los placeres inferiores para aspirar a otras más altos, en *Troteras y danzaderas* —me parece— se trata, pura y simplemente, de la aceptación de una derrota vital. Por eso he dicho, [19] recordando el título de la novela de Silverio Lanza, que *La pata de la raposa* podría también llevar como título «la rendición de Alberto».

Alberto no es malo, tiene buenos sentimientos. (Así suele suceder con los personajes autobiográficos). Además de inteligente, es generoso y buen amigo de sus amigos, no siente la vanidad. Sin embargo, cuando le piden su opinión sobre engañar o no a una chica, «Alberto se encogió de hombros» (p. 195). Acompaña a Teófilo y trata de ayudarle pero, cuando surge un problema, se evade limpiamente: «En último término, son cosas de ellos y a los demás ni nos va ni nos viene» (p. 390). El respeto a la libertad ajena puede también encubrir un gran fatalismo desesperado.

Al final de la obra, no se sabe bien con qué finalidad, Alberto ha escrito una novela. No suele ya abrir las cartas que recibe (p. 286) y este simple detalle expresa bien su patética falta de esperanza en las novedades que el mundo puede ofrecerle. También ha roto con su novia, Fina, sin decir cuándo ni por qué (p. 412).

Alberto ha alcanzado la impasibilidad estoica aplicando una fórmula que ya aparecía esbozada en *La pata de la raposa*: «todo consiste en meterse entre bastidores de uno mismo, introspeccionarse, *convertirse de actor en espectador* y mirar del revés la liviandad y burda estofa de todos esos bastidores, bambalinas y tramoya del sentimiento humano» (p. 286; el subrayado es mío).

La frase subrayada es tema que reaparece una y otra vez en la obra de Ayala. Sus protagonistas son seres complejos, indecisos, contradictorios, que, en los momentos de mayor emoción, se salen de sí mismos y se contemplan. Así sucede con Rosina, con Teófilo... pero, sobre todo, con Alberto,

---

[19] En el prólogo a mi edición citada en la nota 5, p. 27.

para quien esto constituye una verdadera enfermedad. A Alberto le cuesta demasiado entregarse plenamente a algo, a alguien. En el fondo de su conciencia existe siempre un gusanillo de autocrítica que le impide vivir de verdad, entregarse —como él quería— a la plenitud del momento que pasa y ya nunca podrá recuperarse. Alberto vuelve, una y otra vez, a su tradicional actitud disociada, «artística». Como he apuntado en otra ocasión, eso le liberará de la desesperación total, le consolará; pero, a la vez, le impedirá salvarse de verdad, comprometiéndose a fondo en algo: el amor, la literatura, la acción política... Por mucho que cante el horaciano «carpe diem» (p. 271) nunca conseguirá la simplicidad de espíritu necesaria para sacarle todo el jugo vital a un momento que, de esta manera, se convertía en un verdadero «instante privilegiado»: [20] esos instantes que —mediante el recuerdo— iluminan, dan sentido y justifican toda una vida.

Alberto no logra ser *uno* consigo mismo, llega, incluso, a cultivar voluntariamente esta limitación. En el texto citado hemos visto que lo que antes era tendencia permanente se ha convertido ya en actitud reflexiva y sistemáticamente adoptada. Alberto ha alcanzado —por fin— la serenidad clásica pero a costa de renunciar a demasiadas cosas. Su conclusión escéptica es: «Nunca sabremos nada de nada» (p. 419).

La última parte de *La pata de la raposa* prolonga la historia de Alberto, después del período madrileño narrado en *Troteras y danzaderas*. Al comienzo de ella, el novelista nos ofrece una alambicada explicación de por qué se ha roto el noviazgo con Fina. Es, a la vez, el diagnóstico de la situación espiritual a que ha llegado Alberto. Estos son los párrafos fundamentales:

A través de laborioso proceso sentimental, Alberto había llegado a lo que él juzgaba como última y acendrada concentración del

[20] Vid. M. Butor: «Los 'momentos' de Marcel Proust», en *Sobre Literatura*, I, Barcelona, ed. Seix Barral, 1967, pp. 242-256.

egoísmo [no se olvide esta palabra], al desasimiento de las pasiones y mutilación de todo deseo desordenado; al soberano bien, al equilibrio, al imperio de sí propio, a la unidad. Su actividad científica [no sé a cuál se referirá el novelista] y su autodidactismo estético no tenían otro fin que el de intensificar la sensación de la vida, como placer supremo. Y así, a pesar de haberse erigido en centro de todo lo creado, su moral era triste, severa para consigo mismo y tolerante para con los demás. [21]

Pero esta tolerancia —ya lo vimos— no nace del optimista liberalismo sino de un fatalismo desesperadamente resignado.

Alberto no es, pues, el verdadero protagonista de *Troteras y danzaderas*. Más bien nos recuerda el verso de Rosalía de Castro: «una sombra tristísima, indefinible y vaga...». El sentimiento que suscita sólo merece un nombre: piedad. No tiene futuro. Por eso concluye aquí —si no lo damos ya por concluido con *La pata de la raposa*— el ciclo novelesco que lo ha tenido como protagonista.

IV. Teófilo

Teófilo Pajares, el poeta modernista, es, quizás, la figura más compleja y matizada entre todas las que aparecen en *Troteras y danzaderas*. Como ejemplo de los pecados del modernismo más superficial, recibe los duros golpes que a esta escuela literaria asesta Ayala. Además de eso, es una figura humana contradictoria, en la que coexisten rasgos de gran interés y dignidad con otros plenamente ridículos. Conviene, pues, analizarlo con cierta calma.

La presentación de Teófilo mediante elogios hiperbólicos que le conceden «algunos diarios de escasa circulación» (p. 48) es ya claramente irónica. Esta primera descripción nos ofrece rasgos ridículos junto a otros de signo neutro o positivo: «cierto desdén hacia las artes cosméticas» o «su rostro aguileño, cetrino y enjuto». En realidad, lo ridículo se reduce al «desaliño de la indumentaria» y esto —recordemos el verso de Machado— puede suscitar nuestro afecto.

---

[21] R. Pérez de Ayala: *La pata de la raposa,* ed. citada en nota 5, p. 291.

Insisto en estos detalles para afirmar que la descripción inicial ya es tornasolada, no puramente ridícula.

Ya en la primera página de la novela aparece el tema del contraste entre la literatura y la vida: Teófilo ha cantado muchas veces a la muerte —una muerte literaria, teatralmente macabra— pero desfallece de miedo al oir el nombre de una enfermedad real y posible, la tisis (p. 49). Por otra parte, es tópico habitual censurar al poeta modernista diciéndole que canta lo que no conoce. (Recuérdese la conocida anécdota —atribuida a Villaespesa: modelo de Teófilo— del poeta modernista que un día descubre las flores que siempre ha cantado. En la novela se insiste en esta crítica en la p. 350). Pero, a la vez, se apunta aquí a algo mucho más profundo: el gran pecado de Teófilo es la literaturización, la inautenticidad vital. Y, eso, Pérez de Ayala —igual que su maestro Clarín— no lo puede dejar sin el adecuado castigo.

Teófilo está envenenado de literatura. Sentía «la necesidad espiritual por antonomasia, los alejandrinos». Y creía que «no tenían derecho a la vida sino los poetas» (p. 171). Canta a sus «guedejas undosas» pero en realidad no tiene melena (p. 145). En las situaciones difíciles, instintivamente hace teatro, busca «el gesto bello» (p. 62). Así pues, la literatura que envenena a Teófilo es mala literatura, literatura de segundo grado, nacida ya de los libros y no de la auténtica experiencia vital.

Como tantos personajes galdosianos, Teófilo no ha resuelto bien el problema de sus relaciones con la realidad. (Muy al fondo —Montesinos lo ha mostrado magistralmente— [22] está el paradigma quijotesco). Es un gran fabulador. Se imagina como autor teatral de éxito (p. 172) o como tribuno que arenga a las multitudes (p. 180) y cree en la verdad de sus imaginaciones. Vive, así, una segunda vida con la imaginación, como Walter Mitty. También se engaña atribuyendo a noble sentimiento político (p. 219) lo que es sólo resentimiento personal, por razones sentimentales.

[22] José Fernández Montesinos: *Galdós*, I, Madrid, ed. Castalia, 1968.

Teófilo es un temperamento inestable, «que así se entenebrecía como se iluminaba» (p. 183). Sus contradicciones vitales se manifiestan especialmente en su actitud ante Rosina (p. 62). Sin querer, se muestra hosco y hasta maleducado, le falta confianza en sí mismo (p. 88). Habla sin querer: «Cuando le entró por los oidos el compungido acento de sus propias palabras, Teófilo quedó estupefacto y corrido de haber hablado como por máquina, sin el concurso de la voluntad» (p. 63).

Se interroga a sí mismo pero tiene miedo de la verdad. Por eso (lo contrario que Alberto) huye de los espejos: «Cerraba los ojos de la conciencia igual que, después de algunos días de hambre y algunas noches sin sueño, solía cerrar los del rostro al pasar ante un espejo, por miedo a verse...» (p. 63). Se refugia en la niebla protectora,[23] por miedo a verse convertido en fantasma: «Teófilo esquivaba mirarse en tales espejos, porque de primera intención, y habiéndose contemplado sin querer, había advertido que derretían la materialidad de los cuerpos en ellos retratados y les daban vagorosa turbiedad de fantasmas» (p. 256).

Teófilo se califica a sí mismo, en la soledad de sus reflexiones, como «grotesco» (p. 63): palabra importante, en su complejidad, para definir su persona. Tiene rasgos claramente ridículos, de caricatura quevedesca: «Teófilo se puso en pie, haciendo cloquear las chozuelas, de tan flaco como era» (p. 75). Sufre por el estado de sus pantalones. A la vez, posee «cierta hidalguía misteriosa que corregía la falsedad y desgarbo del poeta» (p. 72).

Las reacciones que suscita tampoco son unitarias: «la primera le admiraba, mientras la otra luchaba por contener la risa, que a la postre dejó en libertad» (p. 76). Es éste un caso más de perspectivismo que responde bien a su naturaleza contradictoria.

En efecto, lo característico de Teófilo es la *coexistencia* de rasgos muy alejados. Los ejemplos podrían ser muchísimos; citemos sólo algunos de los más significativos. En un instante, pasa de hablar «con gran ternura y sencillez» a

---

[23] Vid. M. Fernández Avello: *obra citada* en nota 17, p. 47.

querer «satisfacer una doble vanidad» (p. 78). A la vez, se plantea problemas serios y se avergüenza —¿no es esto también serio, acaso, para un enamorado sin confianza en sí mismo?— del estado de su ropa interior (p. 98). Al descubrirle don Sabas en la habitación de su amante resulta, a la vez, trágico y grotesco (p. 108). Queriendo reir, «todo lo que hizo fue componer una mueca lóbrega y desolada» (p. 236), «una mueca grotesco-trágica» (p. 285). Nótese, en este último ejemplo, la unión, con guión, de dos adjetivos opuestos para formar una cualidad que represente bien la actitud de Teófilo.

Recordemos el ejemplo —quizá— más llamativo. Rosina, su amada, le ha invitado a comer, pero él está triste por una doble razón. Por una parte, teme que su vida se reduzca solamente a palabras: «¿Qué soy todo yo sino un amasijo de palabras huecas» (p. 82). Para cualquier hombre —y para un escritor especialmente—, pocas inquietudes puedan ser tan radicalmente serias como ésta, que me hace recordar la desolada frase de Larra: «Inventas palabras y haces de ellas sentimientos (...) Y, cuando descubres que son palabras, blasfemas y maldices». [24] Pero, a la vez «Teófilo se arrepintió de haber aceptado el convite porque temía hacer erróneo uso del cuchillo o de otros adminículos que hay en las mesas distinguidas y desmerecer a los ojos de Rosina» (p. 84). A veces da la impresión —algunos lo han afirmado por escrito— de que el pesimista Pérez de Ayala se complace con malignidad en rebajar a sus personajes, en elevarlos un momento para arrojarlos a continuación en el abismo de lo convencional y ridículo. O quizás, más simplemente, nos quiere mostrar que en el corazón del hombre —de todo hombre— coexisten las inquietudes más nobles con las preocupaciones más mezquinas; que todos somos, a la vez, seres trágicos y grotescos.

El poeta modernista, el ser envenenado de literatura que cree que «no tenían derecho a la vida sino los poetas» (p. 171), duda de si él mismo posee esa categoría: «Reconocía

---

[24] Larra: *Artículos,* ed. de Carlos Seco, Barcelona, ed. Planeta (Clásicos Planeta), 1964, p. 598.

no ser poeta, sino gárrulo urdidor de palabras inertes, y desesperaba de llegar a serlo nunca» (p. 73). Siente su vida discontinuamente, como una serie de cuadros que no derivan lógicamente los unos de los otros. Al pensar en su destino, se acuerda de algo que vio en su niñez, en la casa de huéspedes de sus padres: las moscas luchando por traspasar un tul y llegar a la fruta (p. 74). Ese es el símbolo de su vida, claramente ambivalente: ridículo, por los objetos elegidos; patético, porque expresa la insatisfacción y frustración de los seres humanos.

Se ha dicho que «en esta novela es sobre todo Teófilo Pajares símbolo del fracaso».[25] También se le ha definido (con muy pintorescas rimas, por cierto) como «un ser astral, espectral, banal, ungido de ideal, macerado por el pecado capital».[26] Bueno... lo básico me parece este carácter dual de su naturaleza que hemos tenido ocasión de comprobar repetidamente. Se sentía «horriblemente desgraciado, sin saber por qué» (p. 72). Eso le presta un doble carácter: cómico y romántico, a la vez. De esa dualidad nacen frutos muy positivos. Viéndose grotesco, siente «una rara ternura y tolerancia hacia la maldad ajena, un movimiento de amor por todos los seres y las cosas» (p. 63). Como en la obra de Unamuno, del pesimismo nace la com-pasión.

Teófilo no se comprende (p. 236), no logra aceptarse a sí mismo. Es un muñeco que, en ocasiones, se eleva a la plena dignidad de ser humano. Y —lo que es más interesante— esas ocasiones se multiplican, conforme avanza la novela. El dolor sirve para purificarle. En el triunfo externo ha encontrado el fracaso, la seriedad que le faltaba, la auténtica dignidad. Entonces odia a su madre y a la educación que le han dado. «Lo que quiero ser es un hombre, ¿oyes?, un hombre» (p. 312). Unamunianamente podríamos decir: «nada menos que todo un hombre».

[25] K. W. Reinink: *Algunos aspectos literarios y lingüísticos de la obra de don Ramón de Pérez de Ayala*, El Haya, Publicaciones del Instituto de Estudios Hispánicos, Portugueses e Iberoamericanos de la Universidad estatal de Utrecht, 1959, p. 77.
[26] F. Agustín: *obra citada* en nota 1, p. 119.

Sus últimas palabras son una afirmación rotunda de este dualismo: «Siempre ha habido en mí dos naturalezas: una torpe y vil, simuladora y vana; otra sincera y leal, entusiasta y vanidosa» (p. 416). ¿Qué lector de la novela no podría decir lo mismo? Poco importa que Pérez de Ayala invente, para explicar esto, una historia folletinesca de su origen ilegítimo.

Partiendo de un muñeco grotesco, Teófilo ha sufrido un proceso creciente de humanización y profundización. Al final de la novela, convertido casi en un héroe romántico (pero con base muy histórica, según vimos) Teófilo enferma por su fracaso sentimental. Como tantos otros personajes de la novela contemporánea, comprende lo equivocado de su camino, abandona los falsos ideales que hasta ahora le impulsaron y *se convierte* de la «mentira romántica» a la «verdad novelesca». [27] Ahora, ya, puede comprender a los seres que le hicieron mal —su madre, Rosina— y ver claro que el amor de Verónica debió ser su verdadero camino.

De la caricatura de los excesos visibles de un movimiento literario (el modernismo), Teófilo se ha elevado a algo muy importante: es la primera —y uno de las más logradas— versión que Pérez de Ayala nos da del héroe tragicómico. Después vendrán figuras tan cómicas y entrañables como Belarmino, Felicita Quemada, Tigre Juan...

Para el novelista asturiano, la vida es una tragicomedia. Todo nos hará reir o llorar, según la perspectiva. Para un observador inteligente, las cosas no son sencillas. Como diría Borges, cualquier aspecto de la realidad que examinemos *postula* toda la realidad, con su complejidad infinita. El verdadero realismo excluye las explicaciones simples, unilaterales.

Partiendo de esta creencia, Pérez de Ayala ha imaginado a Teófilo, un ser complejo, inestable, contradictorio, imprevisible en sus reacciones; según la expresión de Forster, un «round character»: «personaje redondo», ser misterioso para los demás personajes, para el lector, para el autor y para sí mismo. Es decir, un típico personaje de novela contempo-

---

[27] Vid. René Girard: *Mensonge romantique et verité romanesque*, Paris, eds. Grasset, 1961.

ránea, [28] un ser que no ha resuelto satisfactoriamente (¿quién lo ha hecho?) las relaciones entre vida y literatura, entre realidad e imaginación.

Teófilo, desde luego, posee una dimensión social: con sus complejos y contradicciones, es una acusación muda contra el ambiente que lo ha hecho posible.

A la vez, los problemas de Teófilo nos afectan porque, de alguna manera, todos percibimos algo semejante dentro de nosotros. Todos nos sabemos inestables, sentimos exaltaciones o depresiones que no pueden ser explicadas de modo razonable. Todos sentimos miedo de que, al cruzarnos con un espejo, nos observe desde él una imagen fantasmagórica. Todos tenemos deseos de conocernos y, a la vez, miedo a averiguar realmente cómo somos. Todos nos sentimos seres escindidos, duales, contradictorios. Todos, en fin, en algún momento de nuestra vida, nos hemos sentido inseguros ante la mujer a la que amábamos y hemos corporeizado nuestro miedo en algún detalle que los demás juzgarían ridículo. (La literatura nos remite siempre a la vida. Juzgamos las obras que leemos con todo el caudal de experiencia que la vida va depositando en nosotros). Grande y pequeño, trágico y grotesco, Teófilo es realmente una figura literaria entrañable.

V. Otros personajes

Muchos de los personajes de la novela —ya lo hemos visto— son interesantes porque reflejan, más o menos estilizados, rasgos de figuras reales. Sólo tres van a atraer ahora nuestra atención, desde el punto de vista específicamente literario: Rosina, Verónica y don Sabas.

Rosina centró parte de *Tinieblas en las cumbres* y apareció fugazmente en *La pata de la raposa*. Aquí concluye su carrera como elegante entretenida, en Madrid, juega al

---

[28] E. M. Forster: *Aspects of the Novel*, New York, Harcourt, Bruce and World, 1927. Vid. mi *Introducción a la novela contemporánea*, segunda edición aumentada, Salamanca, ed. Anaya, 1971, p. 79.

amor con Teófilo Pajares y recupera su destino con Fernando, su primero y definitivo amor. Algún crítico ha aludido a su «vaguedad e indecisión». No creo que sea justo. Dentro de sus límites, Rosina me parece una figura suficientemente delineada.

Es una mujer hermosa y lo sabe. Es consciente de su atractivo sobre los hombres. Le caracterizan la blandura sensual, la voluptuosidad. Como signo plástico de esto, viste ropas guateadas: «El kimono estaba guateado por dentro, y así Rosina gustaba de arrebujarse en él y sentir cómo le abrazaba el cuerpo aquella levedad mimosa y tibia» (p. 68). «Es atractiva al gusto como un melocotón» (p. 70).

Con su afán por definir y ver a los individuos como manifestación de principios generales, Pérez de Ayala la ve «como encarnación... de la voluptuosidad» (p. 76). Y más adelante precisa: «ella no era carnal sino voluptuosa» (p. 87). Representa, así pues, el polo femenino de la sensualidad, un valor al que Ayala concede carácter netamente positivo. Esa sensualidad, por ejemplo, le sirve de buena vía de acceso a la pintura; al contemplarla, siente «un leve éxtasis sensual» (p. 81). Recordemos que una de las normas del «evangelio» que Alberto adoptaba era «depurar la sensualidad en sensibilidad».

Aparte de eso, Rosina es un personaje que no está idealizado pero que resulta suave y agradable:

Rosina no era princesa ni le hacía ninguna falta para ser mujer deleitable sobremanera, bella, efusiva, tan pronto arrebatada y devoradora como lánguida y pueril, y en todo momento suave, suave, con una suavidad aplaciente, sutil y enervante, que se metía hasta el meollo del alma y la anestesiaba y adormecía como sobre mullido lecho de neblinosas ensoñaciones (p. 216).

Rosina, en fin, posee algunas de las cualidades que para nuestro autor son esenciales en la femineidad. También posee «un claro buen sentido» (p. 82) y, de acuerdo con su origen popular y muy escasa formación, una religiosidad supersticiosa (p. 217).

Como todo personaje inteligente de su autor, también sale de sí misma y se contempla:

tan inesperado fue todo, tan fuerte, que Rosina, a causa del choque y a pesar suyo, se encontró desdoblada en dos personalidades diferentes: la una estaba plenamente dominada por la situación, la otra había salido de fuera, como espectador, y exclamaba, casi en arrobo: ¿Es posible que exista amor tan puro, desapasionado y rendido?

Pero esta capacidad de desdoblamiento no la paraliza, como a Alberto, sino que la intensidad sentimental de la situación acaba predominando: «Pero, a poco, las dos personalidades se fundieron en una como inconsciencia y sabrosa conturbación del ánimo» (p. 88).

A pesar de ello, Rosina no vive en paz y no sabe por qué: «Es que siempre he buscado algo que me satisficiese y no he dado en ello» (p. 238). Esta frase parece propia de Teófilo pero tiene, en realidad, un significado muy diferente. A pesar de su profesión, Rosina está hecha para un hombre, Fernando, el que la hizo mujer. La reunión de los dos es algo absolutamente natural, con la fuerza tremenda que este adjetivo posee en el sistema mental de Pérez de Ayala: «una cosa fatal» (p. 268).

Quizás el pesimismo o la inteligencia del novelista le hagan mostrarnos que, junto a eso, Rosina también necesita de alguna manera a Teófilo. Pero Fernando, sencillamente, «es mi Sino y con él he de vivir lo que me reste de vida» (p. 368). En el final de esta historia tenemos un claro ejemplo de lo que es la verdadera tragedia, según Pérez de Ayala: Rosina y Teófilo no pueden dejar de ser lo que son. Teófilo muere, pero el novelista no acusa de ninguna especial malignidad a Rosina. Ella ama a Fernando y se aleja con él por el mundo: perfectamente feliz, alcanzada gracias a él la plenitud de su naturaleza sensual. No hay malvados de folletín en la historia. Todos han actuado de acuerdo con su peculiar manera de ser. La colisión entre los destinos individuales era irremediable y de ella sale vencedor —no podía ser de otra manera— el más vital, el más fuerte. El espectador de este drama, al final, puede sentir la purificación que nace del verdadero arte. [29]

A Verónica se le dedican, en la novela, menos páginas pero resulta, indudablemente, una figura más simpática que Rosina. Tiene 23 años: es morena, alegre. Su ambiente familiar la ha empujado a una vida que, en cuanto pueda, abandonará (p. 282).

Lo que singulariza a Verónica es «la más exquisita receptividad» (p. 116), tanto en lo ideológico o literario como en lo plástico y musical. No me parece que hoy nos importe mucho lo que ocupó a críticos como Andrenio o Francisco Agustín: si esto es posible o verosímil, dada la falta de cultura de Verónica. Desde el punto de vista narrativo, ella ayuda a Alberto a exponer en forma vivida los principios de su estética. Al margen de toda cultura, Verónica resulta una figura encantadora porque ejemplifica —llevada al extremo— una de las más bellas cualidades femeninas: la sensibilidad, la capacidad de vibrar y emocionarse, de «ver las cosas por primera vez», sin necesidad de intermediarios culturales.

Con independencia de que refleje o no los rasgos de algún personaje real, me parece que una de las creaciones más interesantes de Pérez de Ayala en esta novela es la del político don Sabas Sicilia. Amante viejo, por dinero, de Rosina, parece predestinado a ser una figura ridícula y repulsiva, pero no es así. Creo, por el contrario, que don Sabas expone ideas y ejemplifica actitudes que al novelista le parecen muy positivas. En cierto sentido, el personaje es un portavoz de su autor, en lo que éste (todavía joven) tiene ya de precoz madurez y escepticismo desengañado.

Don Sabas es «afectuoso, inteligente, liberal» (p. 90). Subrayamos el valor trascendental que este último adjetivo tiene para Pérez de Ayala y que, desde luego, no aplicaría a un personaje de signo negativo. Es escéptico, afable y benévolo (p. 101): es decir, para el novelista, inteligente y sociable. Le molesta el sufrimiento ajeno por ser egoísta

---

[29] Aplico aquí a la historia de Rosina, Teófilo y Fernando, las ideas sobre la tragedia que expone Pérez de Ayala varias veces en esta novela; por ejemplo, en las pp. 267-270.

(p. 105) pero Pérez de Ayala ha defendido en repetidas ocasiones (por ejemplo, en p. 107) al egoísmo como motor que impulsa a nobles acciones. Los demás no saben, a veves, si habla en serio o irónicamente (p. 105), lo mismo que le ocurre a su creador.

Su actitud ante Teófilo (cuando se da cuenta de que éste le ha arrebatado a su amante) cualquiera la calificaría de cínica; pero, de acuerdo con las ideas del novelista, significa rendirse a la vida, lo mismo que hará luego Teófilo ante Fernando. Por eso repite, significativamente: «me parece muy natural» (p. 107).

A don Sabas le caracteriza la inteligencia. Eso supone, según Ayala, apartarse de la opinión común: por ejemplo, en el juicio sobre la conferencia de Mazorral. Y, sobre todo, capacidad de duda. Por eso pone en duda lo mismo que defiende: «En último término, puede que sea una de tantas tonterías, como a uno se le ocurren» (p. 109). No es capaz de entusiasmo, porque sabe que el mundo es tonto (p. 116). Pero —aquí me parece ver una inconsecuencia del novelista— eso no le hace ser un arribista, como normalmente, según Ayala, suele suceder (p. 199). Es su superioridad, precisamente, la que irrita a los demás.

Don Sabas lleva puesta, habitualmente, una carátula social. (Casi todos los críticos han comentado este pormenor). Pero, por debajo de ella, su verdadera fisonomía es «gravemente triste» (p. 108). Nos hallamos aquí —me parece— ante un proceso de humanización y complejidad crecientes del personaje semejante al que apuntamos de Teófilo. Oyendo cantar a Rosina, don Sabas *toca fondo*:

> había blanqueado de filosofía la negrura desolada de su espíritu escéptico. Pero ahora, bajo el influjo de aquella musiquilla cándida, quejumbrosa, el postizo embadurnamiento se resquebrajaba, se derretía, dejando al aire hielo vivo entre sombras. Y con el corazón aterido, Sicilia abarcaba la desmesurada vacuidad de todo lo creado (p. 111).

Es capaz —¡por supuesto!— de sufrir de verdad: «El dolor de don Sabas era, a pesar suyo, tan sincero, que en un punto destruía el artificio de sus adobos y cosméticos, dejando al descubierto una ancianidad herida, dolorosa y claudicante» (p. 268). Deja de teñirse las canas —símbolo muy claro de la falsedad social— y se convierte en un anciano generoso pero al que la vida ha dado un humor «triste y agrio» (p. 234). Cabría pensar que, si no fuera por el país en que le ha tocado vivir, don Sabas —como tantos otros personajes de Ayala— hubiera podido ser un hombre excelente. Por un curioso espejismo, parece anticipar algún rasgo de la ancianidad de su creador.

No quiero dejar de apuntar que Angelón Ríos es una figura simpática, por vital, pero —me parece— insuficientemente desarrollada. Un rasgo apunta hacia futuras creaciones del novelista: su carácter de donjuan va unido a la mentalidad árabe y a cierta indiferenciación sexual; es decir, lo mismo que dirá Pérez de Ayala de Don Juan en *Las Máscaras*. Pero aquí, todavía, el tenorio es muy hombre, no ha llegado al afeminamiento del Vespasiano Cebón que pretende burlar a *Tigre Juan*.

Reaparecen aquí, si no recuerdo mal, tres personajes que el lector de Ayala ya conocía: Fernando, el de *Tinieblas en las cumbres*, conserva su carácter esencial al que se le han añadido matices equívocos. (Quizás seguimos, aquí, dentro de la meditación de Ayala sobre el donjuanismo: el hombre que vuelve loca a Rosina también atrae a un afeminado). Travesedo, también de *Tinieblas en las cumbres*, supone ahora la reencarnación moderna del tipo clásico español del arbitrista. Mármol, de *La pata de la raposa*, sólo aparece como ejemplo de impasibilidad estoica en el juego de azar.

Añadamos todavía que Conchita (personaje dibujado con indudable simpatía) representa otro de los elementos básicos del carácter femenino: la pasión (p. 76). Y que el lirismo de la naturaleza asturiana, encarnado por Rosina en *Tinieblas en las cumbres*, ha pasado aquí a su padre, el ciego que trae al ambiente urbano de la novela lejanos aromas de mar.

VI. Grandes temas

Como ya hemos indicado, esta novela es la más compleja del ciclo de Alberto Díaz de Guzmán, y así lo reconoce, en general, la crítica. [30] Su posición relativamente central, dentro de la obra narrativa de Pérez de Ayala, le permite resumir casi todos los temas propios de su primera etapa y apuntar, con más o menos desarrollo, los que caracterizarán a la segunda. Todo esto es posible, naturalmente, gracias a la estructura muy laxa y la abundancia de digresiones a que antes nos referimos.

En efecto, el elemento cultural (o culturalista, según sea nuestro enjuiciamiento) aumenta muchísimo en esta novela con relación a las anteriores. Pérez de Ayala está, aquí, rozando ya los límites de la novela-charla o la novela-ensayo, al estilo de Thomas Mann (*La montaña mágica*) o Aldoux Huxley (*Contrapunto*). La diferencia con respecto a *Belarmino* o *Tigre Juan* es de dosis: en *Troteras y danzaderas* existe todavía, junto a las digresiones culturalistas, mucho ambiente real, mucha experiencia humana efectivamente vivida; sus personajes no son soportes de esquemas ideológicos sino que poseen, en gran medida, la imprevisibilidad de lo real. En esta situación de quicio central, dentro de la obra narrativa de Ayala, radica gran parte del encanto de *Troteras y danzaderas*: estamos abandonando ya el terreno autobiográfico y crítico de su primera etapa pero no lo hemos dejado del todo, a la vez que nos abrimos a las inquietudes filosóficas de la segunda. Se puede afirmar que esta novela nos proporciona una especie de antología de Pérez de Ayala.

El relato se inicia con la «neblina incierta» (p. 48), símbolo de Teófilo, que luego vuelve a diluirse en ella (p. 118), como en un ámbito amistoso. Es el tema plurivalente de la niebla, tan importante para Pérez de Ayala y bien estudiado por Manuel Fernández Avello. [31]

---

[30] Vid. por ejemplo, Norma Urrutia: *De* Troteras *a* Tigre Juan. *Dos grandes novelas de Ramón Pérez de Ayala*, Madrid, ed. Ínsula, 1960, p. 43.
[31] Vid. nota 17.

VIDA Y LITERATURA EN «TROTERAS Y DANZADERAS»   251

El hombre es comparado a un perro de Dios, por la mezcla de amor y respeto (p. 55). Lo mismo escribía en *La pata de la raposa* Alberto: «El perro y el semita son los únicos animales que creen en un ser superior a ellos. La ética judía, como la del perro, es de origen teológico (ética judía = ética cristiana = ética canina). La moral es emanación de la voluntad divina. Dios es el legislador de la conducta del hombre, y éste de la del perro. Recuérdese la inscripción que Pope —creo que fue Pope— puso en el collar de su perro: 'Yo soy vuestro perro, Señor; pero ¿cúyo sois vos perro, Señor?'».[32] El razonamiento simétrico tiene algo de unamuniano: Augusto Pérez protagonista de *Niebla*, personaje de Unamuno, que a su vez (y como su lector) es personaje de Dios.

Muchas digresiones de Ayala nos reenvían a uno de sus temas básicos: el culto a la naturaleza, a la vida. Así, cree en una justicia natural que castiga al vanidoso (p. 78). Canta a los elementos naturales, agua y fuego (p. 83), igual que en los *senderos* de su obra poética. Los niños y las mujeres, seres más cercanos a la naturaleza, rehuyen a las personas antivitales (p. 116): de ahí el triunfo de Teófilo sobre don Sabas, y de Fernando sobre Teófilo. El circo ha sido elegido como escenario de la novela no sólo por su pintoresquismo sino porque representa el culto a la vida, en lo que tiene de más elemental y agradable (p. 224).

Muy unidos con todo esto (y no sólo con el pesimismo noventayochesco, como suele señalar la crítica) están los ataques de Travesedo a la inteligencia: «No hay cosa que tanto embarace y estorbe en la vida como la inteligencia» (p. 206). El pensamiento es una «enfermedad hedionda» (p. 294). Lo propio del hombre es la sinrazón: «Se dice que aquello que diferencia al hombre del resto del Universo es la razón. ¿De dónde han sacado semejante desatino? Lo que le diferencia es la sinrazón. En la naturaleza todo es razonable, no hay sorpresas, todo es aburrido; pero salta este animalejo en dos pies que llaman hombre, y con él aparece la sinrazón,

---

[32] R. Pérez de Ayala: *La pata de la raposa,* ed. citada en nota 5, pp. 73-74.

lo absurdo, lo arbitrario, la sorpresa, lo cómico, lo solazante y ameno» (p. 300).

Por supuesto que todo esto tiene algo que ver con el pesimismo crítico y revisionista del noventayocho.[33] Pero, junto a ello, el lector de Pérez de Ayala recordará como muy semejante la proclamación rotunda del vitalismo que hace en lo que podríamos considerar su despedida de la narración, al final de *El curandero de su honra*. En definitiva, Pérez de Ayala sigue así las huellas de su maestro Clarín y participa de un vitalismo que es ley casi general en las grandes novelas de nuestro siglo.[34]

Bien conocida es la preocupación de Pérez de Ayala por el lenguaje, que culminará en *Belarmino y Apolonio*.[35] En la novela que hoy nos ocupa, cita Pérez de Ayala una frase del Padre Malagrida: «El don de la palabra ha sido otorgado al hombre porque pueda ocultar lo que piensa» (p. 84). El novelista debía de ser aficionado a esta frase, que ya ha dicho en alguna ocasión: pero ahora no se trata de la falta de sinceridad de un determinado grupo de personas sino de subrayar las dificultades de la comunicación entre los hombres. Todos —don Sabas, Rosina, Teófilo...— llevan puesta una máscara social. El lenguaje humano es radicalmente insuficiente: «¿qué palabras podrían expresar lo que yo siento?» (p. 414).

Por eso, los que menos sienten una desgracia son los que lo exteriorizan: «Lolita se creyó en el caso de aullar y gimotear como si le apretasen las botas, y costó gran trabajo reducirla al simple lagrimeo sin musicalidad» (p. 417). Así sucedía también con el criado Manolo, en *La pata de la raposa*, que «decía sufrir continuas inquietudes».[36] Años después, Pérez de Ayala dará formulación teórica a esta

---

[33] Así lo ha visto Martínez Cachero: *obra citada* en nota 10, p. 405.

[34] Vid. R. M. Albérès: *L'aventure intellectuelle du XXᵉ siècle*, Paris, ed. Albin-Michel, 1963. Y mi *Introducción a la novela contemporánea* citada en nota 28, capítulo XX.

[35] Lo ha estudiado, entre otros, Carlos Clavería: *Cinco estudios de literatura española moderna*, Salamanca, 1945.

[36] R. Pérez de Ayala: *La pata de la raposa*, ed. citada en nota 5, p. 44.

idea: «todo el que se conduce en la vida con ademanes de énfasis patético es un simulador, un dramaturgo en potencia». [37]

A la inversa, los que sienten auténtico dolor no lo demuestran. Cuando muere Teófilo, «el dolor de su madre, así como el de Verónica, fue silencioso y adusto» (p. 417). Lo mismo le sucedía a Manolo, el retórico personaje que acabamos de ver; cuando él siente de verdad, no acierta a decir palabra: «Manolo, acaparado por la emoción, no atinaba a articular una de sus magnas sentencias». [38] Es que —concluye la novela que nos ocupa— «las emociones que son verdad se pueden comunicar sin abrir la boca» (p. 420).

Todo eso está hondamente relacionado con el tema moral de la inautenticidad o «la paradoja del comediante», [39] que Alberto expone ampliamente en la novela (p. 286) como fundamento de su actitud impasible, de «espectador» que no actúa.

El jorobado Santonja, que amaba la vida y la salud (p. 290) es una paradoja viviente que acaba suicidándose. Los hijos de don Sabas Sicilia, educados filosóficamente para ser hombres perfectos, acaban en la inmoralidad y la bajeza (p. 298). Uniendo los dos motivos tenemos ya un claro antecedente del trágico destino de *Prometeo,* la obra siguiente de Pérez de Ayala.

Teófilo, el defensor del arte por el arte, pretende que «la humanidad no existe por sí misma, sino como pretexto, como abono, se pudiera decir en puridad, que alimente al lirio, que vale tanto como decir al poeta» (p. 171). Y más adelante defiende la tesis contenida en la frase de Nietzsche: «Un pueblo o una raza es la disipación de energía que la Naturaleza se permite para crear seis grandes hombres y para destruirlos en seguida». Alberto —portavoz del novelista— la vuelve del revés, dejándola así: «Esos seis grandes

[37] R. Pérez de Ayala: *Belarmino y Apolonio,* primera edición, Madrid, ed. Calleja, 1921, p. 319.

[38] R. Pérez de Ayala: *La pata de la raposa,* ed. citada, p. 45.

[39] Lo ha estudiado muy bien León Livingstone: «The Theme of the 'Paradoxe sur le comedien' in the novels of Pérez de Ayala», en *Hispanic Review,* Philadelphia, vol. XXII, n.º 3, julio 1954, pp. 208-224.

hombres son la disipación de energía que de vez en cuando la Naturaleza se permite para que los pueblos y las razas vivan; esto es, para que tengan conciencia clara de que viven» (p. 220).

Notemos que la base de Nietzsche es la que inspira el designio ambicioso del protagonista de *Prometeo* y que Pérez de Ayala, en los dos casos, le condena, desde una perspectiva más social o comunitaria que no excluye su interés por los seres excepcionales, a los que —como siempre— caracteriza por la conciencia. Comenta Gonzalo Sobejano, con su habitual acierto: «la vuelta del revés es un modo de casar aristocracia y democracia, un modo que está en completo acuerdo con la teoría de Ortega sobre la sociedad fundada en la ejemplaridad de los mejores». [40]

De todos modos, me parece interesante recordar esta opinión de Pérez de Ayala por lo que supone de actitud pública y de crítica decidida del esteticismo que estaba en la base del modernismo.

Amigo siempre de los esquemas claros, Pérez de Ayala resume en tres las opiniones posibles sobre el hombre: es malo, es bueno o es tonto. A esto se corresponden, respectivamente, tres actitudes políticas: conservadora, liberal y arribista. Y tres tipos de arte: melodramático, trágico y humorístico (p. 199). Por supuesto que él defiende, siempre, el segundo término de la tríada: bondad del hombre, política liberal y arte trágico. Sin embargo, cabría pensar que, más que a la tragedia, su literatura se acerca al humorismo escéptico.

Pérez de Ayala se muestra siempre interesado por el amor, tanto en su esencia como —sobre todo— en su realización social entre los españoles (tema que será central en *Las novelas de Urbano y Simona*). [41]

En *Troteras y danzaderas* reflexiona sobre la distinta actitud del hombre y de la mujer ante el amor (p. 91). El amor

[40] Gonzalo Sobejano: *Nietzsche en España,* Madrid, ed. Gredos (Biblioteca Románica Hispánica), 1967, p. 596.
[41] Vid. mi «nota de presentación» a *Las novelas de Urbano y Simona,* Madrid, Alianza Editorial (El Libro de Bolsillo), 1969, pp. 7-18.

del español suele ser posesivo, comienza por los «celos retrospectivos» (p. 89). Así ama Teófilo, por ejemplo, pero no el inteligente don Sabas, que no exige fidelidad completa y busca primordialmente la felicidad de su amada: «me hace feliz saber que ella lo es por diferentes caminos» (p. 108). Es éste un claro antecedente de la actitud correctora del donjuanismo que mostrará al final Tigre Juan. Angelón Ríos, además de Tenorio vitalista (todavía simpático) ha resuelto de manera original su matrimonio, gracias al hecho de que su mujer no es celosa. En este matrimonio de dos personas que se quieren pero a las que la sociedad ha separado y que tienen que verse clandestinamente (p. 131) encuentro un claro antecedente de lo que luego harán Urbano y Simona.

Troteras y danzaderas, en fin, resume todo el pesimismo de la primera etapa narrativa de Pérez de Ayala. La inteligencia, uno de los valores que el novelista asturiano estima más alto, aparece definida como «la manera específica y necia que el hombre tiene de conocer el Universo» (p. 114). Nótese el dualismo: es lo propio del hombre pero es necia. En el momento de mayor autenticidad, don Sabas ve «la desmesurada vacuidad de todo lo creado» (p. 111). Y su escepticismo proclama que «la cuestión es pasar el rato» (p. 102). Es decir, algo muy cercano al famoso «¡Viva la bagatela!» que, bajo su apariencia de individualismo nihilista, posee también un claro valor negativo de repudio del sistema social y político. [42]

VII. LITERATURA

Hemos visto ya que bastantes de los personajes de la novela reflejan, con más o menos fidelidad, los rasgos de notables escritores. Al incorporarlos a su obra y enjuiciarlos, Pérez de Ayala realiza un interesante trabajo de crítica literaria que ya comentamos en la primera parte, así como

[42] Vid. Ildefonso Manuel Gil: «El disputado '¡Viva la bagatela!': Baroja, Azorín y Valle-Inclán», en *Cuadernos Hispanoamericanos,* n.º[08] 226-227, Madrid, octubre-noviembre de 1968, pp. 451-466.

su enjuiciamiento del modernismo y de la generación del noventayocho.

Además de todo esto, *Troteras y danzaderas* es una novela hondamente impregnada de «literatura»: título basado en Juan Ruiz; citas de Boccaccio (p. 47), Goethe (p. 125), Molière (p. 147), Goethe otra vez (p. 148), Renan (p. 173), Epicuro (p. 190), Horacio (p. 271), *La lozana andaluza* (p. 291), *La Celestina* (p. 292), Homero (p. 387)... Y las paráfrasis de Shakespeare y Santa Teresa. Voy a detenerme sólo en algunos puntos que considero importantes.

Ante todo, la novela, en su primera edición, estaba dedicada a Unamuno, con bella dedicatoria: «A don Miguel de Unamuno, poeta y filósofo español del siglo xxi». La historia de esta dedicatoria puede verse en las cartas de Pérez de Ayala a Unamuno que he publicado.[43] No sé cuál es la causa de que haya sido suprimida de las posteriores ediciones e incluso (por descuido que me parece imperdonable) de la llamada de Obras Completas, que ha omitido *A.M.D.G.*

La dedicatoria a Unamuno rima bien con el elogio hecho a su poesía, uno de los más rotundos que hasta entonces había merecido.[44] Alberto Díaz de Guzmán cita como buenos poetas a Enrique de Mesa, Antonio Machado y Unamuno (p. 175). Recordemos que Enrique de Mesa era el íntimo amigo de Ayala. En cuanto a Machado, viene a sustituir, en la segunda edición de la novela, a Gabriel y Galán, mencionado en la primera. Para comprender la cita inicial, tengamos en cuenta que Alberto los pone como ejemplos de poetas que viven fuera de Madrid y hacen una poesía al margen de las modas habituales, enraizada en la tierra. De todos modos, el acierto de la rectificación parece indudable.

[43] Andrés Amorós: «Veinte cartas de Pérez de Ayala a Unamuno», en *Revista de la Universidad de Madrid*, vol. XVIII, n.os 70-71, tomo II, pp. 7-33.
[44] Elías García Domínguez: «Epistolario de Pérez de Ayala», en *Boletín del Instituto de Estudios Asturianos*, n.os 64-65, Oviedo, 1969.

Especialmente famoso se hizo el episodio (pp. 149-165) en que Verónica escucha la lectura de *Otelo* que le hace Alberto y da rienda suelta a sus emociones. Ayala nos da, alternadamente, los fragmentos de Shakespeare y las reacciones a que dan lugar en la joven prostituta. Se trata, desde luego, de un experimento análogo al de Ana Ozores, en *La Regenta*, cuando asiste a la representación del *Tenorio*. Y, en definitiva, semejante a todos los personajes que leen libros en las novelas de Ayala. [45] Dentro de esta misma novela, un primer ensayo de esto lo tenemos en la visita que realiza Rosina al Museo del Prado.

La idea básica que subyace a todo esto es una muy arraigada en Ayala: la experiencia estética auténtica consiste en la capacidad o posibilidad de «ver» algo por primera vez, de revivirlo. La cultura, por lo general, nos debilita esa capacidad de identificación. Según esto, no es una paradoja que Verónica sea un sujeto estéticamente privilegiado por reunir una enorme sensibilidad y una instrucción casi nula. El arte —insiste en otro episodio— nos enseña a ver la realidad como si fuese por primera vez; así —nos dice Teófilo y lo subraya Rosina— se ven las cosas más bonitas (p. 83).

Así pues, este episodio representa algo así como una experimentación en laboratorio para comprobar los efectos del arte sobre una naturaleza espontánea (p. 149). Verónica ejemplifica lo que a continuación expondrá Ayala en forma teórica: la experiencia estética supone la unión de subjetivación y de impersonalidad, o de lírica y drama; es decir, la tragedia. De modo que al lector poco familiarizado con la obra de Ayala puede parecer arbitrario, estas ideas estéticas están vinculadas con su liberalismo intelectual: el arte significa comprender todo, justificar todo, no condenar (p. 162). Porque, para el liberal que es Ayala, no existe en sentido absoluto mal, el mundo es bueno.

En cuanto a su estructura, este episodio es un caso claro de empleo de la técnica del contrapunto, que Pérez de Ayala

---

[45] Baquero Goyanes: *obra citada* en la nota 3, pp. 205 y 233.

experimentó de manera llamativa hacia el final de *El curandero de su honra.*

Lo que hace Verónica, al oir *Otelo,* es colocarse sucesivamente en el punto de vista de cada uno de los personajes y defender apasionadamente su particular modo de sentir y actuar. Esto es —para nuestro autor— lo característico de la verdadera tragedia, que justifica suficientemente los móviles y la conducta de *todos* los personajes, frente al melodrama, con su barata y tajante división en «buenos» y «malos». Aquí, como todos son, en cierto modo, «buenos», porque responden a los imperativos de su naturaleza, el choque trágico entre las diversas conductas es verdaderamente fatal, inevitable.

Ya hemos dicho que el episodio se hizo famoso: en él centraron su opinión críticos de la novela como Rivas Cherif, Díez Canedo y Francisco Agustín. Pasó a algunas antologías. [46] El propio Pérez de Ayala lo debía de considerar lo más logrado o llamativo de la novela, pues lo elige para hacer propaganda de ella, en los días de su aparición, en *Los Lunes de El Imparcial.* Entre los papeles que conserva la familia del escritor está un intento de dramatización de este episodio [47] que, por otra parte, no debió de resultar demasiado difícil.

No me interesa entrar aquí en la discusión de si estas ideas son o no interesantes; y, lo que debe importarnos más, si lo eran en el momento de la aparición de la novela. Me parece innegable, en todo caso, el auténtico virtuosismo literario con que Pérez de Ayala alterna el resumen de la tragedia con los comentarios de Verónica, haciendo aparecer como espontáneo lo que no es nada más, en definitiva, que ejemplo de una determinada teoría.

Estas teorías, además, son prácticamente las mismas que, unos años después, expondrá Pérez de Ayala en su libro de ensayos sobre teatro *Las máscaras.* Lo interesante es que aquí aparecen hechas carne y sangre artística, como expresión espontánea de un personaje que nos parece vivo.

---

[46] Por ejemplo, la de María de Maeztu: de prosistas españoles del siglo xx, publicada en la col. Austral.
[47] No tengo noticia de que se llevara efectivamente a la escena.

Algo semejante cabría decir de la aplicación de un libro de Santa Teresa al caso de una joven con vocación poco santa. Esta «versión a lo profano» [48] es un caso más del paralelismo —habitual en Pérez de Ayala, como auténtico novelista intelectual— entre la vida y los libros. La técnica empleada sigue siendo la del contrapunto y el virtuosismo literario alcanza ahora matices de indudable esnobismo.

«Poesía es una verdad bella, la única verdad» (p. 77), nos dice Teófilo. No se trata de una ponderación gratuita, sino de idea muy arraigada en Pérez de Ayala: «Goethe tituló su autobiografía *Poesía y verdad*. Declaro que yo no he acertado jamás a escindir la vida de ese modo. Para mí, la poesía es verdad, y la verdad es poesía». [49] Pocas veces se encontrará coincidencia más perfecta entre un personaje y su autor.

Charlando de arte, Monte-Valdés (Valle-Inclán) nos da una versión de raíz romántica, como emoción que se expresa, en gran medida, de manera instintiva y espontánea. En cambio, para Alberto (portavoz de su autor) el arte es, ante todo, expresión consciente (p. 241).

La misma actitud intelectual la encontramos en una frase de la novela que no suele comentarse pero que a mí me parece sumamente importante. Dialogan Alberto y Teófilo sobre el papel de la cultura en la creación artística. Teófilo se muestra escéptico (para defender su propia ignorancia) y acumula los usuales tópicos: «cultura, cultura, ¡puaf!: una cosa que tienen o pueden tener todos los tontos y que es cuestión de posaderas».

El novelista —por boca de Alberto— censura los dos extremos y saca una lección positiva: «Querido Teófilo, créeme que Pegaso es el rocín más rocín, tirando a asno, cuando el que lo cabalga no lleva acicate, y el acicate es la cultura» (p. 174).

Esta es una de las formulaciones más claras que nos da el novelista: la cultura no es un fin en sí misma, ni un adorno, ni un juego, ni una pedantería... sino un *acicate*.

---

[48] Baquero Goyanes: *obra citada* en nota 3, p. 201.
[49] Pérez de Ayala: «Prólogo» a la edición argentina de *Troteras y danzaderas* citada en nota 15, p. 18.

Gracias a ella, el escritor que posee la necesaria capacidad artística logra darle amplitud y profundidad humana, universal. En todo caso, pocos párrafos más abajo añade el novelista que esa cultura no puede ser fecunda sin «experiencia personal de la vida» (p. 175).

Hablando, en general, del arte y la literatura nos da, pues, Pérez de Ayala las líneas básicas del tipo de novela que él quiere escribir: verdaderamente intelectual y profundamente vitalista.

VIII. ESPAÑA

Las cuatro novelas que forman la historia de Alberto no descuidan tampoco la visión y la crítica del ambiente social. Es ésta última, sin embargo, la que enfoca más directa y repetidamente lo que el novelista llama «el problema España» (p. 297). En ese sentido, esta novela es la que revela más claramente la filiación noventayochista de Pérez de Ayala. [50]

Veamos, por ejemplo, esta descripción, fácilmente asimilable a tantas obras del noventayocho:

En la frontera tomé un tren mixto; de esos trenes... En fin, un tren mixto español. Durante el día, todos los viajeros bebían como bárbaros y vociferaban como energúmenos. Al caer de la tarde el tren se había convertido en tren de mercancías, porque los hombres eran fardos, no personas. En cada estación, esas pobres estaciones castellanas en despoblado, el tren, que parecía un convoy funeral, se paraba veinte minutos. ¡Qué silencio! No era noche aún. Entre la tierra y el cielo flotaba una capa de polvo. Veíanse tres, cuatro álamos, de raro en raro, o un hombre montado en un pollino, sobre la línea del horizonte, que producían la ilusión óptica de ser gigantescos. Luego he tenido la ocasión de observar muchas veces, y *en diferentes órdenes de cosas,* el mismo fenómeno; en España un pollino visto contra la luz y en el horizonte, se agiganta sobremanera. Pues, a lo que iba: en una estación, Palanquinos, nunca se me olvidará, después de una parada eterna

---

[50] Para el problema de si Ayala pertenece o no a la generación del noventayocho, vid. la introducción a mi edición de *La pata de la raposa* ya citada, pp. 7-8.

y en medio de un silencio abrumador, oigo llorar a un niño. Vamos, renuncio a expresar lo que en aquellos momentos sentí (p. 274; el subrayado es mío).

Nótese la unión de actitud crítica y complacencia estética, igual que en tantos otros casos famosos.

España es, desde luego, uno de los temas centrales de la novela. ¿Qué dice Pérez de Ayala de España? Ante todo, enjuicia a los políticos: son unos payasos (p. 94). Se caracterizan por su aspecto fatuo (p. 293) y su vanidad (p. 295). El Gobierno no sirve para nada, es un puro adorno (p. 101). Los ministros duran ocho días (p. 103), y ya está bien. En el Congreso, los diputados no atienden (p. 115) y se discute «in vacuum» (p. 132). En España, los liberales no actúan en política (p. 199). Los políticos españoles son trepadores, no les preocupa el bien público (p. 302). En este país no hay tolerancia (p. 335). La vida política se reduce a charlar, luchar por el poder y disfrutar de él, cuando se consigue (p. 132). Con estos procedimientos llega varias veces a diputado Angelón (p. 137). Carecer de sentido de la moral normalmente ayuda en política (p. 129).

Los intelectuales no salen mejor librados: los poetas españoles no sienten la pintura (p. 80) ni la música (p. 112). En el Ateneo todos se limitan a hacer brillar su ingenio deshaciendo lo que acaba de decir el anterior. Ayala describe así a uno de ellos, especialmente efectista: «De frase a frase dejaba grandes silencios, por avivar la expectación de los que le oían. Viéndole se pensaba en un camarero que antes de descorchar una botella bailase la danza del vientre» (p. 305). La unión de brillantez y absoluta inutilidad está, me parece, perfectamente expresada con esta imagen. Los intelectuales no superan a los que pontifican en las tertulias de café (p. 312).

Como dice la sabiduría popular, «por estas pobres tierras de las Castillas los poetas se han muerto de hambre siempre» (p. 122). Esto refleja la estimación popular de la cultura. El pueblo identifica «un señorito decente o un torero» (p. 53). El orgullo con hambre es típicamente español

(p. 59). Los españoles no aprecian el trabajo honrado: Angelón vive del sablazo y la política, como un pícaro moderno. La familia de Verónica vive confiando en las promesas de Angelón (p. 138); es decir, vive del aire. Travesedo, el amigo de Alberto, viene a esta novela para reencarnar el tema clásico del arbitrista... que prefiere que no se lleven a la práctica sus fantásticos proyectos, para no tener que trabajar (p. 294). En España, todos piden: no es una nación, parece un asilo de mendicantes (p. 104). Las casas de la clase media se caracterizan por su mal gusto (p. 130). Los españoles son enfáticos (p. 361). La educación española no atiende al cuerpo (p. 290). El español desprecia la vida y, de esa manera, quizás acierta a captar su sentido profundo (p. 302); pero esto es más una paradoja del pesimista Ayala que una verdadera afirmación positiva.

Cuando Verónica ve la vida bohemia novelescamente, como un ideal, Alberto le replica: «Mientras vivas en España, Verónica, harás de bohemia, porque vivirás entre gente miserable, holgazana e inútil, sin fortuna y con ambición, sin trabajo y con lotería nacional» (p. 148). La afirmación me parece interesante y puede parangonarse con lo que dice Valle del esperpento, en su genial *Luces de bohemia*. Completémosla con esta otra: después de proclamar la superioridad del género trágico, Alberto duda de si España es una tragedia o una farsa melodramática y grotesca (p. 163). Apliquemos esto a la misma novela que comentamos: si nos presenta la vida bohemia y lo hace desde un prisma tragicómico, no se trata de una arbitraria elección del narrador, sino de una necesidad intrínseca del tema, que exige ese enfoque y ese tratamiento. Valle-Inclán escribe esperpentos porque la vida española es una deformación trágica, con relación a la de otros países europeos. Pérez de Ayala nos ofrece una novela tragicómica, porque la vida española es tragicómica.

¿Sólo la española? No, desde luego, lo que ocurre es que el individuo sólo llega a lo universal por medio de lo nacional, y que la crisis española de estos años preludia la

que luego se manifestará en los demás países europeos. [51]
El verdadero problema, según esto, será hacer hombres auténticos (p. 312); para una conciencia española, buscar los medios de que los españoles lleguen a ser —plenamente, íntegramente— hombres, nada menos que hombres.

¿Cuáles son esos medios? Raniero Mazorral (Ramiro de Maeztu) habla de la bondad y la laboriosidad. Por boca del escéptico don Sabas, el narrador se ríe de la ingenuidad del noventayochista: lo que hace falta es encontrar y proponer al pueblo ideales colectivos hacederos. (Esta última palabra es muy típica del «estilo mental» de Ayala.) Y para eso, antes de nada, hace falta imaginación (pp. 301-302). De ahí la gran labor que puede realizar, en este momento español, un escritor artista y responsable.

Antón Tejero (Ortega y Gasset) opina que es obligación moral de los jóvenes el hacer política activa (p. 179), contra las farsas y la corrupción de la «España oficial». Nótese que se trata de un imperativo *moral* y que este carácter (recordemos la famosa frase: «Delenda est Monarchia!») va unido al hecho de ser «antidinástica» (p. 179). Ve el problema de España como un problema de cultura.

Para Pérez de Ayala —fiel al espíritu de la Institución Libre de Enseñanza— se trata, ante todo, de un problema de educación. Esa es la justificación profunda de gran parte de su labor ensayística y de obras tan escandalosas como *A.M.D.G.* Así lo proclama rotundamente Alberto Díaz de Guzmán, el *alter-ego* del novelista. Y matiza: «lo que hace falta es una educación estética que nadie se curó de darle hasta la fecha» (p. 186). Suspendamos por un momento la acusación de esteticismo que esta afirmación provoca automáticamente... y que no sería justa. No se preocupa ahora Pérez de Ayala —en otras ocasiones, sí— del buen o mal gusto de los españoles, sino de algo más profundo y radical: su incapacidad de «ver» la realidad. Son una raza de místicos y un pueblo entregado a locos ideales, pero carecen de esa auténtica imaginación que parte siempre de lo real.

---

[51] Expone ampliamente estas ideas Pérez de Ayala en el prólogo a la edición argentina de la novela, citada en nota 15.

Los españoles necesitan sensibilidad y sensualismo (para Ayala, las dos cosas van íntimamente unidas) para lograr la plenitud de su desarrollo como seres humanos. De ahí —concluye— la importancia del noventayocho, que nos hizo abrir los ojos a muchas realidades españolas, inició «la empresa de otorgar sentidos a esta raza española, que nunca los había tenido» (p. 309) y dio nueva modulación estética a quejas muchas veces repetidas (p. 296).

Para Ayala, los males de España no son primordialmente políticos sino de educación; entendiendo esta palabra no como pura información cultural sino perfeccionamiento de los modos sociales, colectivos, de enfrentarse en España con los grandes problemas: el amor y la educación sexual (*Las novelas de Urbano y Simona*), el lenguaje como instrumento de expresión y comunicación (*Belarmino y Apolonio*), la fidelidad matrimonial y el concepto del honor (*Tigre Juan* y *El curandero de su honra*), la educación autoritaria o liberal (*A.M.D.G.*), la muerte, la religiosidad, el respeto a los demás... Este es, pues, uno de los grandes temas de sus novelas y también el impulso que le llevó a participar, junto con Ortega (el Antón Tejero de la novela) y Marañón, en la aventura de la Agrupación al Servicio de la República.

IX. CONCLUSIÓN

Al final de este recorrido —ya bastante largo— por el universo de la novela es preciso declarar que no he hecho demasiado caso de las tesis contenidas en el prólogo del novelista a la edición argentina. ¿Podemos considerar como «hilo de Ariadna» de la novela ese «proceso psíquico desde lo caótico en la conciencia individual hasta la ordenación en la conciencia nacional»? [52] Quizás sea por deficiencia mía, pero yo, desde luego, no lo veo. Y me apoyo en otra frase de Ayala, en ese mismo lugar: «Una novela, en su valoración literaria, es lo que las sucesivas generaciones de lectores van haciendo de ella». [53] Por supuesto que yo he

[52] *Obra citada* en nota 15, p. 14.
[53] *Ibidem*, p. 12.

intentado exponer lo que *Troteras y danzaderas* es para mí ahora (verano de 1971): algo un poco distinto de lo que era, por ejemplo, hace un par de años, cuando escribí mi estudio de conjunto sobre las novelas de Pérez de Ayala; y distinto, probablemente, de lo que opinaré dentro de otros dos años...

Sigamos con las discrepancias. Me parece que el peso de las declaraciones de su autor ha extraviado no poco a algunos críticos. Para Reinink, «considerada en el conjunto ideológico de la obra ayalina, la terminación de la tetralogía significa que la crisis espiritual de abulia y pesimismo ha sido vencida y que la psique ya se encuentra en el camino de paulatino restablecimiento». [54] Por su parte, Norma Urrutia, de acuerdo con el novelista advierte que «apunta ya aquí el comienzo de 'la restauración de la conciencia nacional e histórica como regreso desde la errante conciencia individual'». [55] Honestamente debo confesar que, por ahora, no he logrado ver nada de esto sino algo, en cierto modo, bastante opuesto.

No hace falta insistir mucho en que no estoy de acuerdo con Francisco Agustín cuando afirma que «ninguna alta preocupación social o moral se plantea en esta novela». [56] Me parece, sencillamente, que, aquí, el crítico se dejó arrastrar un poco por la corriente oratoria de sus palabras. Por el contrario, yo sí que veo en la novela muchas preocupaciones (no sé si altas o no: eludamos esas calificaciones) sociales, morales y de todo tipo.

Ya que hemos hablado de moral, no quiero dejar de consignar aquí que, según mis informes, la censura española, después de la guerra, desaconsejó la publicación de toda esta novela, por razón de su tema.

Guillermo de Torre, mi amigo desaparecido hace poco, señalaba con su habitual sagacidad que «el interés y valor del libro no reside en su condición adjetiva de novela-clave (como tampoco años después este simple factor determina la calidad artística de *Luces de bohemia,* de Valle-Inclán)

---

[54] Reinink: *obra citada* en nota 25, p. 35.
[55] N. Urrutia: *obra citada* en nota 30, p. 44.
[56] F. Agustín: *obra citada* en nota 1, p. 117.

sino en la pura vivacidad narrativa, aliada con el condimento intelectual». [57] ¿Es esto cierto? Por supuesto, si lo interpretamos adecuadamente. La pura identificación de algunos personajes no dice nada sobre el valor literario de la novela, aunque conocer esas identificaciones sí parece conveniente —casi necesario— para comprenderla y enjuiciarla debidamente. En todo caso, lo que sí me parece básico —y a lo que he dedicado mi mayor esfuerzo— es la recreación de un ambiente histórico concreto. Me hacen gracia las vacilaciones de ciertos críticos [58] cuando dudan si la visión de Madrid que nos da la novela es totalmente negativa o encierra «cierto sentido positivo». Dejando al margen criterios éticos o sociales que aquí no nos corresponden, el valor artístico de esa visión y recreación de Madrid me parece indudable.

Pérez de Ayala ha utilizado aquí la historia de Alberto Díaz de Guzmán, un joven con inquietudes artísticas y trascendentales, como marco para componer una novela de clave, de crítica literaria, de divagaciones, de costumbrismo artístico madrileño. Pero ésta, en realidad, ya no es una novela de Alberto: no aparece hasta la segunda parte, apenas actúa, no le pasa nada de verdad importante, no evoluciona. Acaba de escribir una novela, sin que sepamos cómo ni por qué. A veces se acuerda de Fina, su novia lejana, pero rompe con ella sin dar ninguna explicación.

Si no supiéramos más cosas de él por otras obras, Alberto nos parecería una figura debilísima: inestable, pesimista, noble, triste... No me parece cierto —como se suele decir— que en las otras novelas fuera ya una figura difuminada. Como personaje literario, me parece que Alberto estaba ya concluido al final de *La pata de la raposa*. Aquí, sencillamente, se sobrevive a sí mismo, introduciéndonos en la vida bohemia madrileña. Y todo eso, tratándose de un personaje autobiográfico, plantea muy curiosas cuestiones.

[57] Guillermo de Torre: «Un arcaizante moderno: Ramón Pérez de Ayala» en *La difícil universalidad española,* Madrid, ed. Gredos (Campo Abierto), 1965, p. 182.

[58] Por ejemplo, Norma Urrutia: *obra citada* en nota 30, p. 50.

Al final de *Troteras y danzaderas*, a Alberto no le pasa nada. La parte final de *La pata de la raposa* nos ofrece una nueva historia sentimental que, al acabar, concluye también trágicamente con la de Fina. Podemos suponer que, en el futuro, seguirá escribiendo —más o menos, según temporadas— con bastante poca fe y sin ser muy feliz. Quizás oriente su vida futura por un sendero de vida activa que llene de algún modo la oquedad de su escepticismo. (¿Dejaría, así, de ser un personaje autobiográfico?)

El verdadero protagonista es Teófilo Pajares. Con él empieza y con él acaba la novela. Por él se interesa preferentemente el lector. A él le ocurren cosas. Él evoluciona de caricatura, de tipo ridículo, a hombre hondo y dolorido. Él se va revelando progresivamente al lector; y, probablemente, también al autor. En esta evolución creo ver el mayor valor artístico de la novela. Con él descubre Pérez de Ayala lo que será una de las claves de su segunda época y uno de sus mayores logros literarios: el héroe tragicómico.

Dice una vez Pérez de Ayala que una novela está lograda si somos incapaces de separar de ella partes superfluas. ¿Ocurre así con la que estamos examinando? Más concretamente: los personajes episódicos que en ella aparecen, ¿son verdaderamente necesarios? Conchita, por ejemplo, la criada de Rosina: para la línea argumental de la novela, desde luego que no es necesaria; para la novela como organismo artístico, creo que sí, que perdería con su desaparición. Y quizás —en este ejemplo concreto— tenga también una base histórica que para el novelista debió de ser entrañable. (Algo de esto me han dicho, pero no conviene concretar más.)

Por la importancia concedida al tema de España, por el ambiente ideológico y hasta por algunas concretas alusiones, esta novela es, de toda la obra juvenil de Ayala, la más cercana al noventayocho. Recordemos el diagnóstico final, tan acerbo:

—¿Qué ha producido España?
—Pues si le parece a usted poco... —murmuró Guzmán con sordo fastidio.
—¿Poco? Nada. ¿Qué es lo que ha producido? Sepámoslo.

—Troteras y danzaderas, amigo mío; Troteras y danzaderas (p. 423).

En el prólogo ya citado, Pérez de Ayala trata de disminuir el efecto de estas frases (y otras semejantes) arguyendo que no las dice al autor sino el personaje y éste representa una de las posibles actitudes individuales. [59] La defensa me parece muy floja, teniendo en cuenta que el que habla es Alberto, personaje autobiográfico y portavoz constante de las ideas de su autor. Sí me parece necesario, en cambio, para centrar el significado de esta clave, que Alberto la pronuncia para fastidiar a Muslera y que algunas «troteras y danzaderas» que aparecen en el libro (Rosina y Verónica) son personajes muy positivos y vitales. En todo caso, es preciso reconocer que la frase final tenía un valor voluntariamente provocativo, [60] un poco «dandy» y esnob, que cuadraba bien al Pérez de Ayala juvenil y que ha contribuido, evidentemente, a la popularidad de la novela.

El elemento ensayístico ya existía en las novelas anteriores de Pérez de Ayala, especialmente en *La pata de la raposa*, pero estaba vinculado a un tema central: la búsqueda del sentido de la vida que realiza un adolescente. En cambio, aquí, se presenta descarnado y se multiplica. El planteamiento del problema de España que aquí se nos ofrece es siempre interesante pero, a veces, está condicionado por el esteticismo y la búsqueda de la frase brillante. De todos modos, posee un valor indudable dentro de la trayectoria biográfica de Ayala. Muchas de estas ideas encontrarán formulaciones más ajustadas y concretas, años después, en los artículos de *Política y toros*.

Con relación a *La pata de la raposa* ha aumentado mucho el elemento cultural, no integrado en el núcleo de la obra. Ha disminuido muchísimo la importancia de Alberto, que ya no volverá a aparecer. En contrapartida, ha nacido el héroe tragicómico, aumenta el elemento humorístico y se

---

[59] Pérez de Ayala: *obra citada* en nota 5, p. 20.
[60] Vid. G. Sobejano: «'Epater le bourgeois' en la España literaria del 1900» en *Forma literaria y sensibilidad social*, Madrid, ed. Gredos (Campo Abierto), 1967, pp. 178-224.

nos introduce ampliamente en la bohemia literaria y artística madrileña. Bajo su apariencia de regularidad, la estructura es cómodamente dispersa (no intrínsecamente flexible, como en la obra anterior): la novela es variada y por eso —creo— bastante divertida.

Troteras y danzaderas es, fundamentalmente, una novela hecha de cultura. Aunque para un hombre inteligente como es Ayala —y como debe serlo su lector— la cultura también es vida, vida apasionante.

Llevamos ya muchas páginas escritas sobre esta novela y, probablemente, se nos sigue escapando lo esencial. ¿Cómo apresar la singularidad de *Troteras y danzaderas*, el sabor que nos deja en la boca, ese tono agridulce que el lector conserva en la memoria? Para intentar evocarlo, nada mejor que recordar, en rápida antología, algunas frases de la novela.

«La liviandad y burda estofa de todos esos bastidores, bambalinas y tramoya del sentimiento humano» (p. 286). «La cuestión es pasar el rato» (p. 292). «La mayor parte de las cosas en la vida son independientes del albedrío humano» (p. 396). «Entre la vida o la nada, Travesedo hubiera elegido la nada» (p. 402). «Nunca sabremos nada de nada» (p. 419). «Pero, sobre todo, ¿me quieres decir qué utilidad tienen los esfuerzos del hombre?» (p. 294). «Todo es inútil, todo es inútil» (p. 291). Pero a la vez, en la novela, todo es pintoresco, atractivo, incitante. Y los que hablan así lo hacen porque les divierte discutir o porque han estado locos por una mujer...

La novela se caracteriza por la lucidez escéptica, el tono irónico (no desesperado, como en *Tinieblas en las cumbres* o *La pata de la raposa*, obras más típicamente juveniles) y el fatalismo impasible: huir a la provincia, como hace Bériz, no arregla las cosas. «Chi sará, sará» (p. 416), dice el lema final.

Todo eso está, desde luego, en la novela. Pero están también —y de modo muy importante— la ropa interior de Teófilo, los desplantes de Valle-Inclán, el sabio escepticismo de don Sabas, la sensualidad de Rosina y la sensibilidad de Verónica... Muy especialmente, la gran creación del héroe tragicómico, con su complejidad humana y literaria.

En *Troteras y danzaderas* hay una multitud de saberes (España, la literatura, el amor...), de incitaciones culturales diversas, de experiencias vitales. El lector penetra en ambientes muy variados, siempre pintorescos, siempre retratados con inteligencia. Nos reímos o nos conmovemos viendo a unos personajes que luchan con la vida, que se esfuerzan por ser felices. (A veces, pensamos en nosotros mismos.)

Al fondo de la novela está Madrid, en 1910: el testimonio lleno de vida de un momento y un ambiente que ya son historia. Sin ninguna complacencia casticista. Con el tono entrañable del que intenta recordar y rehacer, mediante la literatura, un trozo de vida.

Troteras y danzaderas: para Pérez de Ayala, en 1913, así se llama la unión de literatura y vida. Ojalá pueda suponer algo semejante para algún lector de hoy.

23 de mayo - 12 de septiembre 1971

ÍNDICE DE NOMBRES CITADOS

SUMARIO

Se terminó de imprimir en los
talleres valencianos de
Artes Gráficas Soler, S. A.,
el día 18 de abril de 1973

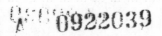